直面危机

世界经典案例剖析

FACING CRISIS

LEARNING FROM WORLD FAMOUS CASE STUDIES

孙玉红　王永　周卫民　编著

中国出版集团
东方出版中心

图书在版编目（CIP）数据

直面危机：世界经典案例剖析 / 孙玉红，王永，周卫民编著. —上海：东方出版中心, 2020.7
ISBN 978-7-5473-1619-1

Ⅰ. ①直… Ⅱ. ①孙… ②王… ③周… Ⅲ. ①危机管理 - 通俗读物 Ⅳ. ①C934-49

中国版本图书馆CIP数据核字（2020）第049681号

直面危机：世界经典案例剖析

编　　著　孙玉红　王　永　周卫民
策　　划　郑纳新
责任编辑　杨　帆
封面设计　陈绿竞

出版发行　东方出版中心
地　　址　上海市仙霞路345号
邮政编码　200336
电　　话　021- 62417400
印 刷 者　上海盛通时代印刷有限公司

开　　本　890mm × 1240mm　1/32
印　　张　9.75
字　　数　223千字
版　　次　2020年7月第1版
印　　次　2020年7月第1次印刷
定　　价　58.00元

再版序

永远要为应对危机做好准备

《直面危机：世界经典案例剖析》这本书的第一次编辑出版，距今已经17年了！当年为了应对“非典”那次重大的公共健康危机而编写的这本书，在“非典”之后曾受到过广泛的关注，是当时市场上不多的研究世界其他国家政府和企业处理重大危机事件成败得失的“教科书”。SARS危机过后，国富民安，这本书也在很多人的书架上蒙上了灰尘。

一年前东方出版中心的编辑们找到我说希望再次出版这本书的时候，我还有些惊讶。如今大家还在关心危机管理吗？在所有人都在谈“大众创业、万众创新”的朝气蓬勃的新时代，还有人愿意重读这样一本关于危机管理的书吗？看来编辑们还是非常有远见的。我们做梦也不会想到，2020年中国人喜庆团圆的春节被一场新型冠状病毒引起的肺炎疫情打得措手不及，我们经历了一场和2003年“非典”类似的一次重大的公共健康危机：武汉封城，7万多人确诊感染，数以千计的中国城镇严防死守，数以亿计的中国人延迟开工、在家上学、居家办公。这是比上一次危机影响更大、波及人口更多的一场危机。17年后的今天，信息传递渠道更多了，社交媒体更发达了，人们每天在朋友圈纷纷讨论和点评政府及有关方面危机处理的得失。如何在“峰值需求”突至、资源严重短缺、生死攸关的情况下实施抢救病人、自我防护、控制疫情、大众沟通、舆论引导、国际合作……危机处理中是否有预案？众多地方政府和私营部门的参与者如何高效协作？这些都在全方位地考验着各级组织者应对这次重大危机的速度、能力和水平。

危机面前，批评容易；身临其境，做到很难。

回想 2003 年的冬天，我因为参加了梅森学者项目还在哈佛大学肯尼迪政府学院读书。中国人永远不会忘记 2003 那一年，SARS 病毒带来的非典型肺炎的暴发，使很多地方进入紧急状态，以应对这一次疫情暴发的公共危机。我当时在美国看电视，电视媒体天天在追踪 SARS，报道中国政府的反应和处理疫情的新闻，我心急如焚，特别想为处理好这场疫情做些什么。危机管理是哈佛大学肯尼迪政府学院的重要课程，但对当时的中国政府和中国企业，这是个新的提法，也是个新的课题。对于充满变数和动荡的新世纪，也是不得不面对的新课题。

学习危机管理有很多方法，我觉得最有效、最直接的方法就是从别人的经验和教训中学习。我们从新闻报道中知道了一些著名的危机事件：美国“9·11”事件、美国炭疽菌事件、埃克森公司石油泄露事件、所罗门公司金融危机，等等。

新闻只是冰山一角。作为政府和企业领导者，最关心的是危机背后的“决策内幕”：对于那些身处漩涡中心的领导人，他们当时面临的困境是什么？他们在危机的压力下如何作决策？哪些决策是对的？哪些决策是错误的，甚至是灾难性的？能否避免那些错误？新闻之外，是谁在评价这些危机处理的成败得失？哈佛的教授们，他们用案例教学的方法，在由政府和公司管理者组成的课堂上，对这些案例一一剖析。当我在哈佛危机管理的课堂上，在教授们的引领下赞叹或批评那些案例中的决策者的时候，我在想：如果国内的公共或私营部门的决策者们在现场该有多好！在这样的思路引导下，我有了写一本书的想法和构思：翻译世界经典危机事件的案例并请教授们亲自解读和讲解，把哈佛课堂搬到中国读者面前。感谢我的哈佛同学王永和周卫民，大家分工合作，经过几个月的对教授的“围追堵截”，终于再现了教授们对案例的解读。

为使读者对危机管理有一个全方位的了解，在请教教授之外，我还专访了几位我认为读者有必要“认识”的美国专家。一位是四届美国总统顾问，我的导师戴维·格根(David Gergen)。他亲身经历了数届美国总统任职期间发生的危机事件。当危机发生的时候，他就在总统旁边，提出过自己的专业建议，他写的《权力的见证》(*Witness of Power*)披露了历届总统对重大事件的决策内幕，在美国非常畅销。另一位是专门研究危机传播的学者罗彼克，他的著作《风险》在美国也畅销不衰。我们所做的这一切，就是为了让读者们能够了解危机管理的相关理论，并用以指导实战。

意外与明天，你永远不知道哪个会先到。17 年后再次出版《直面危机：世界经典案例剖析》这本书，虽然时代变了，但是我们对于防范危机的准备和应对原则不应该改变。正如一位哈佛教授所说的：“危机一定会来的，只是我们不知道是什么时候。”(The crisis will come, we just don't know when.)我们能做的，就是——做好准备！

当年，在我们以一种社会责任感推动此书出版的时候，得到了很多人的帮助。当时的哈佛大学校长劳伦斯·萨默斯(Larry Summers)欣然接受采访并为此书作序；哈佛大学肯尼迪政府学院中国问题专家安东尼·赛奇(Anthony Saich)教授也非常支持本书的出版，特意为本书写了序言。此次再版我再次征求他的意见，他说危机应对的原则一直没有改变，也不会改变。17 年前的序言依然“有效”。

感谢本书的译者和编辑，是你们共同的努力，使这本书能在多年后再次出现在读者面前。提醒大家：危机从未远离，让我们做好准备。

孙玉红

2020 年 2 月 26 日于美国波士顿

序一

每一个领导人都要为危机做好准备

几乎每一个领导者都会遇到危急时刻。危机管理极其重要，大多数领袖被人所记住的正是其在危急时期的所作所为。

在危机发生的时候，领导者必须在极为紧急的时间压力下，做出判断和决定。危机每个人都能够看到，危机对领导者的挑战，首先是时间，然后是危机本身。

信息社会领导人应对危机的挑战更大

世界一直充满着不确定性。我不知道当今世界是否比以前更不确定。但是，信息社会的确对领导人应对危机提出了更大的挑战。

50 年前，美国在一个半球，很多别的国家在另一个半球，世界各地的报纸至少要晚两天才能到。而现在，关于危机存在和发展的消息得以迅速传播，即时就能通过媒体，如美国有线电视新闻网（Cable News Network，以下简称 CNN），而为全世界所知。拉美金融危机长达 10 年之久，而亚洲金融危机只有 2 年。在如今这个时代，危机演化的速度快了很多，影响也更广泛，有更多的压力要把事情做对。喷气式飞机的发明是件好事，能够把人安全地、更快地运到世界各地，但就危机而言，形势则更严峻。

对于危机管理的个人见解

从我在政府和在高校的工作经验中，我总结了几下几点：

第一点，领导者的可信度是在危机管理中首要的问题。在时间的压力下，领导者会倾向说一些让人们高兴的话，或许诺一些宽慰人的东西，但长远来讲，领导者的可信度是其最重要的财富。绝对不要把自己的可信度随便破坏或者浪费掉。

第二点，要保证畅通的信息渠道。要通过多重渠道获取和掌握信息，不能只依靠一个渠道。每个渠道都有对某一方面信息的侧重。

第三点，保持镇静。受过职业训练的医生在经历急救场合的时候，会在冲到急救室之后，先在门口停顿 30 秒，调匀呼吸，然后再以从容的神态面对病人及进行急救。

第四点，在危机时刻，你不知道未来会如何，因此你必须保留足够的回旋余地。不要人为地缩小自己可以选择的空间。不要预测将来你会做些什么。

一个经典的关于危机管理的糟糕例子是，美国前总统克林顿曾宣称将不会派兵去科索沃。后来尽管时局发生变化，但因为他曾说过这样的话，他的选择余地就小了很多。所以绝对不要事前预测你会做什么。

第五点，要着眼于 3 个月以后。形势通常逼迫处理当前的危机。但领导者更要考虑，现在应该做什么，才能使 3 个月以后达到可能的最好的情况。通常应至少多考虑两天，再发表讲话，即便当时有极大的压力。

我所总结的上述原则正是我在处理墨西哥金融危机时所采用的。我还经历了亚洲金融危机，并在“9・11”事件时负责哈佛大学的危机管理。当时没有人知道会发生什么。

我从很多经验得来的教训是：深思，深思，再深思。仔细地、长时间地考虑，然后一旦做出决定，就以绝对确定的态度执行。总有巨大的压力让人停止思考，而即刻行动。这是一个错误。

学习案例很有必要

任何领导者都需要有危机管理的准备。比如，在哈佛大学，我们一直在进行这样一个演练：一旦危机发生，应该如何保持通信。虽然危机会各不相同，但是，领导者可以就危机管理的很多方面加以准备。通过案例学习以往的经验教训，通过总结别人的经历来增强自己关于危机管理的能力，也是非常有价值的准备。

希望这本关于危机管理的书能使很多领导者受益。

劳伦斯·萨默斯
美国前财政部长
哈佛大学前校长

序二

共享经验

我很荣幸能为这本书写序。

这是一本旨在帮助政府和企业的领导者更好地处理危机的书。

日益加快的全球化的步伐将现代世界更紧密地联系在了一起，它要求我们用更新的方法、更快的速度对全球化的危机做出反应。对自然灾害造成的危机是这样，对人为的危机也是这样。举例来说，一种在一个地区暴发的疾病，会很容易地被飞机带到世界上的任何地方，并给那里的政府带来公共健康的危机，对当地的经济造成措手不及的打击。“9·11”事件带来的影响是全球性的。恐怖主义的袭击粉碎了美国坚不可摧的神话，带来了数以千计的人员伤亡，向纽约的城市危机反应能力提出了严峻的挑战，并引发了一系列的美国政府的政策反应，极大地改变了世界的地缘政治。

考虑到这种无法预计的危机带来的严重后果，政府和企业需要提高他们防范和应对危机的能力。人们常常遇到这样的事：当你需要面对危机的时候，却发现没有足够的经验和技能去处理快速变化发展的局面。处理危机需要一系列的技能，从处理公众恐慌到组织内团队合作，到评估局势并做出反应。身陷危机中的人们需要在压力下做出正确的决定，他们同样需要既包括领导者，又包括团队成员，在一个迅速变化的形势下建立联盟，做出非常规的反应和决定。这些能力都不是与生俱来的，都是可以通过学习获得的。

这就是这本书重要的原因。本书的作者都在哈佛学习过，他们认真地研究了危机所带来的各种挑战，编写了这样一本旨在对那些正在和将要处理危机的人员可以起到重大参考作用的书。他们采访了哈佛有实际危机管理经验的和正在教授危机管理案例的教授们，从数以千计的案例中挑选和编辑了最有代表性的案例，以帮助读者了解在危机中需要面对哪些具体的挑战。

2002—2003 年 SARS 的暴发提供了一个很好的例子，说明危机的来临可以多么出人意料。一个地区产生的病毒，迅速产生了全球的影响，使跨国组织、国家和地方政府全都动员起来，以防止进一步的灾难。当事情过去之后，我们回顾往事，很显然，第一，我们应该认识到我们身处在一个新的全球化的时代，这样的事件是无法孤立地解决的，它呼吁一个更好的国际性的信息分享、监测与合作系统；第二，我们需要一个更好的内部信息交流系统，以使公众及时得到信息资讯而不至于听信谣言，或因不真实的猜测而过度恐慌；第三，我们需要激励体系以鼓励及时准确的内部信息的汇报；第四，我们需要建立一套危机管理系统，并促进不同部门之间的精诚合作，这在任何国家都是困难的。

从别人处理类似事件的经验那里学习很重要。有哪些方法证明是有效的，有哪些是无效的？有哪些是可以改进的？虽然每个国家有它独特的组织形式和文化特征，但仍然有可以共享的经验。这种从过去的经验中学习和思考并使自己的组织成为一个学习型组织的过程，正是案例教学法的精要。

案例教学法是哈佛大学商学院和哈佛大学肯尼迪政府学院教学的重要特征。我们发现教授未来政府和企业领导人的最好方法之一就是案例教学法。这不是那种传统意义上的老师讲学生听的教学法，你需要帮助学生培养至为关键的学习能力，一种创新的能力和在不可预见的情况发生时灵活处理的能力。这种能力不可能通过传统的“粉笔+讲课”的教学方式获得。它要求学生担任一种不熟悉的角色并利用自己以往的经验来分析形势。学生们不仅向教授学，也从他们的同学那里学习。案例教学法还可用于团队训练，磨炼他们战略决策的技能。这些教学目标不能通过仅仅坐在那里听课达到，不管他们的教授多么聪明、多么有才华。

作者们在这里所选的案例涵盖了政府领域和商业领域的危机，这两个领域有着内在的不可分割的联系。事实上，许多公共领域的危机管理的经验来自企业的经验。本书中选取的一些企业案例是世界范围内有广泛影响力的，危机管理领域有代表性的经典案例。处理这些案例的许多技巧被用于公共领域。事实上，政府、企业和社会之间的联系越来越紧密了。食品、医药、监管体制和食品中毒引发的争议将是一个日益复杂的问题，因为在世界贸易组织(World Trade Organization, WTO)的架构下越来越多的食品在国际间交易。你如何成功地处理这样一种危机，以使人们共同努力，而不是各自为战，心存芥蒂？更重要的是，在这种情形下，如何评估风险？在普利司通轮胎召回事件中，企业也面临同样的挑战。在这个案例中，企业要做出决定，以应对公众提出将造成数百起事故的轮胎进行召回的要求。显然，没有简单的答案。成功与否要靠企业、媒体和不同的中介组织为了公众的利益，扮演合适的角色，共同合作。当然，果断和清晰的领导能力是至关重要的。

自然灾害同样打击政府，要求政府有创新的应对措施。西尼罗病毒这个案例提供了一个有趣的研究个案，可以被复制到不同的情形下。在这里，面临的首要问题是“确认”。你如何知道你是在处理一种全新的疾病？你如何知道它到底有多严重？你真的想动员起整个城市来应对吗？你是否敢冒这样的风险，调动起了整个城市而引起了可能的社会恐慌，结果却发现这种疾病并没有想象中那么严重？

要在理性的谨慎和反应过度中间找一个平衡点的确很困难。如果你采取了极端的反应(而结果并没有那么严重)，那么你的风险是下一次面临真正的危机时要调动起群众，群众可能不再轻易相信你了；如果你低估了危险(而结果比你认为的要严重)，那你就会被指责为软弱、被动、置民众于危险中。如果你认定风险的确存在，则问题就是你如何应对它。什么是技术性的解决方案？什么是对组织机构的影响？有时组织会因为上级指示和迫切需要而放下它们的主要工作，而从事处理一件特别的突发事情，即使这件事并不在他们的职权范围之内。如果你是一个大企业的地区主管或是政府的官员，即使这件事与你的本职工作没有什么关系，你能忽视一个你的上级认为是非常重要的事吗？你愿意冒多大的风险？

政府如何应对风险对我们所有的人都有影响。譬如说，在一场食品危机后，企业需要能够预测政府在食品监管体系中会作什么调整，从而做好应对。相似的，“9·11”事件的政治反应改变了美国的地缘政治观，它的影响涉及企业界和世界上其他政府。新的变化也提供了新的机会，问题是你如何从中受益？

这本书中所翻译的案例和作者所作的专访，为那些政府和企业的战略决策者们提供了一个绝佳的学习机会来开始考虑上述的重大挑战。

我向你们隆重推荐此书。通读此书并联系案例进行思考将会受益无穷。

安东尼·赛奇

哈佛大学肯尼迪政府学院

国际事务教授

亚洲项目主席

目　录 Contents

哈佛大学肯尼迪政府学院案例

哈佛大学商学院案例

哈佛大学
肯尼迪政府学院案例

“9·11”事件与纽约市长*

所有伟大的领导人都有一个重要的性格特征：当人民处于患难中时，他们都非常愿意和人民共同面对。正是这一点，而不是别的什么，才是领导的本质。

——约翰·肯尼恩·加尔布雷思(《不确定的时代》)

在“9·11”危机中，朱利安尼市长的许多能力被证实并得到充分展示：领导艺术、处理危机的非凡能力、面对灾难所凸显出的镇定以及领导和合作的能力。他性格特点中依然存在一些招致这个城市里很多人不喜欢的地方，但是，没有人是完美的，也不可能完美。

——纽约市警察局局长　威廉·布莱顿

鲁迪·朱利安尼其人

“穿细条绒服的牧师。”作为意大利天主教移民的孙子，鲁迪·朱利安尼(Rudy Giuliani)在17岁时差点成为一名牧师。在望子成龙的父母亲的劝阻下，他最终进入布朗克斯区的曼哈顿学院读书。在父

---

* 本案例由美国哈佛大学肯尼迪政府学院高级讲师汉娜·赖利(Hannah Riley)以及公共关系研究中心研究助理泰亚·史密斯(Taiya Smith)编写。在本案例编写过程中得到了公共关系研究中心的大力协助。

亲的监护下,年轻的朱利安尼养成了简单刻板的是非观。曾因武装抢劫而获罪的哈罗德·朱利安尼是个认真专注的父亲,他决心不让儿子再犯他所犯过的错。他总是一遍遍地说:“你不能拿任何不属于你的东西。你不可以偷盗。永远不要撒谎,不要偷盗。”朱利安尼回忆说:“当我还是个孩子时……我在想,他为什么要老是说这些话?我可从未想过要偷盗任何东西。”

传记作家安德鲁·柯茨曼(Andrew Kirtzman)把朱利安尼的早年经历和他后来从事的司法实践职业联系了起来:“随着他在司法部职级的不断提升,……朱利安尼运用法律来决定对和错,犯罪和刑罚。”用柯茨曼的话说,他逐渐成为“一个穿细条绒服的牧师”。1981 年,罗纳德·里根任命朱利安尼担任美国司法部助理部长,朱利安尼成为司法部的第三号人物。这个职位意味着他掌管着全美国的律师业,以及禁毒、移民和监狱事务,但朱利安尼并没干很长时间就回到了他的家乡从事直接的诉讼工作。由于朱利安尼要求更换职位,里根任命他为纽约南区联邦检察长。虽然新的职位不具备联邦政府的威望,但朱利安尼可以将全部注意力投入到纽约当地事业中。处理股票操纵者伊万·布斯凯(Ivan Boesky)和科隆博(the Colombo)犯罪家族正是他肇基之始。到他 40 多岁时,朱利安尼已经以强力扫荡犯罪和无情执法而著称。

竞选市长

1989 年,朱利安尼以共和党候选人的身份第一次竞选纽约市市长职位。但是,纽约人选择了他们的第一个黑人市长——民主党候选人戴维·丁金斯(David Dinkins)。朱利安尼的第一次竞选失败了。但是,失败并没有吓到他,朱利安尼注意到丁金斯的声望日益下降并于 1993 年准备好了第二次竞选。当时纽约正处于经济不景气中,居高不下的犯罪率成为这座城市经济复苏时的沉重负担。汽车抢劫如此普遍,以致车主都在他们车子的窗户上贴上“车内无无线电装置”的标识来劝阻可能到来的劫犯。朱利安尼将第二次选举的重点放在了经济改革和降低犯罪率上。

从1989年失败中吸取教训,朱利安尼仔细研究了这个城市面临的艰难的政策问题。在1993年整个竞选过程中,针对每一个问题,从街头犯罪到垃圾收集私有化,在朱利安尼的办公室都不断有专业的观点产生。作为第二次参加竞选的候选人,他很快对这些问题有了更精辟的认识,并且将这些新形成的观点和政策建议运用到了他的演讲中。这其中,最激进的要数朱利安尼在犯罪问题上的政策建议了——他主张“零宽容政策”。朱利安尼展示了一个通过严厉打击犯罪来推进城市道德建设的计划。他攻击他的对手对犯罪放任自流。朱利安尼说:“设想一下,如果在英国战争期间,当炸弹正在炸向伦敦的时候,丘吉尔却说:‘你们知道,这真的超出我们的能力范围,对此我们也无能为力。’”纽约市现任的领导层,他说,恰恰正是这么做的。朱利安尼强硬的反犯罪政策主张在纽约这样一个民主党占绝对优势的城市里引起了传统政治派别的分歧,结果朱利安尼以微弱的优势击败当时在任的民主党人,赢得了此次选举。

继往开来的行政长官

在刚刚就任的几天里,情况就已经很清楚地表明,朱利安尼对付犯罪的方法将与其前任有着极大的不同。当年1月8日,警察局接到911报警电话,称在第7号穆罕默德清真寺,即纽约哈勒姆区的路易斯·法兰克汉(Louis Farrakhan)大臣国家清真寺里发生抢劫。在不知道这是个愚弄电话的情况下,两名警察冲进了现场。当冲进清真寺后,警察们发现他们的出路已经被愤怒的穆斯林安全人员挡住了。他们对警察闯入他们的礼拜寺非常愤怒。穆斯林教徒和警察之间爆发了冲突,每一方都要求增援,每一方也都遭受了损失。在冲突过程中,一个警察的枪和无线电通信设备遗落在了清真寺。最后,当双方僵持不下的时候,他们开始谈判。

据新上任的纽约市警察局长威廉·布莱顿回忆,谈判被来自市长的电话反复打断。朱利安尼没有理会由于纽约市第一个黑人市长竞选失败而导致的种族之间的紧张关系,他要求警方采取行动:“他们打伤了警察,偷了警察的东西,为什么不让他们进监狱?”朱利安尼向布莱顿吼道:“我要求逮捕他们。”警察们选择遵从他们指挥官的命令,以没有发生更进一步的暴力解决了此次事件。然而,这次事件却开启了一个先例:朱利安尼期望警察们对犯罪行为更具攻击性,这也就意味着快速而直接的结果。

清真寺事件只是朱利安尼处理从警察冲突到紧急天气情况等众多危机中的一个。在强烈暴风雪袭来时(一年中有17次),人们可以看到他开着签有他名字的颜色鲜明的SUV型雪佛兰汽车在城市中穿梭。当地铁发生火灾时,他跑到现场去帮助处理紧急情况的人员并抚慰伤员。如果警察在执行任务时受伤,市长会来到他们的病床前看望他们。凡是这个城市发生紧急事件的地方,人们几乎都会看到市长的身影。

朱利安尼甚至跑到纽约市以外的地方去回应那些对他的市民有影响的危机。1996年7月,美国环球航空公司800号航班在肯尼迪国际机场起飞后不久在纽约长岛附近坠毁到大西洋里。数以百计的遇难者的亲友来到机场寻找他们的亲人。朱利安尼市长也有一个朋友在这架飞机上,所以他也跟随人群到了机场附近开敞的门廊处等候航空公司的消息。随着时间一分一秒地过去,却没有任何来自官方的消息,等待的人群开始变得越来越悲痛,而市长则变得越来越愤怒。向航空公司要了一份至少是初步的遇难者的名单,朱利安尼个人承担起了将消息通知给遇难者家属的任务。一个一个地,朱利安尼告诉遇难者的家人,他们的亲人被认为是在这架飞机上。第二天早上,当美国环球航空公司仍然没有给出一个最终名单的时候,市长决定发表一点看法。市长出现在凌晨4:00的新闻访谈节目中,他批评了航空公司不关心遇难者家属的行为。几天以后,在圣帕特里克教堂(St. Patrick's Cathedral)的一个纪念仪式上,朱利安尼动情地对遇难者家属讲道,他能深切地体会到他们正在经历的痛苦。

"在处理危机方面他是个行为榜样。"布莱顿回忆道:

> 在我作为警察专员与他共事期间,我看到了许多情况下市长的表现,他处理危机的方法真是好极了……他生来就是处理危机的,他懂得在公众面前保持冷静和表现得见多识广的重要性,并且表现出了适度的同情心和勇气。

大多数公众在认为朱利安尼很有能力的同时,从个人角度并不喜欢他,但是朱利安尼的友善和同情心在他的朋友和同事当中是有口皆碑的。那些与他亲近的人都亲眼见过他是如何接近被灾难打击的人们的。例如,他到医院看望生病的孩子,或者去参加一个朋友的亲人的葬礼。一次,当一位职员的母亲失去丈夫之后,他一直陪着这位母亲到凌晨4:00。

朱利安尼不仅仅对紧急事件做出回应,还对紧急事件进行预测和计划。他说:"从我进入市长办公室的那天开始,我就认为纽约将成为恐怖分子袭击的目标。"朱利安尼相信,1993年世贸中心的爆炸事件是将来发生更糟的事情的预兆。为此,他建立了危机管理办公室(Office of Emergency Management,以下简称OEM),以缓解不同部门之间踢皮球的现象从而提高应急能力。秉持在现实的危机中一贯的处理方式,朱利安尼也是在办公室进行的演习的积极参与者。"和我们的市长在一起,你会忘记这是一场演习。"OEM主任理查德·谢雷尔(Richard Sheirer)回忆道,"那完全像真的一样。"

再接再厉,竞选连任

在朱利安尼第一届任期末尾,他获得的成功给人们留下了深刻的印象。他肃清了在富尔顿渔市、商业垃圾处理行业和圣真纳罗节庆典中违法的不法人员。据纽约公共机构如城市艺术博物馆和其他商业机构报告,他们的垃圾处理费减少了40%。经济状况在改善,财政赤字在下降,失业者名单也正在缩短。犯罪数量上的减少是最引人注目的。纽约市的凶杀案下降了34%,汽车盗窃案下降了35%。在某种程度上说,朱利安尼是幸运的,他的第一届任期正好与美国的国家经济复苏和主要城市犯罪率的下降相吻合。然而,正如朱利安尼指出的那样,纽约领导了这些统计数据并为全美国犯罪率的下降做出了重要贡献。

当朱利安尼的"零宽容政策"获得极大成功赢得了公众的称赞和国人注意的同时,这一政策所导致的警察针对社区的镇压却投下了一道长长的仇恨的阴影。对于警察错误行为的担忧,正在这个城市的少数民族和各民族中的自由居民中间增长。当1997年8月爆发了阿布纳·路易玛(Abner Louima)的警察滥用权力一案后,对纽约警察部门失去控制的怀疑看来似乎得到了证实。路易玛是在海天酒吧外发生的一场斗殴中被捕的。在去往第70派出所的警车上,他遭到了殴打。一次,在派出所里,一个叫贾斯廷·沃尔普(Justin Volpe)的警察将他带到一间浴室,然后用一个断了的帚柄鸡奸了他。他流着血被关在牢房里,一个多小时以后才被送往医院。在电视台记者对其进行访问时,路易玛回忆了他的故事,说在攻击他的时候,沃尔普说道:"蠢黑鬼,知道怎样尊重警察吗?……这是朱利安尼时代,不是丁金斯时代。"

朱利安尼对此迅速采取了行动:他谴责有关的警察并宣称此次事件应受到谴责。作为对不断增加的对警察野蛮行为不满的回应,他组建了一个针对警察野蛮行为的委员会,任命了他手下的几个重要人物组成了委员会的领导小组。朱利安尼对路易玛事件迅速的和看似强有力的反应看起来缓解了许多开始质疑减少犯罪率的社会成本是否过高的人的不满情绪。在连任竞选中,最接近的对手的票数也要比他少16票,他以绝对的优势顺利进入第二届任期。

进入第二届任期

在他的第二届任期伊始,朱利安尼很明显地倚仗自己的成就有些骄傲。许多纽约市民开始嘲讽市长的自负。《纽约杂志》(*New York Magazine*)发起了一场广告运动,将城市公交车车身两旁涂满标语,称该杂志“可能是纽约市唯一一个鲁迪不引以为荣的好东西”。被这一嘲讽所激怒,朱利安尼命令城市交通管理部门撤下这些广告。《纽约杂志》因此而起诉他,并且根据美国《宪法第一修正案》第一次赢得了对市长的诉讼。

不久,一系列起诉市长办公室隐瞒信息、禁止在市政厅前的台阶上召开新闻发布会(出于安全原因)、扣留批评市长的人的资金的诉讼案接踵而至。朱利安尼在法庭上几乎输掉了所有这些官司,并且在此过程中得罪了很多纽约市民。对他的选民最大的冒犯是他对在阿布纳·路易玛危机之后迅速执行任务的小组结果的反应。当他宣称已经执行了任务小组推荐的一些意见的同时,他反对了其他的意见:“一些事情是不现实的,几乎没有什么意义。”安德鲁·柯茨曼在《鲁迪·朱利安尼:城市之王》中记录道:

> 几乎没有什么赞美之词,朱利安尼不仅冒犯了小组中他的同盟者,还得罪了那些不相信委员会仅仅是在连任竞选过程中使市长脱离种族危机的公共关系组织的人。他好像正对着他们的脸笑,告诉他们,他们一直就是那样的。

朱利安尼的民众支持率开始下降,尤其是在朱利安尼与之很少有联系的少数民族中间。

警察局局长伯纳德·凯利克(Bernard Kerik)总结了市长处理批评意见的方法:

> 他是个动物,他很令人讨厌,他傲慢自大。但是你知道什么? 他就让这些批评者尽管批评,批评过后,他有一颗巨大的包容的心。在纽约市做一个可爱的人,你是不会获得成功的。朱利安尼没有中间地带:好或坏,对或错,故事结束。这就是他的方式。你不喜欢的话,随便你。

1999年初,一个22岁没有带任何武器的叫阿马杜·迪亚洛(Amadou Diallo)的非洲移民在布朗克斯区自家门前台阶上被警察射了41枪。朱利安尼批评了公众认为的故事正确的一面,支持警察的行为并最终疏远了黑人社区。

迪亚洛被4个警察发现,这4个警察认为他的行为不正常。当警察喊他的时候,他转过身,手开始往口袋里伸。警察以为他要掏枪,向他开了41枪,几分钟之内就杀死了他。当警察慢慢接近尸体时发现死者手上拿着的是个钱包的时候,他们才意识到自己犯了错误。在具有争议性的牧师阿尔·夏普顿(Al Sharpton)领导下,黑人社区群情激昂起来抗议,反对这种滥用权力的行为。这一次,与在路易玛案子上的表现不同,朱利安尼拒绝谴责警察的行为。相反的,他要求市民们等到整个案子真相大白以后再做出判断。市长提供了统计数据以保护他的警备力量。他报告称,在1990年,丁金斯任市长的时候,那时候警察队伍的规模还较小,纽约警察部门共击毙了41人。1998年,纽约警察部门共击毙了19个犯罪嫌疑人。他辩称,其他的警察数量相对少的城市最近的记录要比纽约警察部门更糟。

惊恐的市民们,尤其是那些认为被警察虐待的少数族裔却并没有因为这个统计数字而被安抚。长期以来由于日常的种族形象定性(racial profiling)和其他形式的警察骚扰导致的被压抑的愤怒在少数民族地区达到了顶点。在夏普顿的鼓舞下,沮丧的纽约市民开始在第一警察广场外排成队,自愿要求被逮捕,以抗议市长对迪亚洛事件的处理。最初,市民们要求拘捕的行动并不活跃,后来,主流的政治家们和其他社会名流也开始参加进来,包括纽约前市长丁金斯,演员苏珊·萨拉顿(Susan Sarandon)和鲁比·迪伊(Ruby Dee),浸礼会牧师、政治活动家杰西·杰克逊(Jesse Jackson)。其他的认为在过去的几年里被市长不公平对待的社会群体也参加到抗议活动中来,很快地,认为朱利安尼就是希特勒的思潮在整个城市暴发了。

无论是公众的抗议,还是支持者的恳求甚或是与黑人社区中温和派的平静的交谈,这些温和派试图向市长解释人们为什么如此焦虑不安,都不能说服朱利安尼采取其他的行动。他在警察野蛮行为上坚持用统计数据来拒绝去理解城市中出现的不满情绪的做法,导致许多人失望地放弃了他们的抗争。任何一个与其意见相左的人几乎都被认为是他个人的敌人。"他对待每一件事就如同一场很简单的比赛,好像他一定会赢。"美国国会前议员,黑人社区领袖弗洛伊德·弗拉克(Floyd Flake)牧师回忆道。

朱利安尼很愤怒。他斥责那些试图介绍不同观点的下属:"这是浪费时间,从这件事上我什么都没有学到,我不会反对警察,我也不会向暴徒心理屈服……我宁愿不当市长也不做没有原则的事。"

自从迪亚洛事件以来,这个城市几乎没有平静过,直到另一个没有武器的黑人青年帕特里克·多利斯蒙德(Patrick Dorismond)被击毙。在评价这件事上,朱利安尼和他的下属跳出来为警察的行为辩护。作为他对警察构成威胁的证据,市长授权公布了多利斯蒙德少年时的犯罪记录(根据法律,这些记录在他年满 18 岁时被封存)。许多人认为政府公布死者的少年犯罪记录是一种极大的不公正。朱利安尼的公众支持率自那次事件以后降到了 32%。

向更高的职位努力

1999 年,朱利安尼担任市长的第二届任期即将结束,任期的限制决定了他不可能再谋求在格雷西官邸(Gracie Mansion)的另一个四年的任期。纽约州参议员丹尼尔·帕特里克·莫伊尼汉(Danial Patrick Moynihan)的即将退休为他在议会中谋得一个席位提供了可能性。竞争注定是激烈的。民主党第一候选人,当时的美国第一夫人希拉里·克林顿(Hillary Cliton)仍然陷于她丈夫的白宫丑闻的阴影里。朱利安尼抓住这个机会,嘲笑第一夫人在一个她从来没有居住过的州竞选职务。朱利安尼飞到希拉里故乡阿肯色州去嘲笑她竞选纽约州议员的决定。同时打电话回纽约,命令让阿肯色州州旗在市政厅上空飘扬两天。“她从来没有在这居住过……也从来没有在这工作过,但是我想她竞选议员是冷静的决定。”在阿肯色州一个女子俱乐部里他这样讽刺道。

尽管有政治上的事务分心,朱利安尼仍然牢牢地控制着他的城市。他发起了一场新文明运动以改善不遵守交通规则的现象、街边的零售商贩、恼人的汽车警报器和攻击性的艺术作品。当知道布鲁克林博物馆举办一个叫“感觉”的艺术展的时候,他公开抨击艺术展所谓的艺术性,并试图以含有攻击性的东西的名义关闭它。具有讽刺意味的是,成千上万的公众因此而被吸引来观看这个名为“感觉”的展览。

个人挑战和公众关主

就在文明运动开展之际,两则有关朱利安尼个人的新闻传了出来。第一则新闻是他罹患前列腺癌。不同寻常的是,这次朱利安尼公开对公众讲述了父亲在他生命中的重要地位以及父亲的前列腺癌对他的影响。记者们被他的言辞所打动,对身处困境的他重新生出了怜悯之心。第二则新闻则是他的婚外情。

朱利安尼的妻子唐娜·汉诺威(Donna Hanover)从来就不是纽约的名人。相反,大家公认的朱利安尼的女朋友——朱迪思·内森(Judith Nathan)的出现,引起了媒体的竞相追逐。内森和朱利安尼一同旅行，还参加他的会议。朱利安尼的幕僚说，她为何在场的理由不得而知，但是每个人都对此习以为常，并且许多人渐渐对她生出了敬意。市长同这位伴侣的关系在这几年里日益密切，这是有目共睹的。

选举不日将至。即使有显赫的政绩，也不足以抹去罹患癌症和对婚姻不忠的新闻给朱利安尼蒙上的阴影。《星期六夜现场》(*Saturday Night Live*)的喜剧演员蒂娜·费伊(Tina Fey)对这个争论作了如下总结：

> 纽约市长鲁迪·朱利安尼……在一个艺术展览上又发火了。这次针对的是一幅把耶稣绘成裸体女人的画。市长说：“我和情人到博物馆来不是为了来看这种垃圾的！”

朱利安尼在新闻发布会上说，他同妻子已经分居16年了，而这一点甚至没有征求过她的意见。这番话引起了媒体的一阵骚动。突然之间，他的私人生活成为流行文化的话题，他同癌症抗争，他参选参议员——这是一场有很高政治代价的活动。

朱利安尼时代落下帷幕

2000年5月19日，朱利安尼宣布退出纽约州参议员竞选。第二天，一些有影响力的报刊，包括《纽约邮报》(*New York Post*)和《华盛顿时报》(*Washington Times*)，决定直接刊登市长的原话，附带的介绍最多也只有一句话：

> 当我第一次被告知罹患癌症时，我想，这会是一个比较容易作的决定，一切都会容易些。一生之中我做出过很多决定，有一些是非常艰难的；我想，我可以以同样的方式做出接受治疗的决定……我发现，这次比以往要艰难得多……

我还发现,在思考癌症、被癌症折磨的日子里,一些很美好的……事情发生了。它使你看清自己是什么样的人,什么对你真正重要,什么会对你很重要——也就是说,你的灵魂的真正所在……我以为自己的灵魂所在就是政治,我想是因为在公共生活和政治领域待了如此之久的缘故。事实并非如此……

我已经决定,应该把自己的健康摆在第一位,应该把注意力放在为找到最好的治疗方式而不是为工作奔波上。一些好的事情由此产生,很多好的结果由此产生了。我更了解自己,更懂得什么对自己重要。也许我还没有完全了解这些,我曾经愚蠢地认为只需要几星期时间我就会做到这一点,事实上没有。但是我想,我正朝着这个方向前进。

余下的时间里,我不仅会做一些我们已经做过的事,而且还要克服那些也许是我自己设置的障碍,并找出克服这些障碍的方法。我还不知道答案。我不知道如果是你,你会怎么做,但我将尽力而为。

看起来朱利安尼时代已经走到了终点。在任期的最后 18 个月中,似乎大部分时间市长都陷在私人事件上:离婚战争和癌症治疗。他不止一次跟他的幕僚们说,让我们尽力而为,期盼再也别出什么差池。2001 年 6 月,汉诺威获得法庭的裁定,禁止朱利安尼让内森在市长官邸过夜,朱利安尼于是搬出了格雷西官邸。他住进了朋友霍华德·科佩尔(Howard Koeppel)以及科佩尔的情人马克·肖(Mark Hsiao)在上东区的一所公寓。到 2001 年 9 月,朱利安尼完成了他的癌症治疗。许多人认为,他的政治生涯只剩下几个月时间了。《时代》(*Time*)杂志的记者埃里克·普利(Eric Pooley)为他的市长生涯写了一个墓志铭:“两届市长的政绩足以为他在历史上留下一席之地：优秀的市长，但却是不怎么样的家伙。”

非常时刻：9 月 11 日

2001 年 9 月 11 日的早晨同以往一样平常。6:45，朱利安尼从他在霍华德·科佩尔的公寓的卧室中走了出来。市长为自己倒了一杯咖啡，同两个朋友一起坐下来，开始阅读早晨的报纸。他的早餐也同往常一样：Special K（一种无糖麦片）加脱脂牛奶，以及新鲜的水果。他一边吃早餐，一边读着三份报纸。快到 8:00 时，他起身离开公寓，去半岛饭店（Peninsula Hotel）参加一个会议，并在那儿吃第二顿早餐。他打算会议结束后去理查德·格林学校（Richard Green School）的初选会场投票。

50 分钟后，朱利安尼正在半岛饭店里吃第二顿早餐，他的法律顾问丹尼·扬（Denny Young）接到了负责行政的副市长乔·勒霍塔（Joe Lhota）打来的电话。此时，勒霍塔正站在市政大楼外面，瞪着 7 条街以外的世贸中心。就在两分钟前，也就是 8:48，在办公桌前忙碌的他突然听到一声巨大的爆炸声。现在，看着从世贸中心窜出的火焰，勒霍塔焦急地对扬说：“告诉市长，有架飞机撞上了世贸中心。”朱利安尼闻讯立即同扬和两名警卫奔向汽车。

在市长驾车赶往现场的途中，OEM 主任理查德·谢雷尔通过无线电指挥启动了应急方案。他联络警察局切断从曼哈顿到运河街（Canal Street）的交通，以保证进入现场的应急车辆和撤离现场的人们能够通行无阻。之后，他又确认了救护车和医院应急方案的就位。

越来越多的官员赶到了世贸中心北塔，包括消防局局长汤米·冯·埃森（Tommy Von Essen）、消防队队长彼得·甘奇（Peter Ganci）、消防局第一副局长比尔·菲恩（Bill Feehan）、世贸中心的保卫人员、港务局官员，以及警察。谢雷尔也加入了他们。这个临时应急小组立即在大厦底层成立了一个消防局指挥中心。

突然,震天动地的爆炸声再次响起。火焰和碎片从残破的大厦中射出。这是第一架飞机发生的第二次爆炸。大厦底层的指挥小组意识到,这个中心所有建筑里的人们都必须撤离。OEM 的副主任卡尔文·德雷顿(Calvin Drayton)在西街对面的世界金融中心大厦另找了一处地方作为 OEM 指挥中心。正当大家准备搬往那里时,第二架飞机撞上了南塔。

谢雷尔立即又拿起了电话。“第二架飞机一撞上南塔,我立即叫下属通知联邦紧急措施署,让空军国民警卫队(Air National Guard)派飞机到纽约上空来。之后,我又指示他们直接打电话给五角大楼,打给国防部的同事,那时我才得知,五角大楼也遭到了袭击。”

驾驶着他的 SUV,朱利安尼的思绪也在飞驰:“我的第一个念头是难以置信。”他后来描述道:“怎么可能发生这种事?飞机没有撞上世贸大厦。”即使已经同幕僚们电话联络过,他仍然没有意识到形势的严峻,直到他路过格林尼治镇的圣文森特医疗中心。那里的医生和护士已经根据应急方案的要求进行了手臂消毒,抬着担架在医院门外等候。看上去他们已经做好了迎接大量伤员的准备。距离现场还有两英里远时,第二架飞机撞上了南塔。

几分钟后,市长到达了世贸大厦。“那是我一生之中见过的最恐怖的场面。”他的这番话刊登在 9 月 12 日《纽约每日新闻报》(*New York Daily News*)的一篇文章里,“我们看见世贸大厦笼罩在火焰之中,一个巨大的缺口一直延伸到大厦顶部。我们看见人们从楼顶往下跳。”

消防局临时指挥中心

消防员此时已经疏散了北塔内一半的人员,但是南塔的疏散工作由于浓烟、飞机烟尘以及大批想要逃离大厦的人群而受到了阻碍。

朱利安尼加入了临时指挥中心的工作。他问消防队长甘奇:"我应该跟人们说些什么?"

"叫他们进入逃生楼梯,告诉他们我们的消防队员正在上楼准备接应。"他接着又说,"我想我们能救出大火下面的楼层里的所有人。"大火上面的楼层里的人们看来不可能生还了。市长同幕僚们一道出发前去几条街以外的警察局指挥中心。临走前,他单手抱了抱甘奇。

"祝你好运。"朱利安尼说,"愿主保佑你。"

"谢谢。"甘奇答道,"愿主保佑你。"正准备离开时,市长看到了消防局的查普林·米卡尔·贾奇(Chaplin Mychal Judge),他是一位圣方济各会的牧师。

"为我们祈祷吧。"市长对他说。

贾奇笑了:"我一直都在。"

逃　生

纽约市的每个地方都开始陷入混乱状态。美国港口管理局(The Port Authority)、美国联邦调查局[Federal Bureau of Investigation,以下简称 FBI,包括联合反恐任务小组(The Joint Terrorism Task Force)办公室]、中央情报局(Central Intelligence Agency,以下简称 CIA)、美国联邦紧急事务管理局(The Federal Emergency Management Agency,以下简称 FEMA)相互之间失去了电话联络。世贸中心的所有机构必须被疏散。原本设计能抵挡台风、炸弹、停电甚至是核武器袭击的纽约市的"碉堡"——紧急措施中心现在毫无用处。

在步行去往位于巴克利大街(Barclay Street)75 号梅丽尔·林奇办公楼(Merrill Lynch Office Building)的警察局临时指挥中心的途中,朱利安尼对他的参谋长托尼·卡博内提(Tony Carbonetti)说:"我需要警察局局长和消防局局长在我身边,我们得达成一致。我知道汤米可能想留在那儿,但我需要他在我身边。”

接到通知后,冯·埃森非常不情愿地离开了火灾现场,前去与市长会合。“我很可能是因为去见市长才逃过了一劫。”他后来说道,“第一次倒塌时我的许多消防员活了下来,但他们没有逃过第二次劫难。”

在巴克利大街75号,市长和他的幕僚们开始了紧急行动。“我们需要让大家觉得我们正在掌握局势。”勒霍塔后来解释说。掌握局势意味着给总统打电话,并联络媒体,让它们告诉整个城市发生了什么事。卡博内提用手机打电话给白宫,要求同乔治·布什总统的资深参谋卡尔·罗夫(Karl Rove)通电话。接电话的人说罗夫不在那儿,五角大楼遭到了袭击,白宫的人员正在撤离;布什的另一位参谋克里斯·亨尼克(Chris Henick)在电话里证实了军事飞机已被派往纽约上空巡逻。最后,卡博内提打通了副总统的电话。朱利安尼接过电话,走进一间私人办公室,但他只来得及说了句“副总统先生”,电话就断了。

片刻之后,有人冲进房间叫道:“塔顶被击中了! 快下楼! 快下楼! 塔顶要塌了!”巴克利大街75号里的人们感觉就像地震了一般。警察局长伯纳德·凯利克回想起当时窗户被震碎了:“突然迸出黑色的烟灰和碎片,一下子射进了房间。”南塔塌了。

指挥小组逃出临时总部,开始疯狂地找寻逃生之路。三扇通往街道的门都被锁住了。小组成员们四处寻找出路,看起来已经无路可走了。外面的空气中弥漫着黑色的浓烟。一名大楼管理员突然出现了,他带领大家穿过一个地下隧道进入了隔壁大楼的大厅。

外面的世界一片凄凉,所有的东西都成了碎片,覆盖着一层白灰。朱利安尼环顾四周,这场景同他想象的原子弹爆炸的场面多么相似:弥漫的黑烟,纷飞的碎片。这时旋转门打开了,走出一个浑身白灰、眼眶流血的人。刚开始大家几乎都没认出来,他就是警察局副局长迪博尔·克利克斯(Tibor Kerekes)。他靠缩在隔壁大楼的一个嵌间里才逃过了一劫。他浑身颤抖，喃喃道：“太可怕了，太可怕了。”

重聚之后，指挥小组开始讨论何去何从，是继续待在这栋楼里还是到别的地方去。警察们认为应该留下来决定事态发展，但是朱利安尼决定离开这里。双子星大厦（世贸中心）楼顶的天线失效后，移动电话在这附近根本打不出去。地面通讯天线也好不到哪儿去。纽约当地的弗莱森电讯公司（Verizon）在西街140号公司大楼的所在地建立了全世界最大的交换站。地下电缆遭到了极大破坏，根本不可能使用任何紧急线缆。能进行通信的概率几乎为零，在一片废墟之中也不可能建立什么指挥中心。

“我们需要对外联络，还必须找一个地方来重组政府，”朱利安尼想，“就算死，我也宁愿死在外边，总比困在这楼里好。”

离开大厦的途中，市长看见了纽约第一新闻台的记者、朱利安尼传记的作者安德鲁·柯茨曼。纽约第一新闻台是纽约一个24小时播报的有线电视台。朱利安尼拉住柯茨曼及另一名记者，将他们推入队伍，然后继续往北走。“他在试图用电话联络白宫的同时，还不忘对人们说‘往北走，不要停！’”冯·埃森回忆道，“我记得他拉住人们，对他们说：‘当心，放轻松些，继续走，不要停！’”

在他们离开这片废墟时，第二座塔崩塌了。柯茨曼在《纽约每日新闻报》发表的一篇文章中回忆了当时的情景：

> 身后传来的声响警告我们，另一波可怕的崩塌开始了。北塔爆发的火山一般的爆炸瞬间便吞噬了成千上万仍在塔内的上班族、消防员和救护人员。多么可怕的一幕……紧接着市长和幕僚们开始往前跑。
>
> 倒塌产生了巨大猛烈的烟尘，一路窜向天际。烟尘越来越大，直向我们逼近，眼看就要把我们包围起来了。这时，约翰·胡文（John Huvane）——一个高大的红发便衣警探用双臂环住市长，带他冲往北边。“一直往北跑！不要

> 停！”朱利安尼喊道。他是这群人中最冷静的一个，即便是在这种情形之下，他还在实际地、有方法地进行思考：“封锁交通，让应急车辆通行！”

成千上万从家里和办公室撤离的人们走上街头。地铁停了，公交车和出租车逃去了安全地区，一群人步行离开这个城市。途中，许多人认出了与他们同行的市长。柯茨曼详细描述了当时的情形：

> 旁边有位年轻人认出了市长，冲天空舞了几下拳头。“朱利安尼，去收拾他们！”他喊道。市长把手指放在嘴唇上对他说：“嘘！”

几步之后，他遇到一位有着亲切可人圆脸的年轻非裔女警。她冲他笑了一下，笑容里透着惊恐。朱利安尼继续往前走去，在经过她身边时，像个父亲般拍了拍她的面颊。

朱利安尼的幕僚们在大街上进行商议。他们所有人的移动电话都没有信号。市长想同媒体通话，但他们没法联络上纽约第一新闻台，而纽约第一新闻台的主播也在试图同市长取得联络。看来首先必须找到一个能用电话的地方。到目前为止，连市政大楼里的人员也撤离了。

冯·埃森建议去休斯敦大街（Houston Street）附近的第24号消防站。消防站大门紧锁，所有人员都到世贸中心救火去了。经过几分钟的讨论，在撞门的尝试失败后，有人用金属丝把锁撬开了。于是第二个临时市长办公室诞生了。进屋后的几分钟内，幕僚们通过电话了解了受灾程度，启动了经过多次演习的应急方案的第二阶段，并打电话给家人和爱人。谢雷尔同他的两个副手也过来同他们会合了。勒霍塔后来注意到他们三个浑身都是灰，“他们中有一个看起来像雪人一样……耳朵流着血，里面塞满了爆炸的尘土。”第二位副手来之后不久就倒下了，被送进了医院。

几分钟后，市长和幕僚们得知，消防局里最有经验的两位同事——比尔·菲恩和彼得·甘奇在大厦倒塌中丧生了。不久之后传来了查普林·米卡尔·贾奇的死讯，临死之前他正在为一名消防队员举行临终仪式。

同城市取得联系

从波士顿起飞的11号班机撞上北塔的两小时六分钟后，广播里第一次传来了朱利安尼的声音。他在格林尼治镇消防站的一间小办公室里用电话联络上了纽约第一新闻台的主播帕特·基尔南（Pat Kieman）和沙伦·迪生胡兹（Sharon Dizenhuz），通过电话，朱利安尼对纽约市民发表了现场讲话：

> 首先，我想借这个机会告诉你们每个人，要保持镇定，并尽量从南部曼哈顿撤离……我们已经联络了白宫，要他们保证城市上空的安全……至少在刚才的一个半小时里他们做到了这一点。我已经同州长谈过，同意取消今天的选举……
>
> 我为那些失去爱人的人们感到心痛。一生之中我从未见过这样的场景。事件发生后我很快到达了现场，亲眼见到人们从世贸中心里往外跳。那是怎样可怕的情景！我能告诉他们的就是，我们正用尽全力，尽可能救出每一个人。最后的死亡人数将是一个可怕的数字，目前我们还不清楚是多少，但是现在，我们只是把注意力放在尽可能救出被困的每一个人上。

听到广播时，市长的女朋友朱迪思·内森正驾车前往消防站。她看见人们站在马路中间倾听市长的讲话：

> 市中心的一处红绿灯下，一群人围在一个巨大的隆隆作响的箱式收音机旁。这群人是纽约社会阶层的一个横断面——他们中有年轻人、企业家和年老的妇女。广播声很

吵,我能听见市长的声音。我听到他叫人们到北部去。他的声音异常平静。这使我想起曾祖父曾说的人们聚在一起听美国之音广播的情景。现在,市长的声音显然已成为"美国之音"。

置身于此,一片污浊

下午 2:35,朱利安尼第一次出现在电视上。到那时为止,市长办公室已经进行了第三次搬迁,搬到了市警察学院。一起出现在电视屏幕上的还有纽约州州长乔治·佩特基(George Pataki)。朱利安尼缓慢而庄重地说:

> 很显然,今天是我们的国家、我们的纽约最艰难的日子之一。刚刚经历的那场灾难也许曾在我们大家的噩梦中出现过,谁也没料到它真的发生了。我为那些在这场可怕而残酷的恐怖主义行动中丧生的无辜人们而哀悼。

他告诉大家,目前的注意力集中在营救行动上,警察和消防队员正竭尽全力进行救援。最后,他再次向所有市民保证:"现在整个城市已经安全了。"

应记者的要求,朱利安尼详细讲述了整个行动计划,谈到救援行动的细节时也是随手拈来,其容易程度比这场袭击造成大面积打击的容易程度有过之而无不及。他说:"伤亡人数将超出我们能承受的范围。"

屏幕之外,市长和幕僚们作了成百上千个决定。"我们就往城市运送资源的事宜作种种决定。"理查德·谢雷尔解释说:

> 最首要的也许是保护整个城市……获取联邦政府的资源,试着期望接下来还有什么可以获取……(市长)将我们的注意力集中起来,以保证我们所有人朝着同一方向前进。

有太多的决定要作……在哪儿设立政府？需要做些什么来保证城市服务设施的运作？各个机构目前运转得如何？哪些机构需要即刻的帮助？我们需要什么？需要哪些人？我们的员工怎么样了？如何把信息传递出去？何时、何地、对人们说些什么？对市长来说，(对人们说些什么)从来就不是一个问题：以尽可能直接的方式告诉人们所有你能告诉他们的事。

下午，朱利安尼和凯利克离开警察学院前往贝尔尤医院(Bellvue Hospital)和圣文森特医院视察，随后前往被袭现场。凯利克回忆说，当时人们像靠近上帝一样靠近市长，在他面前哭泣，感谢他置身于此。凯利克说：“他们所希望的就是听到他说一切都会好起来，而他也正是这样做的。”有个人走到市长身边，询问市长他应该做些什么，因为医院方面说不需要他的血。市长抱了抱他，说：“你应该等待。如果你的确想做，你就去献血吧。”

晚上6:00，市长举行了一场新闻发布会。他明显看起来很烦恼，但是他没有当众哭泣，而是平静地将大家的注意力重新集中到城市的未来上：

我为我们所失去的人们感到难过，仅仅15分钟前，我还在同他们当中的一些人谈话……(但是)整个城市将继续生存下去，我们会渡过难关。这将是一个非常艰难的时期，我想，现在我们还不知道，当发现我们究竟失去了谁的时候，那种痛楚会是怎样。但是目前，我们必须把注意力放在让这个城市渡过难关、生存下去、变得更强壮上面。

有名记者问他，是否听说阿拉伯国家的人们正在街道上载歌载舞，庆祝这次袭击事件。朱利安尼明确答道：“仇恨、偏见和愤怒造成了今天的一切。我们应该勇敢地行动，宽容地对待。”他叫纽约市民不要参与对阿拉伯人的群体谴责行为。“纽约城还在这儿。”他说，

“我们遭受了巨大的损失，但是明天清晨纽约城仍将屹立在这儿，这是世界各地的人们希望的生活方式。”当晚，朱利安尼和幕僚们又视察了三次世贸中心的废墟。

最后，当市长回到霍华德·科佩尔的公寓时已经是凌晨2: 30了。一直在等候朋友归来的科佩尔给了他一个拥抱。市长浑身是土，而且毫无疑问，受到了极大的震动。柯茨曼写道：“他说：‘世贸中心的灾难，是我见过的最可怕的事。’接着鲁迪·朱利安尼瘫倒在卧室的椅子上，直直地盯着电视屏幕。”

恢复正常

从事故现场往北逃离时，朱利安尼想起了另一些恐惧的时刻，同这次作了个对比：“我为在大街上看到的那些人们感到骄傲：没有混乱，但他们的确吓坏了，有些慌乱。在我看来，他们需要听到我的心声——我们该何去何从。”后来，他的思绪回到了丘吉尔身上：

> 我试着思考，到哪儿去找类似的例子，去借鉴处理这一切的经验？由此，我想到了丘吉尔，想到城市精神亟待重塑，到哪儿去找比1940年空袭时的丘吉尔和伦敦人民更好的榜样呢？即便饱受连续轰炸的摧残，丘吉尔和他的人民仍然保持伦敦精神屹立不倒（参见案例后附录）。想到这里，我不禁松了口气。

当晚回到家后，他并没有上床睡觉，而是开着电视（怕有什么新的袭击），拿出一本罗伊·詹金斯（Roy Jenkins）撰写的丘吉尔的新传记翻阅起来（有关温斯顿·丘吉尔与伦敦空袭的背景）。

第二天一早，市长回到摄像机镜头前。他叫纽约市民恢复正常的生活轨道，上街购物，去餐馆吃饭，“做你该做的事，显示你并不害怕”。他也采纳了自己的这个建议。9月12日这天，纽约人随处可见朱利安尼的身影。他定时回到遇袭现场(后来画外音称是"第一现场")察看,到医院探望,在城市各处给新闻广播电台打电话。他戴着消防帽,穿着一件 EMS 的防风夹克,在警察学院的新指挥中心待了一整天,随时准备举行正式的新闻发布会。这一天里,几乎每隔几个小时,市长就会对公众发表一次讲话。

新闻发布会上,他滔滔不绝地罗列事实和数字,没有任何讲稿:从事故现场清理了 120 卡车的碎片,处理了 6 000 个运尸袋,失踪人员名单上有 4 673 个名字,265 名消防员和 78 名警察失踪且很难生还。他告诉人们避难所和献血站的所在地,并分发"黑匣子"的照片,以便人们可能找到它,"除非完全被尘土掩埋了起来"。诚实也令他痛苦:"我们很可能找不到死难者的尸体,人们必须明白这一点。"他告诉死难者的家属要有心理准备,因为有可能找不回尸体。到这天结束时,朱利安尼甚至成功地警告了投机者,如果他们想利用目前的情况抬高商品价格的话,将会被处以罚款。

随着市长在城市各处的公开亮相以及对犯罪行为的严厉打击,生活似乎恢复了一些正常。市长和他的市政官员们决心巩固这种正常的形象。幕僚们在新闻发布会的讲台上铺了一块蓝幔,并在后方悬挂了一块背景幕,把这儿布置成市政大楼蓝厅的样子。过去,市长通常在蓝厅召开新闻发布会。市长对人们强调正常的重要性,鼓励纽约市民恢复原来的生活:

> 我鼓励人们继续他们的生活:显示我们有多么强壮——恐怖分子不能打倒我们——的最好方式之一就是不被打倒。继续前进,继续我们的日常生活:上教堂……如果你想同你的孩子一起到公园玩耍,那就去吧。如果想花钱,我会鼓励你这么做:消费从来都是一件好事情。

贝斯·佩特龙-哈顿(Beth Petrone-Hatton)担任朱利安尼的行政助理已经有 18 年之久。她的丈夫也在这次袭击中丧生了。这段日子里她一直观察着市长。“这是我见过的他最‘在状态’的时期。”她说，“一方面，他被打垮了，摧毁了。他知道他失去了很多朋友。但另一方面他也知道他必须安抚整个城市。”他的工作方式“如此协调，你甚至会以为他始终为此而准备着”。

一星期之后，芭芭拉·沃尔特斯(Barbara Walters)采访了朱利安尼。他说，父亲曾经教过他如何在危机中行事：“当危机发生时，最重要的就是再冷静一点。如果所有人都变得沮丧而冲动，对你来说找到出路的最好方法就是冷静些，放松些。”

新闻发布会上的市长看上去一次比一次苍老，一次比一次疲惫，但是他仍然很冷静，言语中透着让人信服的力量：“我们将重新站起来。我们不仅要重新站起来，还要变得比以前更强壮。”

应急行动

袭击事件发生的隔天，为应急行动中心(Emergency Operations Center，以下简称EOC)找一个新地点使谢雷尔伤透了脑筋。警察学院的临时中心已经在运作了，但是要实施应急行动需要更大的空间和环境。他想到了赫德森河旁的商业设施，原本计划9月12日在那儿进行一个反生化恐怖主义的演习。这栋建筑已经为演习中的应急行动做好了准备，看来那里是一个理想之地。谢雷尔和他的同事很快通过海岸巡逻队和警察确保了该地区的安全，然后搬了进去。数十个公司和机构的员工帮助他们做准备工作，从搭床铺到装电话和电脑。两天之内，这个新的EOC差不多万事齐备，包括至少100个机构，1个24小时的食品基地，多个厕所以及1个医疗区。

新的EOC尚在建设之中时，一个新的危机发生了。纽约州参议员查尔斯·舒默(Charles Schumer)和希拉里·克林顿的幕僚们得知，布什总统拨出的用于紧急救济和军事开支的200亿美元，纽约有可能一分钱也拿不到。朱利安尼、佩特基和这两位参议员召开了紧急会议,商讨设计一个能为纽约州争取到联邦基金的方案。正当城市预算官员和国家预算官员彻夜工作,计算灾难损失时,这4位以前的政治竞争对手分头承担了游说工作。第二天一早,损失计算出来了:340亿—1 000亿美元之间,而光是每天清理废墟的费用就是3 000万美元。舒默和希拉里请求总统另外再拨200亿美元的专款给纽约州,这相当于纽约市全年预算的一半。布什通过了这个提案。经过国会山里的一阵讨价还价,最后拨给了纽约400亿美元。

个人的逃避

到13日晚,找到生还者的希望看来是微乎其微了。自11日晚以来,从废墟中拖出的人没有一个生还。纽约市的法医查尔斯·赫希(Charles Hirsch)告诉朱利安尼,能再搜救出生还者的概率几乎为零。尽管赫希给出的理由头头是道,朱利安尼仍然没有做好接受这个事实的心理准备。"他们都是纽约人。"他说,"再给他们一星期的时间吧。"

整整三天,朱利安尼几乎从不休息,也顾不上考虑个人损失。内森看出他真的需要休息一下。于是她为他出了个点子,让他可以从警察学院的指挥岗位上偷偷溜出来,而又不会被其他同事注意到,这样他就能有一点属于自己的时间。他爬下太平梯,溜上等候在那儿的SUV。他在第一大街下了车,独自一人往前走。认出他的市民们拥抱他,对他表示感谢,但是没有阻挡他的去路。普利写道:

> 他向东走去,穿过罗斯福街下面的一条隧道,往东河走去。"我想看看它。"他说,"我想看看这条河。它还在那儿。"他的目光从漆黑的水面移开,瞪向光亮处。"我看了看

天际。”他说，“它还在那儿。”然后他走回去继续工作。

后　记

朱利安尼很快上升到了一个国际英雄的地位。媒体在他身上给予了极大的关注。在接续前晚的脱口秀节目里，戴维·莱特曼(David Letterman)一开场就表达了对市长在“9·11”危机中所扮演角色的敬佩和赞美之情：

> 如果你像我一样……陷入混乱，充满悲伤，不知所措，因为这一切我们从未经历过，那么任何时候，你只需要看着市长，看他的行为，看他的举止，看他怎么做，听他怎么说。鲁迪·朱利安尼是勇气的化身，在混乱和袭击中指挥我们的城市，同时又不失人性化的一面，上帝，谁还能做到这些？

芭芭拉·沃尔特斯，这位著名的电视主播，曾经采访过许多世界名人。9月18日，沃尔特斯对朱利安尼进行了采访。美国广播公司(American Broadcasting Companies, Inc.，以下简称ABC)新闻主播艾莉森·斯图尔特(Alison Stewart)在开场白中将他喻为温斯顿·丘吉尔，介绍他是“现在人们称他为‘美国人的市长’”。

《华盛顿邮报》(*The Washington Post*)的葆拉·斯潘(Paula Span)是最早拿朱利安尼和丘吉尔相比的记者之一。世贸中心倒塌后的第三天，她以《朱利安尼以丘吉尔式的决心赢得了纽约市》为题发表了一篇文章。在文中，她评论道：

> 市长在这个星期的表现，是和罗斯福总统轻松交谈的一个更勇敢的弗莱特布什(Flatbush)式的版本。他成了行动指挥者、牧师、受过各种训练的顾问和不屈不挠的啦啦队队长。一个平常颇具争议性的人物一下子成为城市团结的

象征。他成了美国的丘吉尔。

这样的说法很快生根发芽,成为固定的一种类比。另外几名记者,包括《伦敦时报》(*The London Times*)的安德鲁·沙利文(Andrew Sullivan),对这些感觉的相似之处进行了深入分析:

> 每个纽约人的心里……充斥着英雄主义和狂热。鲁迪·朱利安尼就是为这个时刻而生的。他是纽约的丘吉尔。他几乎永不停歇,奔走于大街之上,指导每一个细节,对城市的每一寸土地了如指掌。他是到目前为止唯一一位掌控和指挥整个事态的美国领导人,这一点大家有目共睹。他重塑纽约信心和下达命令的方式永远不会被人们忘记。他是胆大妄为、务实和强烈同情心的综合体,而这正是纽约的精髓所在。

自认憎恶朱利安尼的弗雷德·西格尔(Fred Siegel)是库珀艺术和科学联合学院研究城市历史的教授。他补充了一点:"同丘吉尔一样,他是在危急时刻苏醒的巨人,面对日常生活的世俗问题只会让他陷入个人的前后矛盾之中……同丘吉尔一样,属于他的时刻来临了。"

朱利安尼的好友蒙西格诺·普拉卡(Monsignor Placa)指出,市长的领导才能归功于他个人的不幸。"癌症使他面临死亡。'9·11'事件则使他面临不朽。"普拉卡说道,"我想鲁迪知道,他所做的一切要么无足轻重,被人们遗忘;要么传为佳话,人们会津津乐道一个伟大的人如何处变不惊,应对自如。"

"9·11"事件刚发生之后的那段时期,许多媒体把朱利安尼称为"美国之音"。哥伦比亚大学的教授肯尼斯·杰克逊(Kenneth Jackson)说了这样一句妙语:"要不是看到电视屏幕上的标记,你可能搞不清谁才是总统。"《纽约日报》(*Newsday*)上登了一则头条:《我们的总统表明了他不是朱利安尼》。

但是,美国总统布什看起来很乐意分享人们的注意。9月22日,布什邀请朱利安尼市长和佩特基州长到华盛顿出席他在国会的演讲。美国总统对电视机前的全国人民说:“今晚,让我们欢迎赋予所有纽约人特殊精神的两位领导人……作为美国决心的象征,我的政府将同国会以及这两位领导者一道,向世界显示,我们将重建纽约城。”

2001年10月1日,朱利安尼成为第一个在联合国大会上发言的美国市长。“现在,是时候把我们的力量团结起来,维护国际和平和安全了。这不是进行进一步研究或下达模糊指令的时候。”市长对国际社会说,“你必须孤立那些在反恐战争中保持中立的国家。”

10月15日,英国约克公爵访问纽约,向朱利安尼转达了英国女王的邀请,邀请他到白金汉宫接受大英帝国荣誉勋爵勋衔。大英帝国最优秀指挥者的头衔则颁给了警察局局长伯纳德·凯利克和消防局局长汤米·冯·埃森。在宣布这项荣誉时,女王称朱利安尼是“对纽约城以及全世界政治领导人的激励”。

就在离任的前几天,市长得到了最后一个殊荣:被《时代》杂志评为年度风云人物。

最后的日子

尽管获得了如此多的荣誉,朱利安尼说他对自己的领导能力并不总是信心十足。事情过去3个月后,他承认当时是利用了人们对他的信任。“危机来临时你必须要乐观。当我告诉人们城市精神会更强壮时,我并不知道这会不会成真,我只是希望如此。你心里有声音在说:‘也许我们渡不过这个难关。’你不要听。”

他最后的任期在2001年12月31日终止了。当市长在市政大楼的办公室里整理最后的事务时,进行追踪报道的记者捕捉到了他对与800万纽约市民在一起的这段经历的最后总结:“我们最大的两个建筑被摧毁了，数以千计的人们受了伤，还有很多人失去了生命。看看现在的纽约人，他们的生活重回轨道——热心、爱国、更团结、更骄傲。”他若有所思地说：“人们问我是如何做到这一切的，我的回答是：我所做的只不过是把他们自己本身就有的生活方式反映出来罢了。”

附　录

关于温斯顿·丘吉尔与伦敦空袭的简要背景

朱利安尼的偶像：伦敦大空袭中的温斯顿·丘吉尔

“9·11”恐怖袭击发生后，鲁迪·朱利安尼在寻找灵感和前途的时候想起了英国首相温斯顿·丘吉尔在“二战”初期伦敦空袭中说过的话。袭击发生后的星期天，市长在消防队的典礼上引用丘吉尔的话说：“勇气被认为是人类最优秀的品质，因为它是保证其他品质实现的一种品质。”第二天在 ABC 接受芭芭拉·沃尔特斯（Barbara Walters）的采访时，他又重复了他之前推荐人们阅读的“关于英国的战争和伦敦的人民是怎样经受住纳粹每天持续不断的轰炸的……他们从来没有放弃勇气，并且决定自己该怎么生活”。

朱利安尼的现代丘吉尔的形象很快在媒体中流行开来。但也有人，如伦敦的一位官员伊冯·霍斯金（Yvonne Hosking）就指出这种对比有局限性。她不赞同这种直接的对比，因为伦敦空袭和“9·11”这两个事件的重要程度完全不同：“朱利安尼正在做着一项成绩显著的工作，我觉得他非常富有同情心，并且的确是引人注目的。”当被问到与丘吉尔相比怎么样时，她只说：“我能看到一种具有丘吉尔作风的姿态。”

伦敦空袭

对伦敦的轰炸是在意料之中的。德国和英国在1939年9月3日正式宣战，很快，空袭警报就响遍伦敦的大街小巷。1940年9月7日，德国人对伦敦及周边地区发动了长达8个月的轰炸。连续57个日日夜夜，炸弹不断地从伦敦上空落下。大火在城市里蔓延，使得375 000名伦敦人无家可归。人们躲在地下室或者地铁站，睡在临时搭建的床上或者干脆就睡在地上，没有隐私，不能盥洗。空袭期间，共有18 000磅炸药投掷在英格兰，最后的死亡人数是惊人的：40 553人丧生，其中有5 028名儿童。

"丘吉尔作风"

1940年夏天，当希特勒的铁骑穿过欧洲大陆向英国挺进时，发动全面进攻的可能性正在逐步上升。1940年6月13日，法国被占领后，英国独自抵抗着德国人的进攻。6月18日，丘吉尔在英国下议院面对已经被深深打动的人们发表了演讲，现在看来是他最为出名的演讲之一：

> 我认为大不列颠之战就要开始了，基督教的文明要生存，我们大不列颠人的生命、风俗习惯和我们的国家要长期延续下去都必须依靠战争。敌人所有的狂怒和武力很快就会转到我们身上，希特勒知道他必须在我们的岛上击败我们，否则他就会输掉整个战争。如果我们可以抵抗他的进攻，整个欧洲都可能自由了，全世界人民的命运也将走向开阔、阳光普照的高地……让我们勇敢地承担起责任吧，如果英国可以存在一千年，那我们的忍耐将使人们在那个时候依然说："那是他们最伟大的时刻。"

德军的第一次袭击发生在1940年8月24日，当时德国空军的轰炸机很偶然地迷航，没有命中军事目标，而是把炸弹投到了伦敦市区。丘吉尔首相相信这是对平民的蓄意轰炸，于是他对空军司令说："现在他们开始骚扰首都了，我要求你们狠狠地反击，目标就是柏林。"此后，英国的战机开始轰炸柏林。

这是柏林受到的第一次轰炸，它激怒了纳粹的领导者们。希特勒声称要报复，要彻底打消英国人的士气，逼迫丘吉尔和纳粹谈判。可是，不断重复的威胁只是促使英国人更加紧密地团结起来对抗外敌。丘吉尔不时地出现在被炸毁的街道和定期在电台演讲，这些支撑着人们的信念和决心。

第一次轰炸后的早上，丘吉尔走访了一个被炸的防空壕，那里有40个人在夜里的轰炸中丧生。从汽车里走出来，丘吉尔就被幸存者和死者家属围住了。"我们想您一定会来的。"人们欢呼着，"我们能坚持，给他们狠狠的回击！"回到他的车里以后，一位女士注意到他湿润的眼睛，她大叫道："你们看，他是真的关心我们，他在哭！"

当轰炸使死亡人数上升至千人时，越来越多的伦敦人把寻求安慰的目光投向丘吉尔。1940年9月11日，丘吉尔为他的人民发表了这样的讲话：

> 希特勒希望通过屠杀大量的平民、妇女和儿童来恐吓和威胁伟大首都的人民，并且使这些成为政府的负担和心腹之患，以转移我们对他正在准备中的邪恶进攻的注意力。他对大不列颠民族的精神，对先辈们在议会制建立过程中扮演了领导角色的、认为自由的价值远大于生命的伦敦人的异常坚韧的性格知之甚少。

整个伦敦的人都遵照丘吉尔的建议，不让袭击夺取了自由，商店的橱窗挂出了手写的"照常营业"的标语。人们保持着坚定的决心，被丘吉尔完全不顾危险定期的出现所鼓舞着（整个战争中首相只在防空洞里待了三个晚上)。1940年12月,德国人投下大量的燃烧弹使得熊熊大火在市区里蔓延。在给美国总统富兰克林·罗斯福的一封电报里,丘吉尔写道:"昨晚他们烧了伦敦市的一大片地区,场面惊人,可是今天早上我视察一处仍在燃烧的废墟的时候,伦敦人的斗志还像4个月前这场不分青红皂白的袭击开始那一天一样高涨。"

最后,在1941年5月11日,希特勒放弃了他的目标,转移战场准备进攻苏联。英国皇家空军(Royal Air Force)已配备了新的雷达系统从而提高击落德国空军轰炸机的能力。战斗的结果,是德国人削弱英国人民的勇气和取得对英国的军事优势的企图都没有实现,并且对英国全面入侵的计划也因为其他更有利可图的冒险行动而推迟了。

虽然在战争中得到泉涌般的支持,但丘吉尔的职业生涯在此之前也是困难重重。南非布尔战争(Boer War)中他奇迹般地逃出战俘营后,于1900年进入政界。到1911年他就获得了很高的声望,并且坐到了海军大臣这样重要的职位上。因为具有用简单的话语和比喻鼓动人们的禀赋,他总是能为重大行动找到支持。比如,1915年英国海军进攻达达尼尔海峡的土耳其防御工事,事实上被证明是战略上的重大失误,以联合舰队的失败告终。作为入侵最为积极的倡导者,丘吉尔被迫在位高权重的情况下辞职。

没有了职权,丘吉尔要求在军队任职,从而成为一名在战壕中战斗的军官。很快他就又爬起来了,但是这一次他的政见令公众都反对他,他从政治生活中退到他所谓的"荒野年代"。20世纪30年代后期,看起来丘吉尔的职业生涯就要走到头了。有一次英国首脑承诺用非军事化来满足希特勒的要求时,丘吉尔大声坚持说,将来一定会有一场针对纳粹统治的战争。丘吉尔谴责英国首相内维尔·张伯伦签署了慕尼黑协议,并声称其赢得了"我们这个时代的和平",他预言:"你在战争和耻辱之间选择了耻辱,但你还是会看到战争的。"

1939年,希特勒在欧洲长驱直入的时候,丘吉尔重新回到政府核心层，先前的批评成为他具有领袖气质的证明。“温斯顿是唯一一个可以用有趣的方法为人们圆满完成工作的内阁大臣。”一名议员在给朋友的信中这样写道。另一名议员在日记里写：“在电台听到温斯顿·丘吉尔鼓舞人心的演讲，他确实能给人以信心和意志，我猜想在战争结束前他会成为首相。”1940 年 4 月，66 岁的丘吉尔重新出任海军大臣的职务，并当选军事统筹委员会主席。一个月后，张伯伦辞职，丘吉尔被任命为首相。

丘吉尔在“二战”中带领英国人民英勇战斗，但是德国投降后两个月，他在大选中因保守党的失败而辞去首相职务。1945 年 7 月成为反对派首领，1951—1955 年重新出任英国首相。

教授访谈

准备与机遇

——危机给领导者以成为英雄的机会

汉娜·赖利

曾为肯尼迪政府学院公共政策助理教授，现晋升为高级讲师。她致力于研究领导能力以及在谈判中，特别是多方冲突中女性的重要性。在她事业的早期，曾是哈佛大学商学院环境策略与团队冲突管理的合作研究者。她曾是美国能源部部长的技术顾问。1995年作为哥斯达黎加代表团的成员参与联合国气候变化谈判。她是阿根廷公众行政国家学会、德国国会和牛津大学的顾问和合作研究者。赖利在政府和联合国发展项目中发挥了积极的作用，并在哈佛大学商学院、法学院和肯尼迪政府学院教谈判和调停的课程。她在哈佛大学商学院获得工商管理博士学位，从肯尼迪政府学院获得公共管理硕士（MPA）和从史密斯学院获得学士学位。

思考问题

1. 朱利安尼市长是如何准备的？纽约市是如何准备的？

2. 处于危机中的人们对领导者有什么需要?

3. 在危机来临之前作为领导者该如何做好准备?作为组织该如何做好准备?

问:危机创造了机会,使领导者发挥领导能力。从这个角度上说,没有“9·11”事件,就没有今天被拥戴为“美国人的市长”的朱利安尼。朱利安尼虽然在整治纽约治安秩序上很有业绩,但是人们对他的领导风格颇有争议。加上他的个人生活绯闻和身患癌症的消息公布以后,他成为一个将要退出政治舞台的人物。“9·11”事件使他焕发了全新的光彩,使他到达政治生涯的顶点。是不是“9·11”事件危机“成就”了朱利安尼?

答:美国前总统约翰·肯尼迪说,“危机”在中文中由两个字组成,一个是危险,一个是机会。危机既给领导者带来危险,也带来了机会。当危机是逐渐增加的时候,人们还有一个适应的过程;但是当危机是突然发生的时候,所有的人会期待有人告诉他们这是什么、应该如何应对。“9·11”事件发生的时候,美国总统布什不在华盛顿,完全在“9·11”事件整个画面之外。在美国人民最需要领袖的时候,朱利安尼站了出来。朱利安尼的领导风格不是西方世界的人们所欣赏的,比如不能多听别人意见。朱利安尼喜欢发号施令,喜欢指挥。这种和平时期不受人喜欢的风格却在危机中得到了充分发挥,是危机中最需要的领导风格。危机发生之后,人们仓皇失措,不需要你问他们该怎么做,而是告诉他们该怎么做。在这一点上,朱利安尼做得很好,成为纽约市民乃至美国人民在“9·11”事件发生之后寻求精神支持的来源。

问:是不是领导者要等待危机来临来证明他自己呢?

答:这是一个有趣的问题。在案例课上也有人问这样的问题。并不是所有危机都有机会造就领导者,要看作为领导者是否作了充分准备。准备是至关重要的。

美国第三届总统托马斯·杰弗逊（Thomas Jefferson）说过：“我是绝对相信运气这回事的。并且我发现，我工作越努力，我的运气就越好。”

从案例中我们可以看到，朱利安尼之所以在危机中充分发挥了领导能力，是因为他作了充分的准备。

这种准备来自三个方面。首先，在个人方面，朱利安尼有大量的处理危机的经验。朱利安尼的主要政绩是治理和改善了纽约市的治安，积累了大量的处理突发事件和安慰受害者等善后工作的经验。每当危机发生的时候，他总是第一时间冲到那里。并且他还积累了抚慰受害者的大量经验。

其次，在组织方面，在1993年世贸大楼被恐怖分子袭击之后，他相信，恐怖分子会再次进行更大规模的袭击。他不管反对者的压力，建立了纽约市危机管理办公室并且准备和参与了频繁的模拟练习。

再次，在个人精神方面，他以“二战”中的丘吉尔为榜样，安慰与激励纽约人民渡过“9·11”危机。他并不是在“9·11”事件之后才想起丘吉尔的，而是一生以他为榜样。这样当危机突然发生的时候，他大脑存储器中的内存会立即发生作用。

所以，并不是朱利安尼幸运，而是他有准备。一个人准备得越充分，越有经验，面对危机的时候才会有良好的反应与表现。

问：经验决定危机下领导人的行为水平吗？

答：许多年以前，人们相信，危机之下，决策者是分析者。分析得越充分，越深入，越有利于做出有效的反应。但是，后来人们发现，危机之下，人们的思维方式不是分析式的，而是“类型识别”（pattern recognition）式的。人们在短时间内做出决断，这是哪一种类型的危机，然后迅速做出相应的反应。因为危机之下，“时间与准确度”是一对替换关系（trade off）。决策越迅速，准确度可能会越低。这时人们没有时间去进行系统分析，或者说分析能力在危机中大为降低，听不到理性的声音。这时大脑中储存的经验（危机类型）越多，越有利于决策者冷静地决策与行动。这好比计算机的内存，内存越大，计算机运行速度越快。危机发生时，人们大脑的反应好像计算机被取走了存储器。

一项对城市消防人员的研究结果表明，在一般性火灾情况下，没有什么经验的消防人员会比有丰富经验的消防人员表现优秀；而在危机情况下，经验丰富的消防人员比没有什么经验的消防人员表现出色得多；而没有什么经验的指挥者会在平时低压力下表现得比经验丰富者优秀，但是在高压力下表现欠佳。

问：如果说准备的话，我想也包括他的权威式的领导风格，正是危机中人们所需要的。能否概括一下处于危机中人们心理上普遍有哪些需要？

答：危机发生的时候，人们体验到恐惧，愿意回忆美好的过去，感到孤单无助，甚至绝望。要寻求真相与意义。

作为领导者应展示乐观的前景，让他们回忆比这更糟糕的经历，号召他们去完成一项任务，团结起来向往一个更远大的目标。

危机发生的时候，人们需要有人站出来领导，人们需要的是指示和命令。告诉我发生了什么，告诉我应该怎么做。

人们需要指引如何理智地理解所发生的事，以及如何在感情上应对面临的威胁和不熟悉的现状。

他们会非常尊重领导者冒着风险与他们共同体验。

危机中的领导者的角色是：跟我来！（Follow me!）如果你平时是民主作风的话，此时不妨更果断一些。

危机中的领导需要成为行为榜样——如果你希望人们如何行动，你自己要首先做出榜样。如果你希望人们坚强，你便不能哭泣；如果你希望人们宽容，你便不能报复。要明确指出你希望人们模仿的"英雄",和不希望大家成为的形象。

设定语调——情绪是有传染性的。要设定危机中信息传播的主调。危机中人们往往会看领导者的情绪反应来确定自己的情绪反应。一个简单的比喻是当小孩摔倒以后他往往会从大人的表情中来判断"摔倒"这件事有多严重,然后决定自己的情绪反应。

维持联系与沟通——向人们证明有人在负责此事,并提供随时更新的信息。

让我们来看一看朱利安尼是如何做的。

在9月16日的新闻发布会上,朱利安尼说:"我鼓励人们这样想这件事,我们不是历史上受到如此攻击的第一个人,有大量的先例发生在我们之前。我一直在阅读'二战'中的英伦保卫战。我也建议你们读一读。想想他们,在文明遭受打击,民主制度受到攻击的时候,他们是如何有勇气和力量去战胜的。"

在同一天的新闻发布会上,朱利安尼说:"今天我要去参加一个婚礼。这件事对我意义重大。新娘黛安娜是我的一个朋友的妹妹,我的朋友在3个星期前殉职了。在去年一年中,她相继失去了祖父、父亲和哥哥。因此,在婚礼上没有人担任父亲的角色引领她从红地毯上走过。几个星期前当她的母亲加鲁太太问我可不可以在婚礼上担任她的父亲的角色,我当时便答应了。

这几天我一直在想这件事。在短短的12个月中,她相继失去了丈夫、儿子和父亲。我问她如何承受得了这样的打击。她说:她允许自己去体验这些痛苦和打击,但是她说服自己将注意力集中到生活中另外的美好的东西。比如说女儿的婚礼。你必须将注意力集中到生活中美好的事物上,你必须这样。"

"9·11"事件发生之后,人们处在震惊与痛苦之中,对享受生活中美好的事物感到有罪恶感。朱利安尼鼓励人们尽快恢复正常的生活,尽快回到生活中去,尽快回到工作中去,以显示纽约人的勇气。

他鼓励人们献血和捐物，虽然当时医院并不缺新鲜血液。就像“二战”中罗斯福鼓励人们捐橡胶和铝一样，虽然并不能派多少用场，但是人们在参与的过程中会克服无力感和无助感，在帮助他人的时候会感到更坚强。

西尼罗病毒在纽约的暴发*（A）

——扑朔迷离，病毒追踪

1999年8月下旬，美国纽约正值盛夏，炎热干旱，纽约市卫生局局长助理马赛兰·莱顿（Marcelle Layton）博士接到坐落在皇后区弗勒斯医院传染病科主治医师德博拉·安尼斯（Deborah Asnis）博士的电话，和她讨论两个可疑病例：两位老人有病毒性脑炎症状——高烧、消化不良、神志不清。其中一人表现出严重的肌肉萎缩症状——几乎达到麻痹的程度，这种症状在脑炎病例中是不多见的。安尼斯担心自己的诊断不够准确，因而打电话给卫生局咨询。从安尼斯的描述看，莱顿认为病人患的极有可能是病毒性脑炎，这当时并没有引起她的警惕，因为在夏季，即使不是大规模暴发，纽约每年也都有病毒性脑炎病例出现。但安尼斯的报告还是让她感觉有些不安，于是她派了一名工作人员去弗勒斯医院现场察看病人记录。一星期不到，安尼斯再次打电话给莱顿报告了第三个病例：同样，一位老人有病毒脑炎症状，最令人担忧的是这位患者也有肌肉萎缩症状；在她们通电话时，皇后区另一家医院的一位医生报告了第四个病例。莱顿后来回忆说："安尼斯的第二个电话让我更担心了，我意识到情况不

---

* 本案例是埃斯特·斯格特（Esther Scott）为美国哈佛大学肯尼迪政府学院州和地方政府研究中心执行主任阿诺德·豪伊特（Arnold Howitt）的国家防御课程编写的。经费由罗伯特·伍德·约翰逊基金（Robert Wood Johnson Foundation）和美国司法部赞助。

妙，虽然我还不确定发生了什么，但我感觉到在打电话的时候，我的胃酸急剧上升。”

这个电话后来竟拉开了一场狂风暴雨似的行动的序幕，美国几个州、城市，甚至联邦卫生机构、一家军队科研所、一所大学实验室、一家著名动物园都被卷入其中。所有这些机构共同寻找一种行踪不定的病毒。四星期后，有关这一病毒的疑惑多少减轻了，一些人士认为这一病毒的出现是20世纪发生的最重要的生物事件之一。也有人认为这场令人心有余悸的波澜多少考验了国家快速应对并发现不明疾病的能力，无论病毒是偶然暴发的还是有人恶意投放的。

背景：莱顿和她的传染病研究所

莱顿是纽约市卫生局传染病研究所的负责人，该所由纽约市卫生局最早创建于1866年，是美国一家著名医疗研究机构。莱顿所领导的传染病研究所主要负责监控、研究非常规类传染性疾病（非常规类传染性疾病不像肺结核、艾滋病、各种性传播疾病等常规医疗课题，没有固定经费来源）。在超过70种“必须报告的疾病”（指根据卫生局的规定，纽约医生在就诊中必须向卫生局报告的疾病）中，54种由莱顿的研究所负责。此外，对各种新兴疾病的研究也在该机构职责范围内。尽管任务繁重，但传染病研究所的规模却很小：1999年，艾滋病研究所有几百人，而传染病研究所只有20名工作人员，和卫生局其他研究项目相比相形见绌。但莱顿解释说：“新出现的疾病往往不需要太多人手，这样研究起来才会有重点。”对于新报告的疾病，研究所会马上派人进行现场调查，即到医院检查病例并采访病人本人或家属；对于其他疾病，莱顿主要靠各医院医生每星期上报一次的数据来观察是否在这一地区有病人群出现，据此判定是否有传染病大规模暴发的可能。

每星期，有关各种疾病的新旧数据如潮水般从纽约市72家医院、无数私人诊所和临床医院涌入传染病研究所。这些报告大多以书面形式邮寄或传真汇报，但对如细菌性脑膜炎这类需要紧急求助的疾病，研究所要求医生打电话汇报。据莱顿测算，她的研究所每年大概收到5万—6万份报告。

但是在纽约甚至全美国，漏报错报一直是一个难以解决的大难题。在发病高峰时期，医院或实验室人员紧缺，医生因工作太忙，无法应付报告所需的大量文案工作。更有甚者，有些医生根本无视报告性疾病的必要性，故意不报。莱顿一直努力唤醒各医疗社区对报告性疾病的良知。从1996年起，莱顿的研究所开始与纽约市的OEM合作，开展对可能出现的如炭疽病毒类生化恐怖事件的防御工作，同时，还包括如何应付外来新疾病的入侵，因为纽约作为一个国际化的大都市，很可能不经意间就会有外来疾病传入。作为这项工作的一部分，莱顿与卫生局其他官员一起经常穿梭于纽约各家医院，培训医生如何识别炭疽、天花等罕见疾病的症状，并反复向他们强调遇到可疑疾病必须报告的重要性。

尽管如此，瞒报漏报仍然存在。如1999年末，卫生局启动对流行性脑炎的"主动监控"行动，即卫生局主动与各医院和医生联系收集病例而不是坐等医生报告，结果共收到143个病例，这与以前平均每年只报告9例形成鲜明对比。

这确实给传染病研究所这样一个负责控制传染病传播的医疗研究机构带来困难。像脑膜炎这类病毒传染病，诊断医生的汇报对卫生局及时了解病情传播情况非常重要。莱顿解释说："对病毒类疾病没有更快更经济的监控方法了，在大多情况下，诊断医生的诊断对实际治疗的影响不大，这使得很多可疑病例没有得到监控。"诊断医生的漏报使卫生局失去了一个重要的信息渠道，实际上把真正的诊断和汇报工作全系于临床医生之手。从某种程度上说，在纽约这样一个有750万人口的城市，及时发现疾病大规模暴发的早期迹象全部依靠纽约医生的法眼和良知。

紧急求助

1999 年 8 月 23 日，星期一，这天安尼斯向卫生局打了求助电话，当时她的本意并不是汇报弗勒斯医院(坐落于皇后区北部的一家小社区诊所)的两个脑炎病例。她解释说："大多传染病医生不会为脑炎或脑膜炎这类传染病亲自打电话给卫生局汇报，她们会让护士们做。"但其中一个病例安尼斯不能确诊。两个老年病人都在脑炎监护病房接受治疗，但其中一人肌肉麻痹，这不是脑炎的症状。安尼斯回忆说："我不明白为什么脑炎患者会肌肉萎缩，我必须保证我没有漏掉其他病因。"两个病人对常规抗菌、抗病毒类药物都不过敏，"病人的家属对他们的病情非常焦虑，而我却不能给他们答案"。安尼斯最后决定向卫生局传染病研究所求助，"我很幸运，回答我的不是语音回复或录音，而是真人的解答"。

这个人就是莱顿。在电话中安尼斯还提到肉瘤中毒的可能性，另一位神经病治疗专家说可能是"居里安·巴勒"(Guillian Barre)综合征。但在详细听了安尼斯的汇报之后，莱顿认为患者的症状不符合这两种病的临床症状，她认为最初的诊断(脑炎)最有可能，并让安尼斯将病人的骨髓样本寄到纽约州卫生署设在奥尔巴尼的实验室进行病毒检测，该实验室是美国疾病控制与预防中心(Centers for Disease Control and Prevention，以下简称 CDC)筹建的。

莱顿感到很不安。她努力思考，到底是哪种脑炎可导致肌肉萎缩呢？她查阅了医学词典，"有几百种病毒可以导致脑炎，教科书上说肌肉萎缩在脑炎疾病中的确有，但并不常见，只有 5%—10% 的病例会有这种症状"。但莱顿还是不安心。通常，一个脑炎病例还不能让传染病研究所立即采取行动，莱顿解释说，"只有出现病人群，才能展开调查"。尽管如此，在人手短缺的情况下，莱顿仍派出一名工作人员去弗勒斯医院查看病人的诊断，正如莱顿所说："在纽约，8 月份出事确实很不是时候！"

几天后，8 月 27 日，星期五，安尼斯再次打电话给莱顿。又一个有脑炎症状、肌肉麻痹的病人住院。在她们通话时，一位神经病医生走进安尼斯的办公室，听见她们的谈话后说："这太奇怪了，纽约州立医院也有一个相似的病例。"这时，莱顿真正感到她的胃酸急剧上升。她说，转眼间，有脑炎症状的病人接踵而来，但有肌肉萎缩现象的已经达到 4 例，这对 16 平方英里的一个皇后区来说很不寻常，因为全纽约市一年的脑炎病例也就 9 例。莱顿取消了她周末的安排，与研究所的助理主任安妮·法恩(Annie Fine)博士一起前往皇后区弗勒斯医院看个究竟，"除了亲自查看诊断，看望病人并从病人家属那里了解情况之外，我别无选择"。

深查细究

星期六，在去弗勒斯医院的路上，莱顿和法恩仍在深入探讨引起安尼斯所描述的症状的原因。就在一天之前，即星期五，还开了一次电话会议，与会专家都肯定了莱顿的论断——病人患的不是肉瘤中毒。当然，这还需要检测证实。莱顿和她的同事也曾认为是脊髓灰质炎，"但这也讲不通"，莱顿说。直至现在，脑炎仍然是最可能的病因，因为夏天在纽约市有脑炎及其近亲脑膜炎的病情出现并不稀奇，尽管这一诊断也有问题。一般情况下，这些脑炎病例毫无例外是由胃肠病毒引起的，通过人们之间的互相接触传染。但皇后区的 4 个病例又不符合胃肠病毒的暴发规律，因为这种病毒最易使儿童和成年人染病，而且通常表现为脑膜炎。安尼斯报告的病例全是老人，而且到目前为止，皇后区和纽约其他地区还没有脑膜炎病人群报告。另一个引起脑炎的病毒是树木病毒，通过蚊虫叮咬传染。但这似乎也不可能，尽管包括纽约州在内的美国许多地区曾周期性出现过树木病毒脑炎，但这一病毒在纽约出现却很少见：最近一次关于树木病毒在纽约暴发的时间，据记载是 19 世纪的黄热病流行。

莱顿、法恩对病人家属的采访(病人已经病得不能说话了)使问题更加扑朔迷离。尽管4个家庭都住在皇后区,但他们互相并不认识,而且最近没有参加彼此有机会接触的社区活动;他们家里的其他人都很健康,这基本排除了胃肠病毒爆发的可能性。唯一的共同点是病人晚上都从事些室外活动,如吸烟,与邻居闲谈或给花园锄草,这通常是蚊子出没最多的时候。这一线索似乎证明了是树木病毒,但如果真是这样,这也一定是很不寻常的隔离性暴发,因为莱顿曾经从CDC一位官员那里得知:"没有证据显示在美国东海岸有树木病毒出没,在美国东北部则更不可能。"事实上,几星期前,纽约、新泽西和康涅狄格一带的度假者还说,由于今夏气候炎热,旅游区内几乎没有蚊子侵扰。

病例继续攀升。8月28日,星期六,就在莱顿视察弗勒斯医院那天,第五个病例活生生地出现在她眼前。同时,安尼斯发现了另外一个奇怪的现象,今年的脊椎抽液检测数量非常高。每年夏天,安尼斯都对每个脊椎抽样进行复查以确定是否有异常病人,但通常这些样本是从疑似患有脑膜炎的年轻病人身上抽取的;但今年却很反常,"很多医生给70—80岁之间的病人进行脊椎抽液,这说明情况很特殊"。莱顿得出同样结论。莱顿给皇后区其他医院打电话询问情况后,她又得到几个新的相似病例。"到现在为止,我有了8个病例,全部是老年人,生病之前都很健康,8人中7个有肌肉萎缩症状,其中一半到达瘫痪程度,已经窒息,这非常令人吃惊。"现在到了莱顿求助的时候了。

公布病情

莱顿打的第一个求助电话是8月29日早晨打给CDC的,要求地方政府提供帮助,对疫情进行调查。莱顿打了800急救电话,她的电话分别被接到中心的胃肠病毒实验室和树木病毒研究室。那里的专家也对莱顿描述的病例感到不解，尤其是肌肉萎缩。"所有人都意识到病例的症状和任何病毒都不相符。他们的建议是让我亲自诊断。"第二天，召开了关于此次疫情的第一次电话会议，包括CDC、纽约州卫生署及市卫生局的所有官员同意由州卫生署的实验室，而不是CDC来对弗勒斯医院病人的脊椎抽液取样进行分析。莱顿解释说："因为州实验室由CDC提供经费，所以实验室要完成CDC下达的任务。"

但把病人的取样从弗勒斯医院运送到州实验室却遇到麻烦，弗勒斯医院没有干冰，不能保证取样在运送中不变质。8月30日，星期一，市卫生局决定亲自从弗勒斯医院将取样带回卫生局自己的实验室进行再包装，然后送到州实验室检验。同时，莱顿开始在更大范围内通知各方官员有关皇后区疫情状况。在她来弗勒斯医院之前，她已经非正式地通知了她的直接上司卫生局副局长本杰明·莫吉卡(Benjamin Mojica)；星期天晚上她向卫生局局长尼尔·科恩(Neal Cohen)汇报了病情的发展情况。莱顿严格遵守了卫生局的操作规范。"我们必须通知高级官员所有的病情发展情况，无论是潜在的还是确认的。"这一做法被市政府高层认为是正确的。"政府鼓励我们要有不怕一万，只怕万一的态度，宁可犯错误，也要及早通知。无论是已经确认还是潜在的疫情，我们通常在最开始就予以澄清。领导们更喜欢提早知道疫情的发展状况。"

莱顿还不失时机地向新泽西、康涅狄格州卫生署官员及与纽约临近各县的地方卫生部门官员各发了一封报警邮件。她说："我的目的有两个：一是向他们询问在当地是否有可疑病例；二是向他们报告目前可能暴发的疫情。"尽管当时美国的其他各州和地方卫生机构并未发现各自地区内出现类似病例，但莱顿一直把他们作为邮件群发对象，自出现该病情以来每星期进行更新。8月30日，星期一，莱顿向纽约72家医院发出第一份"通报传真"：告知他们有一组非典型病毒性脑炎病人群，并要求如果发现疑似病例要将病人的脊椎抽液送往纽约州实验室进行检测确诊。

即将确诊

自州实验室8月31日从弗勒斯医院接到首批病人抽液以来,卫生局一直在焦急等待实验室的检测结果。与此同时,卫生局还从CDC借调了一批流行病专家,从自然历史博物馆借调了一批生态学家对疾病的发生地——皇后区附近进行了实地调查。他们的调查结果证实,蚊子确实是将脑炎传播给人类的罪魁。他们发现:在社区周围有一个堆满破旧轮胎的停车场,一个花园里有一个大鸟窝和一个在建的游泳池,不知哪位有心的市民在室外排了一排水桶接水以备度过这个干旱的夏天:所有这些都是一种叫Culex pipiens(尖音库蚊)的大号蚊子栖息繁衍的理想场所,这种蚊子的触角在臭水池中生长得非常快。9月1日,星期三,弗勒斯医院报告,第一位受该神秘病毒感染的病人死亡。

9月2日,卫生局接到实验室正式有关该病毒身份的回复:实验室科学家利用商用抗体屏蔽检测技术发现病人抽液对黄病毒呈阳性,这是一组由70多种树木病毒组成的病毒族;实验还进一步证实,抽液对黄病毒家族中的SLE(圣路易斯)脑炎病毒反应尤为强烈,这一病毒是唯一在美国常见的树木病毒。这一发现非常惊人。尽管SLE病毒在美国中部、东南部和西部曾有暴发,但它很少侵袭东北地区。纽约州首次出现该病毒是在20世纪70年代,但在纽约市内却从未有过关于SLE病毒的文件记载。

这一蚊虫传染的脑炎在纽约市的暴发如幽灵般让人不安,它威胁着公众的健康。但经多方咨询,市政官员同意在州实验室的发现被CDC确认之前,暂时延缓将这一疫情向公众通报,也暂不采取应急行动。许多参与试验的人员都认为屏蔽检测过于笼统,检测过程中的阴阳反应经常会出错。很多人主张,在实验确认到底是何种病毒之前,不采取任何行动。对卫生局副局长本杰明来说,这一建议是有道理的,“在没有确凿证据证明因蚊虫传染导致一场疾病暴发之前就擅自采取实质行动切断传染载体——在当时被怀疑是成年的蚊子——是鲁莽的行为。纽约曾有过一次因试验诊断错误而弄得满城风雨的不愉快经历。1998 年,州实验室对马科脑炎病毒检测呈阳性,并将检测结果公布,但后来 CDC 否认这一结论,实验室又不得不撤回病情警告”。为避免再次无谓扰民或毫无意义的过激行为,卫生局决定再等 24 小时,届时脊椎抽液检测结果将被确证。

纽约州实验室已经把病人的血清和脊椎抽液样本运往坐落在科罗拉多的 CDC 柯林斯堡实验室传染科进行化验,样本于 9 月 2 日(星期四)抵达科罗拉多,就是纽约州实验室通知卫生局官员检测结果的同一天。在科罗拉多,科学家们采用了一种更加成熟可靠的抗体屏蔽检测技术,称为酶联免疫吸附测定(Enzyme-Linked Immunosorbent Assay,以下简称 ELISA),来检测病人的取样。实验室主任杜安·古布勒(Duane Gubler)博士称 ELISA 检测为“地区病毒板检测”,即根据发病区病人情况采集一组可疑的病毒构成一组抗原。这些病毒包括在美国较普遍的 LaCrosse(拉克罗斯)脑炎病毒、东西部马科脑炎病毒、SLE 病毒,及其他几种来自美国中南部的病毒。ELISA 检测是一种快速的检测方法,但也至少要一天时间。检测结果要到第二天下午才能公布,即 9 月 3 日纽约州劳工节的第一天。9 月 2 日,星期四,弗勒斯医院报告,第二例病人死亡。

焦急等待

从安尼斯的第一个电话到病人的抽液样本到达 CDC 的科罗拉多实验室已有近两个星期的时间,但就在 CDC 宣布检测结果的前几小时仍非常难熬。但这段短暂的空闲从某种意义上说是很有用的,它给了政府官员们制订应急计划的时间。纽约市长鲁迪·朱利安尼和他的办公室成员正式得到有关即将到来的这场危机的报告是在 9

月2日(星期四),当时的卫生局局长尼尔曾亲自打电话给副市长约瑟夫·勒霍塔(Joseph Lhota)向他通报病情状况。尼尔回忆当时他说:“约瑟夫,我们现在遇到了大麻烦,有证据表明纽约正在遭受蚊虫传染病的袭击,现在已经到了市政府出面的时候。”尼尔还给纽约市的OEM主任杰里·豪尔(Jerry Hauer)打了电话,因为OEM将在这场战役中起领导作用。当晚,市长本人已经得知疫情可能暴发,市政府制订的应急计划已经告知市长办公室所有人员。

离CDC回电话报告化验结果的时间越来越近,所有的政府官员也越来越紧张。豪尔回忆说:“市长要求采取行动,所以我们决定一旦检测结果确证为阳性,我们将在下午2:00—2:30期间召开新闻发布会。电话应该在下午2:00左右打来。2:00到了,但是CDC毫无消息。市长每15分钟就会打来一次电话询问结果。当时无论市长、我、尼尔都焦急万分。最后,9月3日凌晨3:15电话终于来了。”莱顿回忆说:“复查结果与州实验室的检测基本一致。”也就是说,检测呈阳性。但是,因为检测只是一般性血清检测,现在能确定的只是引起这种疾病的病毒是黄病毒的一种,任何属于黄病毒族的病毒如日本病毒、西尼罗病毒、穆雷谷病毒都会使检测呈阳性。但一系列因素证明,SLE病毒的可能性最大。血清检测与该病毒相符,临床症状和流行病理与SLE病毒都相符。尽管肌肉麻木并不属于该病毒症状,但对于老年人来讲,染上这种病毒可能会出现肌肉麻木这一严重的疾病,正如皇后区病例所表现出的那样。另外,尽管SLE病毒从未在纽约暴发,但该病毒对美国来说并不陌生;而其他黄病毒从未在美国出现。当然,还要花更多的时间进一步证实CDC的这一结论,但是在这期间,纽约必须以这一假设为前提采取行动,因为假设一旦被证实,意味着全纽约市将投入这场有史以来第一次抗击SLE脑炎疫情的战斗。

告知公众

星期五下午,在皇后区白石社区附近,就是病毒发现地,市政府举行新闻发布会，向广大市民通报疫情及其致命危害。在市长公布疫情后几小时内，皇后区大街小巷开始喷洒杀虫剂，并向居民发放宣传材料和驱虫剂。那些在电视或广播上错过新闻发布会的市民可以在第二天睡醒后从各大报纸头版头条得知疫情，其中“每日新闻”的标志性题目描绘得最为生动：皇后区的致命蚊子。

就在应急管理办公室热火朝天地绞杀脑炎病毒传播者——蚊子，以及卫生局官员走家串户统计病例的时候，已经有人把这次病情和今夏发生在纽约的另一件怪事联系起来。莱顿回忆说：“当时有人打电话给法恩（她当时正和尼尔在一起），提到纽约今夏有大量鸟类死亡。”

不速之客——皇后区的大量死鸟

具体是什么时候鸟开始死亡已经无法确切查实。大约是在 7 月中旬很多居民把看上去神经错乱的乌鸦带到兽医处检查。到了 8 月，皇后区的报社已经注意到大量飞鸟死去，而且几乎全是乌鸦。当地居民报告说，大量乌鸦从他们的长期栖息地消失，而在居民后院或公园里发现大量乌鸦尸体。很多乌鸦尸体被送到野生动物方面的权威机构——纽约州环境保护部门（Department of Environmental Conservation，以下简称 DEC）进行检查，但乌鸦的死因却不能确定。一位叫沃兹·斯通（Wards Stone）的鸟科病理学家对乌鸦尸体进行验尸，并推断可能是几种因素共同作用导致乌鸦死亡：一些乌鸦可能死于农药中毒，另一些可能是死于真菌性肺炎或骨质代谢疾病。但他告诉记者，这些死因都不会对当地居民造成威胁。“我看不出有什么特别之处会对人有什么危险。”

动物园内

8 月中旬，大量乌鸦的死亡引起了布隆克斯（Bronx）动物园病理主任医师德蕾丝·麦克纳马拉(Tracey McNamara)的注意,布隆克斯是一家有6 000多种爬行动物的野生动物园。她听说皇后区有大量乌鸦死亡已经有好几星期了,但是直到这时她才亲眼看到这一奇怪的现象。最开始时看到一两只乌鸦死在地上,然后就看见乌鸦死尸遍地都是。“毫不夸张地说,你站在那里,会看见一直有乌鸦急剧俯冲而下,看上去就像天上在下乌鸦雨。”这些乌鸦也被送到DEC检查,但是麦克纳马拉对斯通的诊断越来越怀疑。他提出的理由都不能解释为什么乌鸦如此大规模地死亡。麦克纳马拉认为斯通并不是注册动物病理医生,也没受过这方面的培训,他不能对乌鸦死尸作细胞组织分析,而这恰恰是了解乌鸦真正死亡原因的关键。“尽管斯通不是搞组织病理这一行的,但这不重要,我们可以自己作调查研究。”

麦克纳马拉说:“我的好奇并不是毫无理由的。因为动物园中有很多外来的稀有动物,它们极容易受到野外环境污染的侵害。我们时时刻刻都在严格监控动物园的环境,这里对疫情的暴发更加敏感。无论是什么原因使周围乌鸦致死,这种危害都可能会进入动物园并侵害这里的动物。”近日来,动物园死了两只野鸡,这使得麦克纳马拉更加恐惧,担心病毒已经进入动物园并开始危害这里的鸟类。“我们必须时刻警惕新情况的发生,一只死乌鸦很可能就是一场可怕瘟疫的征兆。”

麦克纳马拉从死乌鸦尸体上采集细胞组织在显微镜下进行研究后发现,乌鸦的死因是病毒侵害,这种病毒正是脑炎病毒的一种。当劳工节新闻报道有脑炎疫情暴发时,麦克纳马拉开始怀疑两者有一定联系。人和鸟在同一时间、同一地点都死于脑炎,你能忽视两者之间的联系吗?但是麦克纳马拉也知道把两者相互联系也有些牵强。因为鸟是适应SLE病毒的,也就是说应该是鸟类身上带有该病毒,蚊子叮咬了鸟,并将这种病毒传染给后来叮咬的人。但是SLE病毒本身并不能置鸟于死地。在劳工节那个周末,麦克纳马拉研究发现SLE病毒这样的黄病毒脑炎只会发生在人身上。

损失加剧

麦克纳马拉的担心果然发生了,使乌鸦死亡的病毒正在袭击动物园的其他鸟类。9月7日,星期二,劳工节结束后刚上班,麦克纳马拉回忆说:“一切不祥的预感都应验了。”星期二,一只在动物园住了很长时间的火烈鸟和一只鸬鹚都死了,死前都像精神错乱似的。“第二天,我们的吉祥物——秃鹰也死了,它的脑袋上长了脑瘤。另一只野鸭也死了。它吃了早饭刚一小时,就倒地而死。”接下来的几天,动物园失去了一只猫头鹰、两只火烈鸟。“一定是有事情发生了,管理员、饲养员和兽医们都快发疯了,在感情上我们不忍看到动物一只只死去。”

麦克纳马拉只好再次查阅教科书,不但没有找到答案,反而看出一大堆问题。如果SLE病毒不是凶手,那么教科书上写的其他病毒,主要是如东西部马科脑炎病毒之类的病毒也不太可能。因为如果真是这类病毒暴发,动物园的鹧鸪应该是对此类病毒最为敏感的。但动物园的鹧鸪却活得好好的。同样,如果是新城堡病毒或鸟科流感病毒暴发(这两种病毒都会引起鸟类脑炎),动物园里儿童乐园的家禽类动物应该首先被传染,但奇怪的是,那里的动物安然无恙。

动物园里的鸟类还在继续死亡。麦克纳马拉和她的员工决定采取紧急行动:验尸。他们严加防护:穿上了可处理的防护衣,带上防护镜和三副手套。麦克纳马拉解释说:“我知道我们现在对付的是从未见过的可怕恶魔。”她担心这一未查明的病原体有很强的寄生性,即它既可以侵害动物也可以传染人类。麦克纳马拉现在想起来还有些后怕,“在我们工作的时候,这种病毒很可能会传染给我们”。即使如此,在给一只快死的乌鸦注射毒药实施“安乐死”时,一名工作人员还是不小心刺伤了手,——那是一个令人沮丧的时刻,麦克纳马拉说:“当时只有我一个人在显微镜下看到过乌鸦身体的损害程度,而那时它刚刚被钻孔大的针头注射了毒药。”

寻求答案

由于担心动物园工作人员的安全，麦克纳马拉决定向外界求助进行诊断。9月9日，星期四，她给位于艾奥瓦州埃姆斯的美国国家兽医咨询实验室(National Veterinary Services Laboratory，以下简称NVSL)打了求助电话，这家机构是由美国农业部管理经营的动物健康咨询研究单位。正常的工作程序是麦克纳马拉必须先和地方农业局联系，经它们批准后才能向NVSL汇报。但由于情况紧迫，尽管麦克纳马拉也曾跟地方农业局官员沟通过，但她还是向NVSL的鸟科主任医师布鲁德班·帕尼格雷(Brundaban Panigrahy)直接汇报了情况，布鲁德班同意麦克纳马拉将动物尸体采样直接运到NVSL实验室。她说："我不能再等了，一天都不行，我必须马上把动物尸体送去实验室化验。"这时麦克纳马拉已经深信：皇后区病人和乌鸦是受同一种病毒侵害。她在给布鲁德班的电话中说道："传染皇后区居民、乌鸦还有动物园里的鸟类的病毒是同一种病毒。"她请求布鲁德班立即采取行动，隔离病毒，这比血清化验确定病原体更准确有效。布鲁德班答应了她的请求，动物样本于当天寄出。

麦克纳马拉的忧虑迫使她当天就和CDC联系。接通了柯林斯堡实验室传染科电话后，麦克纳马拉询问他们能否对乌鸦进行化验以查实鸟身上的病毒和人身上的病毒是不是同一种病毒。麦克纳马拉介绍说："如果造成动物瘟疫的病原体是一种未知病毒，那么NVSL是给不出明确诊断的。"而这正是麦克纳马拉现在急需的。因此，她并没有给纽约市卫生局实验室打电话，因为在那里做不了化验，而柯林斯堡实验室可以。"我知道那里是唯一能做这种解剖化验的地方。因而直接找他们求助更有道理。向CDC求助已经到头了，如果那里不接受我的样本，别的地方就更别考虑了。"

但由于当时纽约正急切等待病人化验结果，柯林斯堡实验室的工作人员正忙着化验病人采样，不愿接受麦克纳马拉的动物样本。

“9月9日和我通话的官员告诉我：动物和人的死因没有联系，便拒绝了我。”麦克纳马拉感到很气愤，但她并没有灰心。她又打了一次电话，这回直接打给实验室的秘书，最后秘书同意把邮寄表格传真给麦克纳马拉。当天，麦克纳马拉将两只受传染的火烈鸟样本通过联邦快递寄给柯林斯堡实验室。9月8日，皇后区第三例脑炎病人死亡。

接下来的几天一直到周末，麦克纳马拉收到NVSL的血清化验结果，证实了麦克纳马拉的假设，乌鸦死于一种未知病毒。但CDC却毫无音讯。“我不断给他们打电话留言，可没人理睬。”

9月11日，星期六，NVSL打电话给麦克纳马拉报告化验结果，NVSL已经成功将动物样本体内的病毒分离，通过电子显微镜观察发现该病毒貌似黄病毒，直径40纳米。对麦克纳马拉来说这一发现非常重要，这样小的病毒不可能是通常造成鸟科脑炎的阿尔法病毒。麦克纳马拉后来告诉记者：“我太高兴了，我终于找到答案，元凶是黄病毒。我们以前一直以为是阿尔法病毒，但该病毒的直径一般为60—65纳米。目前为止，任何一种美国流行过的黄病毒都没有造成鸟类脑炎的。我们确实遇到了大麻烦。”对NVSL来讲，他们找到是黄病毒就已经把工作做到头了，因为现在已经确定该病毒不是动物病毒，美国的兽医实验室对动物以外的病毒是做不了化验的。至于确定是哪种黄病毒只能由CDC的柯林斯堡实验室来做。

NVSL的发现让麦克纳马拉大受鼓舞。她再次打电话给柯林斯堡实验室留言。这次她说了很多，最后说：“你们想象得到吗？是黄病毒，在我的火烈鸟的脑子里发现了黄病毒，我们创造了历史，想看看吗?”这回她的留言有了回应。在与柯林斯堡实验室一位官员的谈话中麦克纳马拉又有了一个新发现：她本希望柯林斯堡实验室将病人脊椎抽液中的病毒分离出来和动物体内病毒进行比较，但她现在才知道实验室根本没有将病人抽液中的病毒分离。这使麦克纳马拉十分不解，没有分离病毒怎么就如此肯定病人是被 SLE 病毒感染的呢？

柯林斯堡实验室

尽管纽约州几乎所有的医疗机构或多或少都卷入了抗击这场瘟疫的斗争之中，但是在 1999 年 9 月初的几个星期，柯林斯堡实验室传染科化验室却是这场斗争的焦点。自从州实验室 9 月 3 日公布初步诊断为 SLE 病毒以来，柯林斯堡实验室所有人都忙着给寄来的病人抽液作屏蔽化验确诊。卫生局在全纽约市展开了积极的监控活动，召集了 9 位专家对全市 72 家医院每星期进行一次巡查，共发现 650 例疑似病例，卫生局将所有疑似病人的上千份血清和脊椎抽液样本分别送往州实验室和柯林斯堡实验室进行化验确诊。这几乎耗尽了每个人的精力。但最繁重的任务落在了柯林斯堡实验室身上，这里才是最终的诊断地点。莱顿回忆说："他们已经被大量的病人抽液给淹没了。"据莱顿计算，在疫情高发期，光纽约市就向柯林斯堡实验室寄了 1 000—1 500 份样本。

柯林斯堡实验室是一个很小的机构。根据古布勒介绍："在瘟疫暴发之初，该实验室只有两个人在化验如此大量的血清样本，尽管后来借调了一批人，但要他们上手也需要一定时间。我们没有足够的人力物力接到上级的通知马上就能完成如此繁重的任务。多少出于这个原因，我们才拒绝了麦克纳马拉的第一次求助。当她 9 月 9 日第一次打电话过来时，我们的全部心思都用在了纽约的病情上，当时忙得不可开交，所以当她打电话过来时，我的员工对她的态度有些粗鲁。但我们当时的想法是：我们必须把全部精力放在 SLE 病毒和即将暴发的疫情上，动物不是当务之急。"

古布勒还介绍说，当时所有的证据都不能证明乌鸦染上的病毒就是袭击皇后区居民的病毒。黄病毒族中的许多已知病毒如 SLE 病毒、日本脑炎病毒、穆雷谷病毒都没有引发过鸟类瘟疫。虽然文献记载有一种叫西尼罗的黄病毒曾引起过鸟类瘟疫,那是在 1950 年埃及暴发的一次鸟类疾病,当时为了试验目的家养小鸟被注射这种病毒,但并不是该病毒直接导致小鸟死亡的。因此,麦克纳马拉将动物样本寄来从程序上讲是对的,但 NVSL 和 CDC 有着不同的任务:NVSL 负责检查动物样本来确定动物病原体,而柯林斯堡实验室必须继续化验从纽约州寄来的大量病人血清样本。

细胞组织化验

在对弗勒斯医院最初寄来的病人样本进行化验确诊后的几个星期内,柯林斯堡实验室面临着双重任务:继续对新寄来的样本进行屏蔽检查以确定是否呈阳性,同时还要确认最初的脑炎诊断是否正确。两项任务都十分困难。"树木病毒的确定是很具有欺骗性的。"科罗拉多大学微生物学教授、柯林斯堡实验室前任主任查尔斯·加里什(Charles Calisher)博士解释,"因为要区分同一家族中的不同病毒是极端困难的,需要进行重重化验才能最终找到真正的病毒"。

柯林斯堡实验室对收到的所有样本进行抗体屏蔽化验。化验中所选病毒种类范围与最初对弗勒斯医院病人样本检测时一样。因为实验室资源有限,而且每个病人的血清和脊椎抽液量不大,之所以选择这些病毒是因为觉得这些病毒是最有可能的。"可能导致脑炎的黄病毒有几百种,我们必须有所侧重。根据病人的临床症状,疫区生态环境、地理位置,病人过去都去过什么地方、接触过什么,来确定选择化验病毒的标准,确定选用哪种试剂进行化验。"

但古布勒也说,ELISA 检测虽然快,但如果试剂很多时,该检查是不准确的。因为被检试剂过多,会出现交叉反应,即阳性反应可能是由于病人体内的几种同族病毒结合作用的结果。所以在做完第一次屏蔽化验后,实验室决定做更细致的双重化验来证实最初的诊断。第一步是病毒中和化验——这种检测可以查明病人血清中的抗体身份,并据此断定该抗体对应的病毒。第二步是病毒分离实验:这种方法被许多业内人士认为是确定病毒的最佳方法,也是更直接的方法。一旦病毒从病人样本中分离出来,在环境适宜条件下,用各种抗体进行化验,就可以查明病毒身份。但从人体血液或组织中分离树木病毒是很困难的,尤其是对 SLE 病毒而言。实际上,在美国暴发的历次 SLE 脑炎中,从未分离过 SLE 病毒。因此,柯林斯堡实验室决定集中精力从另一个更好的渠道分离病毒:皇后区的蚊子。“根据以往经验,我们把赌注下在了蚊子身上,尽管 9 月 11 日我们已经派出一位爬行动物学家去搜集乌鸦尸体样本,但蚊子是我们分离病毒的首选。”

病毒中和与病毒分离试验要花几星期时间才能完成(这包括搜集蚊子的时间),此外,还有一种先进省时的检测方法:聚合酶链反应检测(PCR 检测)。科学家要根据事先的判断确定一种被检病毒,根据这种病毒的核糖核酸(RNA)画出该病毒的“基因指纹”,PCR 技术就带着这一画好的指纹判断血清中所含病毒是否为目标病毒。“如果你确信自己要找的是什么,PCR 技术不仅可以帮助确定病毒身份,而且还能帮助列出和该病毒有近亲关系的其他所有病毒。”纽约州实验室曾对弗勒斯医院首批病人样本做了 PCR 技术化验,结果对 SLE 病毒呈阴性。柯林斯堡实验室也曾做过 PCR 检测,也呈阴性。但这当时并未引起柯林斯堡实验室的注意:“在血清和脊椎抽液中没有 SLE 脑炎病毒是正常的。”因此,检测结果与最初诊断的不符没有引起柯林斯堡对最初诊断的怀疑。

疑问重重

然而在其他地区,对 SLE 脑炎病毒诊断准确性的怀疑已经浮出水面。在 9 月 13 日一次新闻发布会上,纽约市卫生局局长尼尔公布了最新确诊和疑似 SLE 脑炎病人名单,当一些病人被诊断为“临界病例”(borderline)时,一些专家感到非常吃惊。加里什在给

“ProMedmail”网站发的一封邮件中评论道（该网站是负责管理新出现疾病的专业网站）：“临界这个字眼实在荒谬，病人血清中的抗体浓度要么有明显的升降，要么不变，怎么会模糊呢？临界这个词可能对心理医生适用（尼尔本人是心理医生），但对血清检测来说实在太外行了。”血清中的抗体浓度是随着体内病毒出现而呈动态变化的。“但相当多的确诊病人血清中的抗体浓度没有变化足以让我们怀疑病人患的到底是不是 SLE 脑炎。”尼尔评论说。

同时，纽约州卫生署实验室也疑团重重，对病人脊椎抽液进行 SLE 病毒检测继续呈阴性。另外，纽约公共科学及卫生办公室主任莫里斯先生也提及疑似病人血清里的抗体浓度变化不明显，这与加里什对“临界病例”的怀疑异曲同工。还有莱顿本人和法恩都注意到“临界病人”的存在，但他们的症状却与确诊病人的症状相似。在卫生局的例行电话会议上，包括卫生局官员和许多 CDC 专家在内都对化验结果表示疑虑，不过莱顿回忆说：“当时大家并未提及对诊断结果的怀疑，而更多的是怀疑检测的正确性。”

不论政府出于何种考虑，在一年一度的不明病原体脑炎研讨会上，对 SLE 病毒脑炎这一诊断的怀疑再度被提及。巧合的是，1999 年的会议正好于 9 月 14—15 日召开，即纽约公开 SLE 病毒的两星期后。参加会议的有纽约市卫生局代表、亚特兰大 CDC 官员，以及一些特邀专家学者，如加州大学欧文新疫病研究所的伊恩 · 利普金（Ian Lipkin）教授和发明 PCR 检测方法的一位知名分子生物学家。会议期间，所有人都讨论了该病情的可能病原并对 SLE 病毒脑炎诊断表示怀疑。莫里斯回忆说：“会议结束后，我们决定让利普金博士也对病人样本进行检查。”9 月 16 日，州卫生署细菌实验室将三例死亡病人的脑组织处理后送往利普金教授所在的欧文新疫病研究所进行分析。

但纽约州卫生署并没有把利普金教授参与检测病毒一事通知纽约市卫生局。后来《纽约时报》称，纽约州卫生署这么做是迫于市其他医疗机构的压力。但莱顿不这样认为:“这是一个纯学术问题,大家只是在会议期间的非正式谈话中做出一个决定,其他重要人物都没有被告知此事。”古布勒说:“我们从来没听说过利普金教授也在做SLE病毒检测。他们从未告诉过我。”古布勒否认州卫生署曾怀疑过SLE诊断的正确性,“直到那时,我都不知道SLE脑炎诊断有问题,也许外界有一些这样的传闻,但却没有人正式告诉过我”。

重新诊断

尽管外界对SLE病毒脑炎这一诊断议论纷纷,柯林斯堡实验室还是决定于9月16日(星期四)亲自重新检测。在此之前,他们接到NVSL的报告:他们已经成功地从麦克纳马拉寄来的动物身上和DEC寄来的样本身上分离出一种黄病毒。古布勒说:“NVSL的发现说明,可以证实不是SLE病毒造成乌鸦死亡的(因为SLE病毒不会使鸟类发生瘟疫),那么一定有其他黄病毒在作怪,这一病毒也是袭击人类的病毒。也就是说,SLE病毒脑炎的诊断是错误的。如果乌鸦体内确实存在另一种黄病毒,那么我们必须重新检测。”NVSL同意于下星期一,即9月20日再将分离出的病毒寄给柯林斯堡实验室,以避免周末运送会造成意外。9月21日,分离病毒样本到达柯林斯堡实验室,并开始检测,这次检测的病毒样本板大大扩充了。

与此同时,其他专家也在同步行动。在加利福尼亚州,利普金教授开始对纽约寄来的病人脑组织进行染色体排列检测。麦克纳马拉此时转向求助位于马里兰州德特里克堡的美军传染病医疗研究所(The US Army Medical Research Institute of Infectious Diseases,以下简称USAMRIID)。从NVSL处得知导致鸟类死亡的病毒是黄病毒后,麦克纳马拉感觉有必要查出到底是哪一种黄病毒。由于接触黄病毒是很危险的,在美国只有几家实验室有足够的设备妥善处理黄病毒,而布隆克斯动物园的实验室不在其中,麦克纳马拉不愿她的同事冒这个险。

由于柯林斯堡实验室对麦克纳马拉的求助始终无动于衷,麦克纳马拉决定转向USAMRIID求助。“那天我半夜醒来,脑子里有了一个主意,为什么不去找军队求助呢?”麦克纳马拉曾经与USAMRIID病源研究所合作过,“你不能把样本直接寄给他们”,但是她的一位同事给了她一位在那里工作的动物学家的名字和电话。9月21日,麦克纳马拉给这位动物学家打了电话,并请求帮助检查她的动物样本。“我决定寄给他们,因为他们和我一样,十分担心有外来病毒侵入,对他们来讲,这会影响士兵的健康,所以他们有各种检测特殊的和未知的病毒的试剂。”USAMRIID同意接受麦克纳马拉的动物样本并进行检查。麦克纳马拉强调:“这并不是他们的使命,但他们得到前线的授权批准,既是出于人道主义考虑,而且现在又面临着特殊情况,再加上CDC忙于应付检测病人抽液,无暇顾及动物样本,最重要的,我们都觉得这一病毒很不寻常。”

真相大白

9月21日,地理位置相距甚远、事先并未经过沟通的三家实验室对揭示病毒身份的研究都已经接近尾声。柯林斯堡实验室的科学家们决定对乌鸦样本做PCR化验。他们这次将使用更多的参数,决心查出到底是哪种黄病毒。同时,对病人样本重作ELISA屏蔽检测,这次将病毒范围扩大到日本脑炎病毒、西尼罗病毒以及其他一些在美国很少见的病毒。在加利福尼亚州,利普金教授和他的助手们在病人脑组织中发现了黄病毒,他们已经开始用染色体排列技术对该病毒进行筛查。在马里兰州,USAMRIID的研究员们开始对麦克纳马拉寄来的乌鸦样本进行化验。9月22日,他们排除了阿尔法病毒的可能性。

研究进度非常之快。9月23日,星期四,柯林斯堡实验室通过检查NVSL寄来的分离病毒发现,该病毒类似西尼罗病毒。同一天,

USAMRIID 对鸟尸体的检测初步认定为黄病毒，麦克纳马拉说：“他们通知我，他们进行 SLE 病毒检测时反应很弱。”第二天，柯林斯堡实验室经反复试验发现鸟尸体内的病毒对西尼罗病毒试剂反应最为强烈，并决定对病人体内的病毒进行西尼罗病毒 PCR 检测。同一天，纽约州卫生署收到利普金教授回复，他的分析表明病人样本中的病毒不是 SLE 病毒，而是坤金病毒(原产澳大利亚)或它的近亲：西尼罗病毒。

返回纽约

纽约市卫生局对几家实验室的研究进展一无所知。有关皇后区乌鸦和居民死亡之间有联系一事，在 9 月 3 日卫生局新闻发布会公布最新病情时首次提出。当地居民很早就把鸟的死和居民的病联系在一起。但莱顿生气地说：“在对病人治疗用药时，必须以病情为依据，而不是胡乱猜测。”

纽约市卫生局官员曾经在 9 月 10 日问过 CDC 乌鸦之死与居民的病是否有联系，但得到的回答是两种疾病没有联系。由于当时卫生局正忙于寻找 SLE 脑炎病例和处理病人的血清和脊椎抽液样本，就把此事就搁置一边了。

直到 9 月 22 日，莱顿才偶然得知大量乌鸦死亡一事。当天早晨起床后，她听美国国家广播新闻说，科学家已经从死亡的乌鸦体内分离出一种和康涅狄格州蚊子体内一致的病毒。虽然报道的本意是想证实鸟类的死亡和皇后区居民的病情有关，但对莱顿来说，却是一个很大的启发：“我还是第一次听说鸟类也会死于脑炎。”当时，她对麦克纳马拉本人及其为乌鸦之死和皇后区居民病情两者之间的联系做出的努力一无所知。纽约市卫生局只知道皇后区的一些死乌鸦被送到 DEC 进行化验，并不知道死亡数量如此巨大，也没有考虑它们的死因。“我们本应该更主动和他们联系查明原因，但他们也并没有通知我们。”

公布消息

9月24日,星期五,距柯林斯堡实验室最初电话公布SLE病毒脑炎诊断以来已有三个星期了,在这一天召开的电话会议上,实验室再度致电宣布一个非常惊人的新闻(当时包括纽约州卫生署及纽约市卫生局官员、康涅狄格州卫生署的官员、CDC官员和应邀参会的麦克纳马拉都在场):实验室经过复检发现该病毒是西尼罗病毒,不是SLE病毒。当时,柯林斯堡实验室可以证实乌鸦身上的病毒是西尼罗病毒,但病人体内的病毒是不是西尼罗病毒,要等到做完染色体排列检测后才能公布。这时莱顿和卫生局其他官员也接到了这一通知,柯林斯堡实验室最初的SLE病毒脑炎诊断即将被推翻。这一消息确实令人震惊。西尼罗病毒的发源地是非洲和亚洲部分地区,最早于1937年在乌干达暴发过,在欧洲偶有出现,但在西半球却从未出现过此病毒。西尼罗病毒的突然出现实在太意外了。"一开始没有人相信会在这一地区出现西尼罗病毒也是可以理解的,没有人知道病毒的来源。"尼尔说。

意外接踵而至。24日晚,就在莱顿和同事一起准备举行新闻发布会公布发现西尼罗病毒这一消息时,她从卫生局一位流行病专家处得知"加利福尼亚州一位叫利普金的教授从人脑组织中分离出西尼罗病毒"。这是她第一次听见利普金的名字。古布勒于9月25日致电加利福尼亚州利普金教授,与他探讨他的发现并向他通报柯林斯堡实验室的研究成果。古布勒认为在实验室做完染色体排列检测确认人体内为西尼罗病毒之前,最好不要把这一消息公布出去。但就在当晚,古布勒接到《纽约时报》的电话,询问利普金教授的研究情况。第二天报纸就公布了这一爆炸性新闻:"三个病人死于西尼罗病毒或坤金病毒脑炎。"

这一外来病毒的侵入给纽约全市敲响了警钟,报纸的报道疯了,麦克纳马拉回忆说:"当天,记者们全线出击,直升机在动物园上空盘旋。如果你没有经历过，很难体会当时那种歇斯底里的感受。”《时代》杂志刊登了一幅照片，写道：“几星期以来，本地区瘟疫暴发已经失控，卫生局电话创历史纪录，在未发现病情的地区，父母也坚决把孩子们关在屋子里。电视台的记者们在谈论疫情时语调沉重。”卫生局官员立即出面安抚公众。尼尔说：“现在病情并没有失控，我们现在面对的病情并没有以前我们经历的病毒严重。更重要的是，诊断的错误并不会影响市政府的应对措施。确定病毒的真实身份属于科学范畴，不会影响我们的行动。”莱顿也指出：“如果我们一开始就知道是西尼罗病毒，也不会改变我们的行动计划。我们还是会实施积极的监控，开展公众教育宣传，采取果断措施，杀死蚊子及其幼虫，遏制传染途径。”

同时，政府宣布，在治疗、诊断疾病上将有所改变。9 月 26 日，尼尔宣布对 77 例 SLE 病毒呈阴性的病人的血清及脊椎抽液进行西尼罗病毒检测。和预期一致，新的化验使病例增多。在纽约市，确诊病例从 18 例增加到 25 例；在附近的拿骚(Nassau)县，从 0 例上升到 4 例。这样，直到第一场秋霜降临消灭了所有蚊子和其他传播病毒的昆虫，纽约及其附近地区共确诊病例 62 例，死亡 7 例。

余波未平

尽管西尼罗病毒风波渐平，但舆论界开始大谈病毒是如何进入美国的。大多数人认为是意外侵入，例如，可能是一只染病的小鸟通过非法途径被带入美国，或者带有病毒的蚊子通过货船或飞机进入美国。但是，10 月中旬《纽约时报》上一位署名为里查森的人发表了一篇文章，提出了令人恐怖的观点：认为这是一场故意的生化恐怖事件。文章中说：“这一神秘病毒让 CIA 的官员们忧心忡忡。令 CIA 专家担忧的是，去年英国一家小报转引了一个伊拉克逃兵的话，他说伊拉克总统萨达姆正在研制西尼罗病毒作为生化武器准备投放。”

一听说这个消息，CIA 官员马上出来辟谣：“我们已经调查过，生化武器这一观点不成立。"CIA 官员其实并没有展开大规模深入调查,因为这反倒无中生有。但反过来,大家一致认为西尼罗病情的暴发给人们展示了反恐专家杰西卡·斯特恩向我们描述的生化战争最恐怖的一面:"彻底消灭生化细菌是极端困难的。"正因如此,一些人士认为,西尼罗病毒在纽约市的暴发可视作生物武器袭击的预演。用一位观察家的话来说:"从这一角度看,纽约对突发性疾病暴发的反应能力说明,美国的应急防控机制还不完善。"

最尖锐的讽刺全是针对 CDC 的,因为他们对柯林斯堡实验室的检测做出了错误的诊断。当然也有人归咎柯林斯堡实验室,最开始检测病人样本时选择的病毒试剂范围太窄。但另一些人认为,在确定病原体的过程中,第一步应该对病毒种类有所限制,加里什说:"你不可能对每样病毒都查,主要是由于以后 CDC 的一系列疏忽才导致实验室的错误结论。"他坚持说:"CDC 对许多重要线索视而不见,而这些现象并不是 SLE 病毒引起的:例如,大量乌鸦死亡,美国其他地方并没有 SLE 病例出现,病人的肌肉严重萎缩,而且最重要的是,对某些屏蔽检测结果 CDC 却用临界病例来解释。"

加里什认为 CDC 对病原体的错误诊断对公众健康造成的损失是巨大的:"如果当时有人能坐下来好好谈一谈,那么我们可以提早 10 天确定真正病毒,但结果是我们失去了消灭病毒的最佳时机,反而是在那儿盲目地消灭蚊子,这个教训我们应该永远记住。"但古布勒强烈反驳这一观点:"正确诊断的延误并没有影响我们做出正确的应对措施。无论是 SLE 病毒还是西尼罗病毒,都是由蚊子传播的,在这种情况下,我们最应该做的就是切断传播途径:灭蚊。而且两种病毒的临床治疗方法是一致的。"莱顿也说:"即使真正的病毒提前两星期发现,也已经错过了消灭病毒的最佳时机,因为后来的疾病曲线显示,大多数病人是在 8 月中下旬染病的,和弗勒斯医院发现首例病例时间基本一致,到 9 月中旬,病毒已经确认了。"

对外,古布勒承认对他的实验室有些批评是对的,特别是在作屏蔽实验时选择的病毒样本过小,漏掉了真正的病毒。他说:“我们的思路当时局限在了SLE病毒上。因为临床症状、流行病的走势、试验效果及地域特征都指向SLE病毒。我们有了一个教训:以后必须开阔我们的眼界。”但在私下里,古布勒在提到扩大病毒范围时说:“这对我们来说太难了,因为我们资源太少。现在全球交通和贸易太发达了,任何病菌都能侵入,以后再检测病毒时,扩大样本范围确实重要。西尼罗病毒的暴发也验证了一个古老的真理:寻找病原体,在得出任何肯定结论之前,必须在手头上有分离出来的病毒和中和检测结果以供参考。”

但古布勒也提出:有些人在发表言论时是在放马后炮。在这一切都在进行的时候,没有人向CDC的诊断正式地提出过有力的质疑。

古布勒肯定了在寻找病原体过程中几位动物学家所起的关键作用。他对《时代周刊》的记者说:“没有麦克纳马拉的不懈努力,不可能在这么短的时间内查明病毒真相。或许这场疾病给我们的最大启示是:以后公共卫生官员应该和动物学专家建立制度化的工作关系和沟通机制。”

尽管麦克纳马拉本人对CDC对她的赞赏不会反感,但她在询问过程中所经历的失望却令她无法忘记,她说:“美国联邦政府投巨资用于生化防控,可在这次西尼罗病毒暴发过程中却收效甚微。最后找到病毒的人——利普金教授、军队医疗机构USAMRIID和我本人都不是专门从事这项工作的。我们全是公共卫生机构以外的人。”古布勒不同意这一说法:柯林斯堡实验室一直都在努力寻找病源。“CDC派出的动物专家9月12日就从皇后区取回蚊子样本,我们于9月30日从这些蚊子身上成功分离出西尼罗病毒。要是没有其他力量,单凭我们自己,最多再用一星期时间,我们就能找到答案。”

最令麦克纳马拉伤心的是,无论是公共卫生部门还是兽医医疗机构,人们对野生动物的漠不关心一直没有得到改变。“8月份死了400多只乌鸦都没引起人们的足够重视，除非人死了，否则死多少动物人们都不会心疼。野生动物对我们来说不过是食物或宠物罢了，在这个国家根本没有野生动物发言的权利。”她继续说，“政府这样做是作茧自缚，没有充足的试验设备对各种野生动物疫情进行检测控制是我们生化防控体系的一个大缺口。只要这个缺口存在，人们的生命安全就会受到瘟疫疾病的威胁。”

对最早发现疫情的纽约市卫生局来讲，也有需要反省之处。尽管开了几个星期的电话例行会议和新闻发布会，但在这一过程中，却表现出严重的沟通匮乏，例如大量鸟类死亡、各方人士对诊断的质疑、对鸟类尸体进行化验的决策等。莱顿也表示很遗憾：“DEC和麦克纳马拉都没有通知卫生局关于大量鸟类死亡一事。”但她也承认，卫生局的错误在于没有主动推动此事。回想起来，莱顿觉得在这场战役中，最可惜的是没有给动物做化验，以致失去了最佳战机。如果能更有效地追查乌鸦的死因，尤其是向兽医领域多咨询，那么西尼罗病毒在7月就可以被发现，那时就可以采取有效措施控制该病毒传染给人类，西尼罗病毒就不会在美国大陆上传播蔓延。

莱顿在承认错失一些好的机会和沟通无效的同时，她否认了一些人提出的美国政府在西尼罗疫情中表现出的对生化武器袭击防控不力的观点。她认为这些批评家没有看到城市公共卫生体系在这场战役的最前线所采取的及时有效的措施：向医疗社区持续发出疫情警告、开通报告疑似病例的热线电话、处理并向试验研究机构运送病人的临床抽液样本、建立监控病情的数据库，等等。“以上所有这些努力对发现病情、及时有效控制疫情起到了重要作用，同时，战胜西尼罗病毒也是卫生局所有员工努力工作的结果，几个星期以来，卫生局工作人员不分工作日、节假日，每天工作十六七个小时。”通过参与这场抗击西尼罗病毒的战斗，卫生局反生化武器的能力大大提高了。“我们在这场疾病中之所以能反应如此迅速、采取的措施如此及时，如实施积极的监控，与医疗机构和广大居民的快速沟通，和近几年卫生局展开的反生化武器袭击的训练是分不开的。”莱顿说，“如果这场疾病暴发在5年之前，我不知道我们能否像现在这样一夜之间就能将全市动员起来。”

回想起来，尼尔觉得在这场抗击病毒的战役中很多方面是令他满意的。在谈到他的员工在病情刚刚暴发之时处理问题的态度方法上，他说自己为他们骄傲：“首先我们意识到安尼斯和莱顿打来电话的严重性，然后派莱顿和法恩立即去现场调查，而且占用了她们的周末休息时间。”但是回想起这件事，莱顿后来在2000年的一份报告中说，这场疾病很可能因为一个很小的环节而延误发现时间：在她8月28日进行实地调研的时候，后来证明已经有19个患西尼罗脑炎的病人住院了。而在这19人中，只有4例向卫生局汇报。“如果安尼斯医生当时没有向卫生局汇报弗勒斯医院里罕见的神经病人病例，还不知要等到什么时候才能发现这场瘟疫呢！”

西尼罗病毒在纽约的暴发*(B)

——倾城出动,剿灭疫情

在1999年9月第一个星期四的晚上,也就是在劳工节周末的前夕,纽约市OEM的主任杰里·豪尔接到一个电话,是市卫生局局长尼尔·科恩打来的。豪尔回忆道:"那是在晚上6:30,我正准备离开办公室。也就是在我走出办公室门的一刹那,电话铃响了。是尼尔打来的,他说:'我们碰到一个问题,需要你的帮助。'"

问题是,在纽约北部皇后区可能会形成一次不寻常的脑炎疾病疫情:8个来自该地区的人,在最近两个星期得了严重的疾病,他们大多数年龄较大。其中两个已经死亡,其他人目前已经上了呼吸机。在测试了取自这些病人的血液和脊椎抽液样品之后,纽约州卫生署的实验室暂时诊断为SLE病毒,这是由一种蚊子传染的病毒性脑炎,以前从来没有在纽约市出现过。市卫生局正在等待CDC的最终确诊,这要等到第二天。尼尔打电话就是要知道,如果确诊为SLE病毒,该如何应对?实际上,整理一下思路,就知道应采取两大措施:一是控制疫情暴发,二是给公众预警。

作为负责本市紧急事件协调处理的政府机关主管,豪尔曾经处

---

* 本案例是埃斯特·斯格特(Esther Scott)为美国哈佛大学肯尼迪政府学院州和地方政府研究中心执行主任阿诺德·豪伊特(Arnold Howitt)的国家防御课程编写的。经费由罗伯特·伍德·约翰逊基金(Robert Wood Johnson Foundation)和美国司法部赞助。

理过各种危机,例如暴风雪、房屋倒塌、坠机等,并且积累了很多其他意外事件的处理办法,但是他和他的同事对这种事件没有任何准备。这个城市看来没有充足的准备,拿不出对这个罕见事件的快速应对方法。纽约市自从19世纪的黄热病流行之后,再也没有碰到过蚊子传染的病毒性疾病疫情。在这些年当中,该市的蚊虫控制活动逐渐减少,到了20世纪90年代中期,基本上没有了。结果就是,该市对于跟踪以及消灭蚊群没有任何设备、专业技术及专业人才。而且,在人口密集的皇后区,居民们都通晓多种语言,这使得有关SLE脑炎的消息传得很快,这至少要考验OEM的信息传递和后勤保障的能力。豪尔和他的同事们要想办法来处理这些困难,也就是公众对本市面临的情况有很深的疑虑。如果正如所担心的那样,CDC确诊了这个病毒,也不能保证病毒暴发会控制在它现在所发生的16平方英里的皇后区,或许病毒会扩散到整个城市,本市是世界上人口最稠密的城市之一。一个OEM的官员说:"关键之处是,纽约市面临着一种不明病毒,尽管情况紧急,但我们不知道我们要处理什么。"

背景:OEM

OEM是纽约市政府相对比较新的一个机构。它是由市长朱利安尼所创立的。据说,他对以前在重大紧急事件及灾难处理过程中,部门之间相互敌对以及缺乏合作感到非常不满。在以前,负责紧急事件处理是警务部门的事情,但是据豪尔说"他们没有什么对紧急事件的事前应对措施"。他说:"他们做得很少,也几乎不协调各个部门,也没有什么权力来做什么。"如果一项紧急任务需要跨部门协调解决,各部门之间的争权夺利时有发生。副市长约瑟夫·勒霍塔说:"对于有些书面描述非常清楚的事件,他们(警务部门和消防部门)会明争暗斗地争论谁来负责现场工作,以及该做什么。"

在1996年初,朱利安尼将危机管理工作从警务部门移出,并且在市长办公室成立了 OEM,豪尔成为第一任主管。到 1999 年,OEM 共有员工 65 人(由从事不同行业的人员组成,提供各种应急服务),在市中心曼哈顿的世贸中心 7 楼有一片办公区。从一开始,这个新的机构就得到了市长的认可。豪尔说:“我们就在市长的办公大楼内办公,我们有市长的支持,关键时刻可以行使市长的权力。”其他的市政部门“知道我们和市长非常接近。我是少数几个一天和市长通 8 次电话的人之一,并且整天在他的办公室,所以我能够得到其他部门的协作。”勒霍塔说:“每个人都知道 OEM 代表朱利安尼,他们得到了充分授权。”

新部门的主要责任是:对各种紧急事件做出反应并制订行动计划,在行动中充当各市政部门的协调主体。据 OEM 副主任卡尔文·特雷顿说,该部门有三部分任务:一是制定纽约市内处理紧急事件的方案;二是确保一旦方案制定出来之后,要进行必要的训练和演习……确保我们准备充分;三是作为紧急事件中需要多部门共同反应时的“现场协调官”。最后还包括任命事件处理总指挥,以及给牵头部门提供危机管理所必需的物资及人员。勒霍塔说,从总体上看,OEM“从很多方面来说是一个监督部门。是在紧急情况中推动事情处理过程的动力,并且保证对整个事件的处理能够协调一致”。

随着时间的推移,OEM 的官员积累了许多处理各类危机的案例,用豪尔的话就是包括“几乎所有类型的重大事件——飓风、热浪、暴风雪、坠机事件、社会动荡、停电——你能说出名字的,我们都已经制定出了方案”。但是,可能也并不奇怪,由于在纽约市蚊虫传播的疾病疫情极为罕见,这里没有相应的处理方案。豪尔指出,尽管如此,OEM 还是为“生化恐怖事件”应对方案工作了好几年——例如,应对恐怖分子蓄意在城市中释放病毒——“无论这是人为的还是偶然的事件,对城市而言都是非常类似的”。通过生化恐怖事件防控工作让 OEM 和纽约市卫生局的合作更加紧密,这比简单罗列出这种事件的各种可能来源更有价值。该部门在豪尔的领导下,自 1996 年开始参与防空规划和培训练习。纽约市卫生局生化恐怖项目联系人，卫生局传染病研究所主管马赛兰·莱顿博士说:“我对于豪尔比其他市政部门更早地参与公众卫生问题表示敬意。”她接着说:“我想,以前公众卫生问题经常不是讨论的主题,而发生这次事件最大的好处是我们和 OEM 形成了非常良好的合作关系,这让我们即使没有生化恐怖事件也能够紧密联系在一起……我和豪尔非常熟,他随时都能联系上我,我也一样。”随着卫生部门和 OEM 联合起来应对纽约市突然出现的神秘病毒,这种紧密关系会得到进一步强化。

皇后区的病情暴发

病毒暴发首先出现在弗勒斯医院,这是皇后区北部的一个小型社区医院。在那里,有少数几个年老的病人被确诊为病毒性脑炎。然而,除了那些常见的脑炎症状之外,这些病人几乎都有一个很反常的症状:严重肌肉萎缩。自从 1999 年 8 月 23 日第一例病例出现以来,莱顿和她卫生局的同事在纽约州卫生署实验室的帮助下一直工作,得出了引起这种非典型脑炎的病毒特征。

到 9 月 2 日,两个病人死亡,皇后区的脑炎病例从 4 例上升为 8 例。同时,病毒的身份被初步确定为 SLE 病毒,这种病毒在美国的其他州出现过,但是从来没有在纽约市发现过。病人采样已经送到了位于科罗拉多州柯林斯堡实验室的 CDC 昆虫传染病毒分部,所以在纽约暴发由蚊子携带的病毒性疾病不可避免。这种病毒对大多数人症状轻微,但是对于小孩和老年人可能是致命的。卫生局局长尼尔·科恩已经说了,CDC 的官员已经建议卫生部门,尽管最后结果还没出来,但由于对 SLE 的测试极有可能呈阳性,“我们必须喷洒药剂杀死蚊虫来控制疫情的暴发”。对这种突发事件需要进行详细规划,因此尼尔打了两个电话:一个是给副市长约瑟夫·勒霍塔,另外一个就是给 OEM 主管杰里·豪尔。

尼尔给 OEM 打电话是在 9 月 2 日(星期四),纽约市的休息时间，该市的大多数人——包括大多数政府机关——都准备换衣服享受劳工节的周末。德雷顿回忆道，和 OEM 的其他人一样，“在那个星期四，当电话（尼尔打来的）响起的时候我正准备离开办公室。接下来的事情就是我们从书架上取下医药字典，开始找 SLE 病毒到底是什么鬼东西”。

紧急应对

第一步

在接完尼尔的电话之后，豪尔召集了一群 OEM 的副主管和工作人员，开始考虑在等 CDC 通知的同时应该采取什么样的措施，因为 CDC 的化验结果要到明天才能出来。卫生局副局长爱德华·加布里埃尔（Edward Gabriel）回忆道：“我们开始聚在一起，尽力想我们眼下的任务。我们现在应该做什么？在接下来的 6、12、24 小时之后我们要做什么？”

正如加布里埃尔提出的那样，从一开始，大家都同意“我们必须到那里（皇后区病例发生的地方）去看看情况”。尼尔已经告诉卫生局的员工，已经确定了几个可能的蚊子繁衍位置——皇后区一个公园里面的几处堆满旧轮胎堆的垃圾堆——他们认为应该马上挪开。那天晚上，在与勒霍塔和朱利安尼协商之后，豪尔派出一些人去勘查这些地点并且对该地区进行普查。他们带上了 OEM 的“指挥车”——勒霍塔说它是个配备了电话、电脑和会议室的“大货车”——来到了病毒暴发的重灾区鲍威尔社区。豪尔还通知了其他相关市政部门——卫生部门、公园管理部门和环境保护部门——并且为每个部门指派一名联系人，让他们在早晨到公园碰面，来“评估局势”。

第二天，也就是 9 月 3 日（星期五）早晨，在亲自查看这些地点之后,豪尔开始"召集更多的部门",包括本州的以及邻近州的,开始讨论这个紧迫的任务,听取他们对关于如何应对发表的意见。由于存在生化恐怖事件的可能性,豪尔还叫来了FBI,FBI从它的联合恐怖特遣部队派来了一名代表,来听取关于这次病毒暴发的早期情况的简要介绍。他解释道:"我并不认为这是生化恐怖事件,但是我不能排除这种可能性,所以我觉得FBI来这里了解一下目前情况是非常重要的……"来自纽约州、市和地方的机构,还有CDC、FBI和副市长勒霍塔紧急集合到OEM的指挥车上,开始仔细考虑该市采取行动的可选方案以及制订出第一步行动计划。豪尔渴望在得到CDC电话之前能够采取某些措施。他回忆道:"我只是觉得如果检查结果是阳性,我们必须做出迅速反应。"CDC要到下午才能够有消息,马上就是周末了。豪尔提醒道:"你不能够等到下午5:00才开始来找人,因为(那个时候)所有人都走了。"与其出了事再找人,不如在时间充分的条件下做好一切准备。他指出:"如果结果是阴性的,大不了再让他们回去就是了。"因此,当市领导们焦急地等待CDC的电话的时候,"我们做出充分准备,蓄势待发"。

决定喷洒

在应急组集结指挥车之前的关键问题是怎样处理蚊子。SLE病毒的传播者——名叫Culex pipiens,一种城市中的蚊子,生活在污浊的水塘里面——能够用两种方法消灭:一是"杀幼虫方式",通过清除蚊子的繁衍地或者是使用杀虫剂(球状、液体、颗粒状或其他方式)在它们幼虫阶段消灭蚊子;二是"杀成虫方式",通过在蚊子出没的地方和时间喷洒杀虫剂来消灭成年的蚊子。杀幼虫方式是一种更加集中的方式,目标是清除幼虫的特定生存空间,但是这需要仔细地搜查那些可能的繁衍地。CDC昆虫传染病毒分部的一个昆虫学家罗杰·纳希(Roger Nasci)说,这就意味着"要一个院子接一个院子地搜查",寻找后院里给蚊子幼虫提供的无数庇护所——地面上的游泳池、鸟窝、木桶和旧轮胎。相反,杀成虫方式采取的是一个广泛的控制措施,但是这需要昂贵的机器——飞机喷药需要特殊配备的直升机或者其他飞机,地面喷洒需要卡车——而且还要培训人员来操作机器。另外,喷洒杀虫剂的同时会涉及人们的居住区,这会遗留下一些问题,例如,吸入了化学物质,对于潜在的化学有毒物质的担心,等等。

还有另外一个办法,一种更加安全的方式来消灭蚊子:驱虫剂。这种方式的优点是能够保证化学物质不会伤害到人类,而且也不会因为大面积使用杀虫剂造成城市污染,但是这也有其局限性。例如,居民不能长期依靠驱虫剂。OEM 的前副主管杰里·麦克卡特说:"当时间慢慢过去,人们有时候会忘记使用;有时候来这个城市的人们不会带着驱虫剂。而且有些人对驱虫剂是过敏的。"另外,驱虫剂也不能够从根本上解决问题。麦克卡特提醒道:"驱虫剂给每个人提供了保护,但是它不能够杀死害虫。"

就在考虑选择哪种方式灭蚊时,市领导碰到一个难题,就是他们几乎完全不知道蚊子出没的地方。该市没有蚊子监控系统,因此没有办法知道携带病毒的蚊群在哪里可以找到,或者蚊群的感染率是多少(这有助于估算人们受感染的概率)。在科罗拉多州柯林斯堡实验室的 CDC 官员罗杰·纳希已经开始准备网兜和其他捕蚊工具准备运回纽约——他准备亲自领导该市来捕获蚊子——由于没有任何准确的数据支持,在短期内做出一个决定是很难的。

但是,至少有些证据表明成年的 Culex pipiens 蚊群在该市今年夏天非常多。罗杰·纳希说:"由于今年的夏季相当长,我们在今年下半年会看到很多的 Culex 蚊群。"——这种自然条件有助于蚊子延长寿命。更重要的是,根据 CDC 的疫情指导,皇后区的病毒族已经发展到一个更加猖狂的阶段,杀幼虫剂已经不能够起作用了。按照这个指导方针,纽约至少已经到了"第三种"暴发点("极可能"),并且倾向于达到"第四种":"已经暴发"。罗杰·纳希解释道:"如果一个地区内已经有了被病毒感染的蚊子,并将这种病毒传染给个别居民，这就说明真正对人类构成威胁的是具有传染性的成年蚊子。所以这时最恰当的方法是减小蚊子密度。”最终大家得出同一个结论：在全市开始努力消除幼虫生存环境并且使用驱虫剂的同时，还应该将主要目标确定为控制成年蚊子。勒霍塔回想在指挥车上进行的讨论所得出的强烈一致的结论时说：“我记得大家围坐在桌边，事情变得很明显。每个人都同意，包括联邦政府的、州政府的和当地的官员都说：‘喷洒药物。我们必须喷洒药物。’”

接下来将这个推荐意见报送给朱利安尼市长。豪尔回忆道：“他基本上听取 CDC 和州政府的意见……并且考虑到……他支持这样做，……我们不知道我们是不是只涉及冰山的一角，还是已经看到了整个冰山。”豪尔接着说：“如果我们实际上只是看到了冰山的一角，我们也不希望到时候回头想想说，我们在处理这件事情的过程当中为什么不更积极些呢？”

准备喷洒

在决定喷洒药物之后，市政府接下来面临一个艰巨的任务，就是如何使得喷洒工作进行下去。市政府事实上没有这个能力。据《纽约时报》报道，纽约市“在这个地区只有一个非常弱的蚊子控制系统”。这也一部分反映出这样一个事实，就是该市已经有一个多世纪没有受到蚊虫传播的病毒侵扰了，用一位观察家的话说就是，这使得“蚊子更像一个讨厌的东西而不是公众健康卫生问题”。一些有限的杀幼虫剂被用于废水处理中心和皇后区的洛克维尔地区；如果该市要进行杀虫剂喷洒，它就要在一个非常局限、以“病毒为中心”的区域进行喷洒。麦克卡特说，纽约“自从 1975 年以来还没有进行过全市范围的喷洒，因此制度上都没有这样的规定”，无论是设备还是人员方面。由于受到 20 世纪 90 年代早期的紧缩政策影响，该市的蚊虫控制系统只有 12 万美元的预算以及 2 名员工——与临近地区例如萨福克县相比，实在太少。萨福克县只有纽约市人口的 1/5，但是该项预算达到了200万美元,有员工33名。

名义上,害虫控制——蚊子等——是纽约市卫生局的责任,但是到1999年,它对蚊子采取集中消除的能力已经完全萎缩。豪尔说过,除了一些背包式喷洒器之外,"他们只有非常少的设备来进行其他方式的喷洒。我必须完全承担(喷洒任务)。卫生部门没有钱、设备资源和人员……它们也没有我这个部门所具有的协调能力。他们不习惯于做这一类的工作"。从物资角度考虑,卫生局比较认同尼尔经常称赞豪尔的那种"勇于承担责任"的风格。尤其是考虑到两个部门在生化恐怖事件处理规划当中相互合作形成的"权力平等的合作关系",尼尔认为卫生局对"OEM在这次灭蚊行动中起主导作用不会不满"。

在这次前所未有的紧急事件当中,没有预先任命该事件的领导人。但是,一个OEM的官员回忆说:"我认为这种情况下市长应该来主持工作……因为我们和朱利安尼的工作关系非常密切,每时每刻他都能知道事情的进展如何,并且他能够指导我们部门,就好像他指导其他市政部门一样。"通常,随着危机的到来,市政厅承担行政方面的工作——让公众和当地政客们及时了解发展情况——而OEM,尤其是OEM的负责人承担起运作方面的工作。勒霍塔命令说:"豪尔,你来接管这件事情。"

后勤保障

在得到卫生局的认可之后,豪尔和他的同事开始部署一旦CDC确认了圣路易斯病毒的诊断之后,政府所应该采取的措施。为了达到这个目的,他们必须两条线同时工作:为皇后区选定的几个居民区配备进行空中和地面喷洒必需的设备和人员;准备好SLE的相关信息和喷洒计划,并且设计出一种有效的方法来将其传达给当地居民。就某些方面而言,喷洒行动相对比较容易组织。为了进行空中喷洒,豪尔从一家私人专业喷洒公司租借了一架直升机。为了进行最初的地面喷洒，他开始从萨福克县借来一些卡车和员工。纽约市和周边城市曾经达成一项不正式的互助协议，即在紧急情况下提供互相帮助；豪尔说，通常情况下，这种帮助是不收取费用的，但是在这种情况下，由于萨福克县的工作人员要加班加点地对皇后区进行喷洒，因此纽约市政府同意提供相应的报酬。OEM 本身没有相应的预算来支付这些报酬，以及在进行杀虫剂喷洒的过程中将会发生的其他成本。支付账单、租赁直升机以及后来的卡车喷洒服务、购买杀虫剂和驱虫剂的工作通常是该市全市行政服务部门的工作。但是这些费用支出必须马上到位，OEM 的员工们都拿出了自己的信用卡——该机构没有申请过部门信用卡——随后由政府报销。

向居民发出疾病暴发警告，并通知他们有关病情的危害是一件非常复杂的工作。集中喷洒将会在重灾区的三个居民区进行——迄今为止所有已知的 SLE 病例都来源于这里——随后将立即在皇后区北部的周边地区和邻近的南布隆克斯地区进行。在所有要进行喷洒的地区当中包括一部分不会英语的居民。豪尔规划了一个散发传单的活动，市政工作人员将会挨家挨户散发有关 SLE 的信息传单，并且警告居民在喷洒期待在家里。这些传单由市卫生健康部门编写，据卫生局副局长本杰明说，该部门利用人口普查的数据“来帮忙确定在这些居民区当中的主要语种”。总而言之，传单将会印制成 8 种语言（含英语）——其中包括韩语、俄语、北印度语和乌尔都语——但是，据本杰明说，这对于卫生局都不是什么特别困难的问题，利用常规的翻译服务就可以满足纽约居民的需要。据勒霍塔说，这些纽约居民说的语言“就像 180 种不同的语言和方言”。

为了散发这些传单，OEM 最初集中了大概 500—600 名市政员工来挨家挨户散发，其中包括警察。传单和盒装驱虫剂——这些都是居民迫切需要的——将能够在邻近的警察局和消防队拿到。最后，和市卫生局合作，建立一条 24 小时的服务热线，配备了卫生局的工作人员，来随时就 SLE 和喷洒工作提供咨询，并且接受居民对可能的蚊虫繁衍地的举报。豪尔说,所有的这些准备“都必须在 5—6 个小时内完成”,而该市还在等待来自 CDC 的消息。

CDC 的最终化验结果是 9 月 3 日(星期五)将近下午 3:00 时才出来。柯林斯堡实验室的结果表明,该病毒和 SLE 非常相似。很快,《时代》杂志报道说,“在一个匆忙召开的记者招待会上”,朱利安尼市长在尼尔和其他官员的陪同下宣布了这个消息,“这是在一群近似疯狂的白石区居民关注之下进行的”。在这天晚些时候,市政员工在皇后区的北部开始散发传单并回答问题;当天晚上,杀虫剂的喷洒工作开始了。该市控制 SLE 暴发的工作已经开始了。

前五天

在接下来的几天当中,该市持续地进行空中和地面喷洒活动,并且逐渐将范围扩大到布隆克斯的更多地区,正如朱利安尼告诉记者的那样,这是“一种预防性步骤”。OEM 的工作人员都在努力工作,以确保能够总是走在不断扩大的喷洒行动前面,确保居民能够得到更进一步的警告。负责这次喷洒工作的麦克卡特回忆说“我们在这个地区布满了市政员工”。“上千名市政员工将会上门通告(计划好的喷洒安排)。”为了完成这项工作,OEM 动员了“户外工作人员”,麦克卡特解释为“已经在户外的人们”,例如来自卫生部门和公园的巡查员。在社区里面巡视的警察——“巡警”——也应 OEM 的要求帮助向居民传递消息;另外,配备了高音喇叭的警车开始在街上巡逻,提醒居民注意身边的喷洒工作。麦克卡特说:“我们做了我们所能够想到的事情,来提醒居民注意某个地区在某个日期某个时间正在进行喷洒工作。”然而,OEM 仍然担心消息的宣传是否足够到位。麦克卡特说:“我们漫无目的,我们会挨家挨户进行,这会很好,但是那些路过的人们却得不到提醒。”另外,市政府将它大部分的工作人员转到进行挨门挨户的工作,所需要的成本也是一个要关心的问题。麦克卡特说:“我们让人们离开了他们的本职工作……这相当不好。”

麦克卡特自己了解到散发传单作为主要沟通手段的缺点。为了能够满足需要,对小册子的需求不断增加,而现在已经达到了市政府印刷资源的极限;面对需要大量印制的需求,麦克卡特开始寻求私人企业的帮助。据他回忆,在凌晨2:00,他在连续工作一整天之后,蓬头垢面地到了位于皇后区专卖店一条街的一个金考(Kinko)复印中心。麦克卡特说:“我走进去就像一个无家可归的人,非常脏也非常累,大概有三天没有刮胡子了……那个可怜的人(看守)警惕地看着我,我说‘我需要10万份这个传单’。”最后,在通过和经理协商之后——他半夜在家里被叫醒了——金考同意接受这项工作,每页价格3美分,并不是标准的10美分的价格。麦克卡特接着说,整个费用“接近4 000美元,我从我的支票账户中提出了将近4 000美元……这个账户是用来支付抵押贷款和每月费用的。所以我给他我的信用卡,然后就出门了”。在Kinko员工英雄般的努力下,第二天早上这些复印件及时送过来了。豪尔说:“麦克,干得太出色了。”但是这种经历麦克卡特再也不想重复了。他挖苦地说:“我再也不能这样做了,我还要支付我的租金。”

同时,这个城市的其他公众工作也受到了限制。由OEM和卫生局共同设立的热线很快就被电话给淹没了;到了9月6日——仅仅在该市进行蚊子控制活动的第三天——就已经接到了11 000多个电话,打破了该市紧急电话号码的记录。据本杰明说,卫生部门已经将接线员从几个人增加到大约20人,但他们还是难以满足日渐增长的电话接听量。

热线电话如此之多,表明居民不仅对SLE表示焦虑,而且对杀虫剂的喷洒也表示担心。尽管市政官员一再强调malathion(马拉硫磷,空中喷洒的主要杀虫剂)对健康没有任何威胁,他们还是提醒居民在喷洒工作进行当中待在室内,并指导他们关掉排风扇和空调,把宠物关在房间里。如此的声明丝毫不能够减轻人们对于杀虫剂的副作用的担心。一个居民不安地告诉《时代》杂志"这就像细菌战一样"。

然而,尽管要面对居民的担心和喷洒工作中碰到的压力,与 SLE 以及它的携带者 Culex pipiens 蚊子的斗争毕竟只是一个有限范围内的战斗。豪尔回忆说:"我们认为这将会是非常局部化的、非常集中的。"但是,在 9 月 8 日,星期三,另外一个 SLE 病例发生的消息彻底粉碎了这个假设。

在布鲁克林(Brooklyn)的一个病例

据马赛兰·莱顿回忆,消息传来的时候,正是卫生局每日召开关于 SLE 疫情的内部会议的时候——有 OEM 代表参加——由本杰明主持。他们拨通 CDC 的电话,查看最新的 SLE 病例,当他们意识到最新的确诊病例来自布鲁克林(距皇后区 12 英里)时,莱顿说,在那个时候,在电话会议过程当中"每个人都站起来了"并且"开始讨论(通过他们的双向电台)"。过了一会儿,整个屋子都空了。她回忆道:"我必须告诉 CDC:'我们必须停止电话会议。整个屋子只有我一个人了。'"

官员们都冲出去,想知道这个布鲁克林的病人是否在最近的几个星期里面到过皇后区。消息反馈回来是否定的。接下来这一天,曼哈顿的疑似病例报道开始出现,这个城市面临一个不可逃避的结论:SLE 病毒已经扩散出皇后区了。现在可以推测,在一个大型的人口密集的都市,估计每平方英里有 24 000 人,病毒已经非常流行了。勒霍塔回忆道,这个"可怕的事实令人震撼。我们不知道我们正在进行什么样的工作……我们不知道是否已经有好几百号人因为这个病毒(病倒了)"。

西尼罗病毒在纽约的暴发*（C）

——倾城出动，剿灭疫情（结局）

1999 年 9 月 8 日，当听到在最初的病源地皇后区以外发生 SLE 脑炎病例的消息后，纽约市的 OEM 和纽约市卫生局的官员再次与 CDC 和州卫生署的代表们聚集在一起，商量对于日益蔓延的疾病的应对举措。他们得到的建议很明确。“我们与纽约州及市卫生部门共同建议。”CDC 的昆虫学家罗杰·纳希说，“市长应该在全市范围内喷洒杀虫剂。”

已有的信息似乎证明现在到了喷药的时候。已经没有足够的时间来建立“一个覆盖全城的综合监视体系”。纳希指出：“但是我们确实有一些病例，这必须引起高度重视。”而且，到此时为止，城内捕捉蚊子得到的数据开始逐渐汇总。据纳希称，数据显示，蚊子的感染率相当高，每千只中有 5—50 只被感染。“关于 SLE 的研究显示，当蚊群的感染率超过 3‰或者更高时，你有理由相信人群中也会有普遍的感染案例。”纳希解释说，“因此，我们认识到我们正面临一种非常危险的境地。我们同样也在关注全国人口最密集的地区之一……因此，采取强有力的措施，降低那些还在飞行中的被传染的蚊子的数量

---

* 本案例是埃斯特·斯格特（Esther Scott）为美国哈佛大学肯尼迪政府学院州和地方政府研究中心执行主任阿诺德·豪伊特（Arnold Howitt）的国家防御课程编写的。经费由罗伯特·伍德·约翰逊基金（Robert Wood Johnson Foundation）和美国司法部赞助。

刻不容缓。”

听取了 CDC 和其他人的建议后，市长朱利安尼同意了这一方案。9 月 9 日（星期四），他举行了新闻发布会，宣布 SLE 的最新病例，并提出了一个《纽约时报》称之为“庞大的”杀虫剂喷洒计划，该计划事实上覆盖了整座城市。考虑到曼哈顿区的建筑密集，夜间街道上人口稠密，该区只进行地面喷洒。但纽约的其他地区将采取空中喷洒的形式。《纽约时报》报道说，“空袭将一直持续，直到第一场雾来临气温下降为止，而那将至少是一个月以后的事情了”。

全市喷药

市长决定扩大喷药范围后，OEM 的工作量极大地增加了。该部门要面对的不是 SLE 病例集中的一个相对较小的地区，而是要覆盖一个大约 800 平方英里、有大约 300 万户居民的大城市。这包括大片的人口密集居住区、鳞次栉比的摩天高楼群、大面积的公园与动物园、数不清的棒球场以及娱乐场地。在这种紧急情况下，那种专注于特定目标的细致喷药计划几乎不可能实现。纳希解释说：“你不可能预计哪里病毒会更活跃一些，哪里风险更高，并且制订更加精确的喷药计划。”一切东西都需要喷药。

OEM 也没有书面计划或者类似经验可供借鉴。“我们以前制订的计划对此毫无帮助。”负责 OEM 喷药行动的杰里·迈克卡特这样说，“……首先，谁会想到 OEM 会与喷药打交道呢？……这通常是由公园部门或卫生部门来负责，而不是由 OEM 负责的。”他补充道：“在没有计划的情况下，很多主意都由我自己拿，同事们同我一起于凌晨 3:00 坐在车顶上盘算，好的，我们明天该做什么。”

麦克卡特描述到，许多因素牵涉其中，加剧了喷药行动的不确定性。在早上的政策会议中，他与同事问自己：“天气预报会怎么样？有宗教活动吗？城市的某处有集市吗？我们有一连串的事物需要关

注：棒球赛、小社团活动，史泰登（Staten）岛、皇后区或布隆克斯区的橄榄球赛。”对于以上每种情况，OEM 绞尽脑汁想出解决方案。举例来说，在犹太新年，就是从 9 月 10 日开始，宗教领导人担心朝圣者们结束礼拜返回家中时会赶上傍晚开始的喷药行动。OEM 执行官杰里·豪尔“会见了所有布鲁克林的拉比们”，他回忆说，他同意在节日期间推迟在犹太教教堂的空中喷药。户外运动也遇到了问题：举例来说，皇后区森林山的美国网球公开赛或在皇后区的谢伊（Shea）体育场举行的大都会队（Mets）棒球赛都遇到了挑战。在上述比赛举行的过程中，官员们试图调整喷药计划以适应特殊情况的需要。OEM 甚至照顾到了那些对马拉硫磷杀虫剂过敏的人群。“我们不得不让他们搬家。”麦克卡特说，“我们不得不让他们搬到新泽西或康涅狄格。”

向公众发出警示

随着大规模喷药行动的展开，OEM 不能再依赖小册子来通知公众在他们临近的地区将进行喷药。麦克卡特指出：“小范围还好说，但此时此刻，你面对的是大面积的区域而非几个街区，所以光靠分发小册子不可行。”官员们求助于媒体来传播喷药的消息。纽约市所有主要报纸、许多宗教和外文报纸、大多数当地的电台和电视台以及城市的网站都刊登了每日喷药的计划、地图及有关信息。“这不是小册子就能解决的那种知道不知道都行的事情。”麦克卡特说，“我们要让所有媒体都参与进来。”

但是完全知情的公众会因为喷药没能如期进行而焦躁不安。这主要归咎于恶劣的天气。豪尔解释说：“我们告诉一个社区我们将于夜间进行喷药，可随后刮风了或下雨了，我们没办法喷药。这使得人们更加焦虑。”其他未预料到的事情也会打乱喷药计划。麦克卡特回忆，一天夜里，布鲁克林区酒吧里的斗殴蔓延到街上，恰逢一组地面喷药部队进入该地区。“斗殴挡住了我们卡车的行进。”他说，“整个街道都是人在斗殴,我们绕不过去。"警察清理了该地区后,喷药队伍已经落后于计划达 3 个小时了。麦克卡特补充说,这对于进行地面喷药的伙计已经司空见惯了。"他们遇到过抢劫、车祸和其他的什么事情,然后就耽搁了。你要生活在纽约,你就得面对这些事情。"

尽管如此,工作还是完成了。全市共进行了两次大规模的喷药行动,分别在 9 月 3—13 日和 9 月 18—23 日内完成。麦克卡特说:"除了曼哈顿,每个区,或地面或空中,都喷了 2 次。"纽约"有几千英里的街道",他宣布:"我可以毫无疑问地说,每条街道都覆盖到了,因为我每一天都待在那儿……整整 29 天,我除了喷药什么都没干。"

其他措施

尽管喷药是最主要的举措,喷药并非该市面对 SLE 病毒做出的唯一反应。9 月 8 日抵达纽约,帮助建立蚊子监视体系的罗杰·纳希在他的工作日志中写道:"一个非常广泛的蚊子幼虫控制体系也于同一时间建立起来。"这包括挨门挨户地发现并使用杀幼虫剂清除居民后院、公园以及其他公共场所的蚊子繁衍地,这主要依赖于卫生部门的人员。这是一项劳动密集型的工作。纽约州卫生署副委员本说,卫生部门"动用了我们的害虫控制人员",估计约 50—60 人参加了此项工作。因为他们通常对控制啮齿类动物比较在行,"他们需要很多培训"。他补充道,"……从控制老鼠到控制蚊子是一种很大的转变"。

同时,市政府还不懈地努力让居民们习惯在户外活动时使用驱虫剂。OEM"在全市范围内发放驱虫剂",杰里·豪尔说:"我成了驱蚊剂之王。"他和同事在全美国范围内搜集驱蚊剂,而后者,随着夏季的结束已经开始短缺。纳希回忆起他坐在 OEM 位于纽约世贸中心的办公室里,望着豪尔的情景。他说:"豪尔督促他的同事们用自己的信用卡不停地给每个他们所能找到的仓库打电话。我想他们买下了密西西比河以东的所有驱蚊剂……我生命中从未见过那么多的驱蚊剂被如此迅速地采购过来，并分发下去。”大约一个月内，总共 50 万罐驱蚊剂被买来分发到纽约市民手中。

公共关系

自早期脑炎暴发之时，勒霍塔和豪尔就持续不断地向地方政府官员报告脑炎的最新发展情况。勒霍塔于星期五打电话告诉纽约市昆斯区区长，SLE 的诊断已经确认。同时，勒霍塔在劳工日的周末里也打电话通知了纽约市议会的健康委员会主席、市立法委员和议会成员，并确保纽约市主要议员们都能定期地获知脑炎发展的简要情况。勒霍塔说：“对一个议会成员来说，最糟糕的事情是没有及时通告他们脑炎的最新发展情况。”另外，勒霍塔雇用大批人员在各自的地区发放杀虫剂，并在公共场合下教临近区域的儿童如何使用和喷洒杀虫剂。看起来，所有的这些努力都取得了良好的效果。除了少数特例外，大多数地方政府官员全力支持纽约市喷洒杀虫剂的行动。豪尔说：“我们已经通告了我们认为重要的和必须通知的人。接到我们通知的人都与我们并肩作战。”

然而，普通公众的反应却是更加复杂多样的。纽约市已集中精力尽力为公众提供有关杀虫剂喷洒和脑炎暴发的稳定的信息流。据豪尔介绍，市长每天举办两次新闻发布会，向媒体介绍 SLE 脑炎的最新案情，并督促广大居民采取预防措施，预防 SLE 脑炎和杀虫剂喷洒对人体的危害。但是，政府官员也意识到，通知居民信息和教育居民预防脑炎的各种努力有时会产生意想之外的恐吓作用。纽约市卫生局局长尼尔·科恩评论：“在为公众提供可靠信息和避免产生不适当的担心、恐慌中维持平衡，绝对是一件非常困难的事情。”《纽约时报》报道，喷洒杀虫剂行动、空中盘旋的直升机和行驶于街道间宣传公共卫生预防措施的货车都大大加剧了广大居民的危机感。

《纽约时报》报道，朱利安尼谴责媒体总是在粉饰事实和传播恐慌，但是有时候，各种焦虑是在不经意间引发的。豪尔记得曾接到一位怒气冲冲的议员电话，他抗议道，尽管政府承诺制止空中喷洒杀虫剂，但是他的社区在犹太节假日期间被喷洒过。通过查询直升机的飞行记录，豪尔确信在该地区不曾有直升机喷洒过杀虫剂。但是，该议员坚持的确喷洒过杀虫剂，因为他看到头顶上有一架直升机。豪尔意识到，议员看到的只是一架媒体的直升机，而不是政府租赁的飞机。每当发现有直升机在上空飞行时，人们便会认为那是政府的飞机在喷洒杀虫剂。

每当新一轮的喷洒行动宣布时，人们对于杀虫剂喷洒和其影响的担心便会增至极点。居民拨打紧急热线电话的次数达到创纪录次数，据报道一小时就接到500个电话。为了满足该需求，卫生局增加了电话热线和接线员，高峰时期单一班次上有75名接线员同时接听电话。随着9月即将结束，纽约市SLE脑炎的死亡率并没有大幅降低，某些地区的焦虑逐渐转化为愤怒，环保主义者开始反对喷洒杀虫剂行动，布鲁克林和昆斯区的抵抗者也反对大量使用杀虫剂。豪尔认为有部分反对者是“环保疯子”。“当然，担心中也有正常合理的部分，我们也正在尽力设法来消除这些担心，然而另外一些人则是‘环保疯子’。”豪尔说，“政府在其措施选择上做了大量咨询工作，并且决定使用杀虫剂，我们使用的是科学，而反对者标榜的则是‘情感’。”

然而，“情感”因素却为纽约市，尤其是坚持喷洒杀虫剂原则的市长带来了种种问题。他对记者们说：“越多的蚊子死去，对居民将越有利。而且，也毫无理由不采用喷洒杀虫剂的方法，因为杀虫剂的喷洒并不会带来危害。因此，即使我们过度使用杀虫剂，这也不会给任何人带来危险。”但是，广大居民并不相信SLE脑炎的治疗药物比脑炎本身的危害作用要小。《纽约时报》报道，在电台的谈话节目中，人们对喷洒杀虫剂的关注比脑炎本身的关注要更加普遍。电台节目制作人说：“广大居民感觉他们并没有被告知马拉硫磷药物的长期作用。”迈克卡特认为，喷洒杀虫剂对坚信采取激进措施的朱利安尼来说是一场政治噩梦。

但是纽约州周围地区采取的措施并不够坚定，这导致了部分地区暂时性的恐慌。纽约州卫生署的流行病学家派瑞·史密斯认为，当一个立法机构决定喷洒杀虫剂，而另外一个立法机构却否定此做法时，这将是一个非常难以处理的问题。史密斯回想起，自9月中旬疑似SLE案例开始抬头时，韦切斯特市和拿骚市的官员们之间有过一次会谈，两市的官员为决定应采取何种“合适的反应措施”而痛苦。史密斯指出，两市的SLE脑炎中的确存在一些人类案例，但是它不像纽约市那样集中，数量也不大，因此存在着大量的不确定性。当韦切斯特市开始获得积极的SLE测试结果时，我们不知道是否要采取类似于用大锤拍蚊子的喷洒杀虫剂的做法，还是承担被认为是对公众健康忽视的风险，而采取不喷洒杀虫剂的做法。但是豪尔却认为，是政治上的懦弱在起作用。他认为韦切斯特市的官员们看到了可能的政治上的失败，而选择长期内不采用喷洒杀虫剂的做法。在豪尔看来，这正是一种不负责的做法，它表明一个地方政府官员不是以关心公众健康为中心，而是选择走政治路线。

一个惊奇

9月底关于采取杀虫剂喷洒做法的讨论让位于一系列惊人的消息。在9月24日（星期五）与政府官员的电话会议上，CDC宣布它将改变他们的诊断：三个星期来纽约曾一直抵抗的病毒实际上并不是SLE。病毒真实身份的发现本身是一个长期的过程，它涉及全美国各种机构和实验室的工作。该发现的本质是迟到的认识，即近几个月来导致皇后区和周围地区数百只鸟类死亡的神秘杀手，与导致人类产生脑炎症状的病毒，是同一种病毒。这种联系的建立主要归功于布隆克斯野生动物园的病理学家德蕾丝·麦克纳马拉的努力。德蕾丝是在公园的几种稀有鸟类在劳工节周末里逐渐死去后才开始诊断过程的。经过数星期鸟类和人类样本的病理检测,CDC 证实了麦克纳马拉的怀疑:导致鸟类和人类死亡的病毒完全是同一种病毒。它并不是 SLE 病毒,而是西尼罗病毒。西尼罗病毒与 SLE 属于同一家族,但是对于美国来说却是一种新型病毒,它不仅在美国从未被发现过,在西半球也从来没有被报道过。

一位 CDC 官员的话——发现西尼罗病毒的消息引起了科学界的骚动,一个新环境下的病毒的出现被认为是一种令人兴奋的、有趣的发现,而在普通公众来看则是一种尚未解决和意料之外的发现。当此消息在 9 月 25 日的报纸上出现后,政府官员急忙平息和舒缓居民对尚未控制的、奇异的新病毒的恐慌。纽约市卫生局局长尼尔·科恩指出,西尼罗病毒的危险性实际上比 SLE 病毒还要小。而且,政府官员强调,新的诊断将不会导致采取新的措施来抵抗脑炎,并将继续喷洒杀虫剂,来消灭病菌的主要携带者——蚊子,尽管其他物种(Culex pipiens 之外)也被认为可以携带此病毒。

但是到那时,除了皇后区 9 月底的简单喷洒杀虫剂之外,纽约已经完成了它的第二次大规模杀虫剂喷洒行动,整个喷洒行动已经结束。随着秋天的到来,西尼罗病毒的暴发将逐渐平息。只有到下一个夏天新的蚊子出现时,对于脑炎暴发的焦虑才会重新出现。

深　思

回过头来看,勒霍塔认为先前的错误诊断实际上是因祸得福。如果我们知道它是西尼罗病毒时,它很可能会使我们感到更加恐怖,因为 SLE 病毒曾经在北美出现,而西尼罗病毒却从未在北美发现过。他仍然认为,这在某个方面上,也产生了纽约市可信度的问题。科恩解释道,相对于纽约市对脑炎暴发反映出来的“公众信心”来说,错误的诊断只是一个小问题而已。在西尼罗病毒发现后,我们确实认识到,也许我们并不清楚我们正在做的事情。科恩认为,反对城市喷洒杀虫剂的做法的人们夸大了错误诊断的作用,让人们认为如果没有错误诊断,我们开始或许可能不会做出使用杀虫剂的决定。

为了维护纽约市采取的措施,纽约市可能会引用 CDC 的数据,说明自从 9 月 11 日全市范围的“控制措施”实施以来,纽约市再没有发生新的流行病案例。这是喷洒杀虫剂的效果,还是脑炎自我发展周期的结果,还并不清楚。但是,当秋天第一场雾宣告蚊子基本消亡时,官员开始核对数据,可以明确的是,西尼罗病毒的暴发并不像某些人所恐惧的那样具有毁灭性。1999 年全美国总共有 66 个西尼罗病毒脑炎案例被证实,其中纽约市有 46 个,其他的在韦切斯特市和拿骚市,有 7 人死亡,其中 4 人住在纽约市。

1999 年,纽约市控制流行病暴发行动的成本预计为 1 000 万美元,但是无论从经济上还是政治上,政府官员都不愿意对此成本进行再次估计。勒霍塔说:“很幸运,我们财政状况良好,处于财政盈余状态。”另外,他指出,在纽约总财政预算 365 亿美元里,1 000 万美元的花费是极其微小的。从经营的角度来说,杰里 · 豪尔所能进行的努力只能是推广更为激进的行动的公共宣传活动。豪尔说:“我们最大的失望来自与公众共同工作,和不能准确快速获得信息。我们需要不断向公众提供信息,我认为我们已经做到,但是它还可以做得更好。”但是,受西尼罗病毒感染的患者中有一半深信,纽约市已经采取了正确的抵抗病毒的措施。豪尔坚持认为:“我不会改变我们所做的任何事。事后领悟当然是最完美的,但是我们在脑炎暴发时并没有这种能力。”勒霍塔也认为:“开始时我们并不清楚有多少人将会死去。我们不得不根据当时我们拥有的信息来决定采取喷洒杀虫剂的做法。我不认为喷洒杀虫剂杀死了人,但是它却消灭了数千万(如果不是数百万)只可能将病毒传给人类的蚊子。”

教授访谈

执行跨组织行动的难题

阿诺德·豪伊特

哈佛大学教授，肯尼迪政府学院州和地方政府研究中心执行主任。他最近的研究集中于交通、环境、城市发展和危机管理等问题。他还是肯尼迪政府学院应对恐怖主义研究中心和执行会议主任。豪伊特是《联邦管理》一书的作者，《管理能力建立观察》等书的合著者。他还是《税收管理》《走向私营》《土地费用的政治经济学》等出版物的经常性撰稿人。

他毕业于哥伦比亚大学，并在哈佛大学获得硕士和博士学位。

思考问题

1. 当“西尼罗病毒”暴发的时候，纽约市的 OEM 事先准备的紧急计划方案起了什么作用？事先存在的计划是否限制了反应的灵活性？

2. 从收到纽约市卫生局最早的警告到从 CDC 得到“是一种由蚊子传播的疾病”的信息，政府对这段时间（不明朗期）利用得怎么样？

3. 政府在向公众传播“喷药”的信息时是否适当和有效?

4. 如果政府要升级为向整个城市“喷药”会面临什么样的问题和挑战?

案例核心

本案例提出的主要问题是,在危机发生的时候,如何处理跨组织的行为,特别是有些组织不在你管辖范围之内的时候。

第一,反应行为并不仅仅是被动的反应。它是在紧急的时间压力下进行计划和组织的。

第二,发挥领导力面临着来自技术的和来自公众的挑战。在这个案例中,公众很有可能会怀疑甚至抵制“喷药”的行为。政府要设计出有效的方法去说服公众和与政府合作。

问:在西尼罗病毒案例中,纽约市的 OEM 是否起了关键的作用?

答:是的。OEM 的存在的确很有帮助。名义上负责处理这次危机的机构纽约州卫生署没有足够的能力处理这次危机。比如说“喷药”这件事——纽约州卫生署从来没有做过,既没有经验,没有足够的资源去执行,也没有足够的能力去领导。OEM 能够在美国劳工节之前下午 6: 30 的时候,响应尼尔 · 科恩的紧急援助的请求,这是因为它既有资源又有动力去做。

OEM 成立于 1996 年,是市长办公室的一个组成部分。其主任杰里 · 豪尔是市长的耳目和亲信,他以前在印第安纳州工作的时候积累了大量处理危机的经验。这意味着在紧急时刻他拥有相当于市长的权威。OEM 过去曾领导城市各机构处理过各种各样的危机,计划、训练和演习,组织间合作等。它还直接参与危机处理的行动。OEM 的成员有着强烈的积极的“能做”(can do)的态度,他们是讲究结果,愿意长时间工作的人。像在这个案例中,它的成员在时间紧迫的情况下,主动地用个人的信用卡通宵完成大量的招贴印刷任务。

由于他们的特殊位置,可以与其他城市部门、其他层次的政府机构和外部利益集团建立联系。他们可以和不同机构不同层次的人建立联系,而不仅仅是它们的负责人。不仅仅是通过会议,更通过训练和演习。

OEM 的优势在于,由于平时的准备和积累,掌握了大量的信息和危机处理经验。比如,此次危机中要向大众传播"喷药"的信息,宣传招贴上需要用 27 种语言。纽约市卫生局显然不知道到哪里去找懂这些语言的人。但是 OEM 有这方面的资料准备;另外,由于任何人都知道豪尔是代表市长讲话的,这一点是不容置疑的。人们知道市长信任他。这使他有足够的权威在危机中调动资源。

当然 OEM 有它的局限性,它有针对各种紧急情况的计划,但是没有向蚊子喷药的计划。当然,他们有数年的应对恐怖主义生化袭击的训练和计划。但是,OEM 似乎有足够的灵活性和能力来调整已有的计划方案适应新的情况。

问:你如何评价在没有接到 CDC 明确信息之前纽约市政府的作为?

答:这里有个关键的战略性的选择。豪尔认识到一个假期长周末就要来临,所以他想在 CDC 有明确的指示之前动员起"喷药"所需要的资源。因为要解除动员是容易的,但是如果在 CDC 有明确指示之后再开始动员,那时时间会更紧迫,难度更大。

从政策制定的角度,关于"喷药"方案的临时性决定需要包括以下方面:

1. 政策选择:

目标是成虫还是幼虫? 目标不同,行为便不同:是向飞行中的蚊子喷药还是消灭孵化蚊子幼虫的场所?

2. 缺乏重要的信息：蚊子在哪里？事先并没有一个蚊子监控项目。要在没有充足数据的情况下作决定。

3. 在正式的鉴定结果出来之前，他们从 CDC 和纽约市卫生局接到建议，向蚊子喷药是应该做的。

4. 决定向蚊子喷药，同时也做其他的事，比如发放驱虫剂。豪尔担心的是不喷药的后果——出现了很多新的病例。这与喷药可能引起的后果比起来，显然要糟糕得多。

5. 向市长提建议，市长做出最后决定。

这里值得思考的是：当时市长有没有选择的余地？他是否应该寻找另一种专家意见？

问：他有必要这样做吗？当他周围所有的人都建议他做同一件事的时候？

答：从这件事上说，显然他听从专家的意见后来证明是对的。对他来说在这种情况下要做出一种不同的决策是非常困难的。但是，让我们这样来想一想，如果后来证明这件事是错的，比如说如果出现了这样的结果，由于向蚊子喷药而使人中毒甚至死亡，那么将是市长受到责难而不是那些专家，因为他是最终决策的人。因此这里要提出的问题是：市长是否应该多征求一下不同意见，问一个在亚利桑那州的专家，问一个在亚特兰大的专家。我的意见是：是的，领导者应多征求一些不同的意见。

问：你刚才讲了“政策制定”，在“动员组织系统”和“落实运作能力”方面有哪些因素是应该考虑的？

答：政策制定、组织动员和落实运作能力是成功领导一次行动的三个重要方面。在组织动员方面，领导机构在明确的权威——市民选出的市长的领导下，他直接和间接主管着许多参与其中的机构。很自然，其他一些他不直接主管的机构也会被“吸引”着主动参与到整个事件中。

OEM 成员制订了明确的短期的行动计划、6 小时计划、12 小时计划和 24 小时计划。

OEM 主要成员实地考察,以弄清现场工作到底需要什么。

让城市管理的其他部门也参与进来,卫生、公园、环境保护等。并对形势进行评估。

在重点地区安排指挥车就位,配备复杂的通信设备和会议功能。

早期与州政府和乡镇政府联系,寻求建议和参与。

在落实运作能力方面,纽约从来没有过有组织地向蚊子喷药的行动。没有经验,也没有相应设备。纽约市卫生局有责任但是没有能力执行。OEM 承担了这个责任。需要的设备有:从私人公司租来的直升机,借来的卡车和从附近镇"借"来的支援人员。虽然双方有双边支援的协议,但是纽约仍然愿意支付超时工作的报酬。

这里要注意的要点是:要积极地消除组织障碍去获得所需要的援助(请联想从前的一个案例,谁来支付费用的问题使整个双向援助计划最终失败)。纽约市城市的规模和财富当然是个有利条件,事情可以先做,付款的事容后再议。

问:在做出"喷药"的决策之后,与之有关的公众传播策略是否适当和有效?

答:先进行了 5 天的在皇后区和部分布隆克斯试验性的喷药。然后,他尽了"最大努力"提前通知市民"喷药"的消息。

主要方法有:通过城市公务员一户一户地敲门通知;调用不同部门的户外城市管理人员,如卫生部门和公园的人员,警察和其他"原来就在外面的"人员;运用"广播车"沿街广播;印制 100 000 张广告传单;几乎被"打爆"的热线电话。

不容置疑,以上办法仍然有"打中"和"打不中"的问题。仍然会有些人不知道这件事。另外的担心就是让城管人员离开原来的工作岗位来做这件事会不会影响原来的工作。这么多人打热线电话显示公众非常担心“喷药”这件事和正在流行的疾病。

其他的宣传渠道：

大众媒体，特别是广播和电视。思考题：大众媒体愿意报道这样的信息吗？志愿者组织呢？是否可以在超市和教堂里散发信息？

谁会关心“喷药”可能会不安全？

问：案例讲的是“喷药”升级为全市范围之后的政策制定，这时候会有什么新问题出现？

答：以下问题是应该考虑到的：

是否有足够的设备？包括空中的和地面的。新的合作者准备好了吗？

事先没有计划。甚至从没有想过这是 OEM 的功能。因此，一切都是临时性的，是深夜在指挥车上计划出来的。

在地区上如何安排先后？最优先考虑什么？问题的复杂性在于，对问题（蚊子）的地点和严重程度不确定；总面积 800 平方英里，人口密集，有 300 万户人家。复杂性还在于，天气和户外活动（像球类运动和宗教活动）使提前做出详细计划很困难。虽然如此，两个全市范围的喷洒计划还是进行了。

一户一户地寻找蚊子幼虫不仅工作量太大，而且需要培训人员。所以重点放在向市民发放蚊子杀虫剂。

与各区长和委员会成员沟通，让他们直接参与和支持此事。

在与公众的沟通方面，也比第一阶段复杂得多。

直接上门通知在全市范围是否行得通？有没有足够的宣传车？热线电话呢？要有一个小时之内处理 500 个热线电话的能力。宣传单能否达到全市范围？互联网能否用得上？

与大众媒体的沟通，以求达到最广泛的覆盖面。

市长经常性的新闻发布会，并有专家在场辅助。

动员起主要的报纸、不同种族不同语言的媒体和地方电视和广播电台播报当天的行动和区域。

但是传播信息的时候有时会产生传播恐慌的效果。不希望看到的媒体报道和信息公开会产生不利影响。朱利安尼责备媒体的有些报道“歪曲事实”。

公众会大喊大叫吗？什么人会觉得喷药不安全？如果动物保护组织和绿色和平组织召开新闻发布会指责这种行动会破坏环境和地表生物怎么办？

这里要思考的问题是：如何与公众沟通风险？过分强调风险会使大众恐惧和不安，沟通不足又会使大众重视不足。如何平衡这其中的关系？

问：这次对在纽约爆发的西尼罗病毒的控制看来是成功的。但是似乎成功带来了责难。人们认为当时似乎是过度反应。你怎么看？

答：是的，当死亡人数比预期的要少的时候，环境保护者们开始公开指责对杀虫剂的过量使用。在皇后区和布鲁克林出现了游行和抗议。

市长的反应是：“蚊子死得越多越好。”因为“当时不知道看到的是冰山的一角还是整个冰山”。

拿骚和韦切斯特没有喷药，那里后来真的有几例病例。但那里不像纽约那样人口密集。那里的官员后悔为什么当时该做而没有做。

当发现脑炎原来是西尼罗病毒的时候，又激起了更激烈的批评。虽然可能应对措施是一样的。一位纽约市副市长说：“开始时鉴定错误（指以为是脑炎）我看是件好事，要不然会引起更大更深的恐慌。”

美国邮政系统的炭疽病危机*

2001 年 10 月 21 日,星期日,美国华盛顿的一个邮件分拣工人死于炭疽病——一种实际上已经有一个世纪没有出现的疾病。第二天,同一个分拣中心的第二个员工死了。对炭疽病的恐惧已经影响到公众:佛罗里达和纽约的媒体工作者也有人染上了此病。更有甚者,美国参议院多数派领袖汤姆·达什勒(Tom Daschle)收到了一封装满炭疽粉的信,他的员工都需要服用抗生素,并且美国参议院和众议院都由于炭疽病检验而关闭了。直至邮政工人的死亡,炭疽病攻击的对象似乎只是媒体和政治人物。然而,邮政工人的死,使得公众的危机感迅速膨胀。最近恐怖分子的"9·11"劫机事件已经破坏了美国人的安全感,这次新的威胁更是点燃了公众心中的恐惧。

几乎一夜之间,美国邮政服务局(The United States Postal Service,以下简称 USPS)发现自己处于国家安全和公众健康的注视之下。USPS 是当时美国除沃尔玛之外的第二大企业,它的服务延伸到数以百万计的美国家庭。现在它却成了一个恐怖主义的载体——拥有邮箱的任何人都感觉到了威胁。没人知道谁会受到攻击,攻击的广泛性如何,炭疽病到底是怎么回事。在这场骚乱中,USPS 需要

---

* 本案例由美国哈佛大学肯尼迪政府学院的克里斯滕·伦德伯格(Kirsten Lundberg)编写。本案例在编写过程中得到了美国交通部和罗伯特·伍德·约翰逊(Robert Wood Johnson)基金的资助。

超负荷运转,来完成三重任务:确保公众的安全,确保员工的安全,并且还要投递邮件。

炭疽病年表——早期

到后来演变成美国邮政系统危机的事件,在开始的时候看来并不那么有威胁。炭疽病攻击的第一个案例发生在佛罗里达。据推测,一封含有炭疽粉的信件(未发现)被投递到出版《太阳报》的美国媒体公司(American Media Inc.,以下简称 AMI)的波卡莱顿总部。2001 年 9 月 30 日,星期日,《太阳报》的图片编辑罗伯特·史蒂文斯(Robert Stevens)病了;第二天,AMI 的邮件室员工艾默斯托·布兰科(Ernesto Blanco)由于心脏问题被送到医院,他咳嗽、发烧并且感觉疲劳。10 月 5 日,星期五,史蒂文斯死于炭疽病——美国自从 1976 年以来的首例病例,并且整个 20 世纪记录在案的也仅有 18 例。

炭疽病是一种丑陋的疾病,并且是一种致死性的不治之症。当炭疽孢子(生活在土壤中并且由有蹄动物传播)进入人的淋巴结,长成炭疽杆菌,炭疽病就发生了。炭疽杆菌使肺组织退化,促进体液产生,最终减少氧的供应。早期症状和流感类似:打冷战、发烧、恶心和呕吐。一旦这些症状产生,抗生素的作用就很有限了。但是炭疽病很难确诊——孢子通常是很重的,有黏性并且很难吸入,医学界一致认为需要 8 000—10 000 个孢子才能感染炭疽病。然而通过接触,孢子能够带来另一种较为温和的疾病形式:皮肤性炭疽病。抗生素(或强力霉素)可以治愈皮肤性炭疽病,并且对早期发现的吸入式炭疽病有一定疗效。

CDC 介入

史蒂文斯病例引起了位于亚特兰大的 CDC 的注意,CDC 是美国卫生与公众服务部(Health and Human Service,以下简称 HHS)的一部分,与美国国家卫生顾问以及其他合作者一起,负责监控和预防疾病的暴发,实施疾病预防战略,进行国家卫生方面的统计。应佛罗里达公共卫生机构的要求,CDC 于 2001 年 10 月 4 日(史蒂文斯被确诊的那天)派出了一个由流行病学家和实验室科学家组成的团队。史蒂文斯的雇主 AMI,询问 CDC 是否需要关闭他的办公楼,CDC 认为不需要。但是第二天,这个团队清洗了 AMI 的邮件室和史蒂文斯的计算机键盘,并且发现了炭疽污染物。AMI 于 10 月 7 日关闭了总部。FBI 于 10 月 8 日以"犯罪案件"的名义接手了此案。

同时,CDC、HHS 以及白宫都向公众保证,史蒂文斯事件只不过是一个独立事件,并非有坏人作祟(布兰科在 10 月 15 日才被确诊为炭疽病)。HHS 的秘书汤米 · G. 汤普森(Tommy G. Thompson)10 月 4 日说:"这是一个'孤立'事件,不是传染性的,不是恐怖主义。"10 月 9 日,美国总统乔治 · 布什告诉美国公民,佛罗里达的事件是:"一件很'孤立'的事件。"

USPS 警惕

10 月 8 日,哥伦布日,USPS 的公共关系副总裁阿泽莱 · 贾弗(Azeezaly Jaffer)看了晚上 9:00 的一则将史蒂文斯之死与一封信联系起来的新闻报道之后,感到无论孤立与否,都必须马上行动起来。他回忆道:

> 三件事交织在我脑海里。第一,80 万 USPS 的员工会突然开始为处理邮件担心;第二,这将迅速转化为公众事件;第三,这将使每天处理 5 亿个邮件的企业突然停滞,同时也将使美国经济完全停滞。

如果邮政服务确实被涉及了,贾弗首先需要引起员工和公众的关注。所以，当晚贾弗与他的危机处理小组的两个同事一起，来到办公室，写了一个内部“通知”，告知所有员工没有确定炭疽病是否与邮件有关，并且就如何处理可疑邮件发出了指导。那天晚上，贾弗工作到凌晨 2:00。随后的一个星期，他的办公室每天 3—4 次向员工发布消息，并且激活了一个网站来向员工发布必要的消息。“从 10 月 8 日开始，我有意使 USPS 的声音大过其他任何人的声音。”贾弗说。

> 我们要确保我们的员工和工作团队从我们这里得到第一手资料，而不是从新闻中得到。

贾弗的警告很快就产生了作用，从 10 月 12 日起，调查揭示出佛罗里达的事件并不是孤立的。那天，美国国家广播公司（National Broadcasting Company，以下简称 NBC）新闻的编辑汤姆·布罗考（Tom Brokaw）38 岁的助手艾林·奥康纳（Erin O'Connor）被确诊为皮肤性炭疽病。接下来的一个星期，其他一些皮肤性炭疽病被证实：ABC 报道一个工人 7 个月大的儿子染病；10 月 18 日，美国哥伦比亚广播公司（Columbia Broadcasting System，以下简称 CBS）新闻助理克莱尔·弗莱切（Claire Fletcher）测试出阳性反应；10 月 19 日，《纽约时报》证实，助理编辑约翰娜·休顿（Johanna Huden）染上皮肤性炭疽病。

贾弗的担心得到了证实，所有这些病例中共同的罪魁似乎都是被污染的信件。10 月 18 日，FBI 获知，含有炭疽粉的信件从新泽西的特伦顿寄往 NBC 新闻和《纽约时报》（可能也有信件被寄往 CBS 和 ABC，但是未被发现）。10 月 19 日，一封未开封的信在休斯敦位于《纽约时报》的工作地点附近发现，这给了当局第一次以第一手资料研究炭疽病如何在媒体员工中传播的机会。这种传染物看起来十分粗糙，好像婴儿奶粉。尽管这种颗粒可以在空气中飘浮，但是会很快落回物体表面。令人鼓舞的是，它的毒性仅限于直接接触的人。

“我们认为不必为公众卫生担心。”纽约城市卫生委员会的尼尔·L.科恩(Neal L. Cohen)博士说。

达什勒信件

这样的声明并不能平息公众的情绪,在听到数百例可疑粉末的报道之后,公众忙着准备防毒面具和抗生素类的药品。这种焦虑是很有理由的:4天前,10月15日,星期一,参议院主要领导人汤姆·达什勒位于哈特(Hart)参议院办公大楼的办公室收到了一封装满炭疽粉的信,如布罗考的信一样,这封信也是寄自新泽西州的特伦顿,回信地址是一所小学。当天早晨,一个实习生打开了这封信——10月9日寄出的、封得很密实的信,白色的粉末撒了出来。达什勒参议员的一个助手当时正在隔壁的房间开会,听闻此事,立即中止了会议,幸好达什勒参议员当时不在场。警察封锁了现场,将在场的员工隔离并且进行了现场检疫检验,炭疽反应呈阳性。

当天下午,所有达什勒办公室的成员都服用了抗生素。当天晚些时候以及第二天,数以百计的哈特办公大楼的员工(一些并不靠近达什勒的办公室)进行了鼻部擦拭检验,以确定他们是否感染了泄漏的炭疽粉:结果有28个人反应呈阳性,其中一些人的工作地点在达什勒参议员办公室的楼下。所有愿意服用的人都给了抗生素。星期二,一半的参议员办公室都位于其中的哈特大楼关闭了。星期三,众议院关闭以备检验。星期四晚上,众议院和参议院的办公大楼关闭了。星期五,参议院关闭。

美国国会山的警察将取自达什勒办公室的样品和那封信一起,送到了位于马里兰州德特里克堡的USAMRIID进行检验,而不是像纽约和佛罗里达的病例那样,送到CDC进行检验。到了星期一晚上,来自德特里克堡的报告说,他们的科学家根据其中的一种成分,“在某种程度上觉得这种粉末非常可疑……它是一种很细的粉末,很容易进入空气中”。达什勒星期二证实：“我们被告知这是一种很厉害的炭疽粉，可以引起很清楚的炭疽病。很明显，这种粉末是被一些知道如何制造它的人有意制造的。”

但是这个星期的晚些时候，美国总统布什的国家安全发言人汤姆·里奇（Tom Ridge）以及其他的一些发言人普遍采用了温和的语调。CDC将达什勒信件这件事称为“自然发生的”，并且德特里克堡的司令官约翰·S. 帕克（John S. Parker）将军将其称为“花园中的花样”。与此同时，恶作剧也开始了。10月18日，检察官约翰·阿什克罗夫特（John Ashcroft）说，官方已经受理了2 300例炭疽粉怀疑个案，其中不少是恶作剧，他威胁说将要对制造恶作剧的人提请诉讼。

尽管有这些保证，美国很多州仍处于高度戒备的状态。没有人能决定这场危机的程度，这是对手发动的生物攻击，还是一个对政府和媒体不满的化学家的作为？USPS的领导不知道还有什么将要发生，也不知道能为此做些什么。USPS负责政府关系和公共政策的高级副总裁德布拉·威海特（Deborah Wilhite）说：“在这个时候，它似乎是针对媒体的，但是看来它也能祸及我们，所以我们必须十分小心。”

邮政业务

USPS有充分的理由担忧：炭疽粉信件是通过邮件的形式传递的。尽管看起来USPS并不是恐怖主义生化袭击的目标，但却成了传递工具。如果说公众现在还没有充分认识到这一点的话，也会很快对此有所认识。事实上，在达什勒信件事件后，美国国会已经将所有于10月12—17日之间收到的信件进行隔离检查。如果国会不再相信它的邮件，那么距离广大的公众不再信任邮件还能有多久呢？

USPS对危机并不陌生：它经历了著名的泰德·卡茨扬斯

基(Ted Kaczynski)邮包炸弹事件,也经历了愤怒的邮政员工枪击事件。它有专业的危机处理部门。具有讽刺意味的是,美国邮政系统多年来一直在进行处理炭疽恶作剧的演习,但是事情真的来了,却又不知所措。事实上,自从"9·11"事件以来,USPS已经研究了它的车辆被用作恐怖袭击的工具的可能性,但是,按照技术安全副主任詹姆斯·罗恩(James Rowan)的说法,没有人想到炭疽粉信件。在如何应对突发的炭疽粉事件方面,USPS缺乏明确的指导。

这时,如果发生公众信任危机,将是USPS所不能承受的。这个行业本来就有点麻烦,它需要它所能得到的每一个客户。"9·11"事件已经造成了邮件总量7%的下跌,并且这是自20世纪30年代的大萧条以来的最大的下跌。但在"9·11"事件之前,邮政系统也总是处于麻烦之中。自从1970年邮政重组法案公布后,USPS就成为一个类似官方的机构——一个自负盈亏但是由美国联邦政府拥有的企业。不幸的是,这使USPS既要遭受公营机构的大部分不幸,还只能享有私营企业的些微好处。USPS的收入是不需要纳税的,但是与此同时却不允许随意调整邮政的收费甚至工资。关闭小的、低效率的邮局是受到政府限制的,罢工也是非法的。

在这些限制下,USPS于2001年产生了16.5亿美元的赤字,在没有考虑炭疽病影响的前提下,2002年的预算赤字是13.5亿美元。与此同时,它却是一个巨大的企业,一些人认为它是美国经济的组成部分,不允许失败。USPS价值700亿美元,有80万员工,是继零售业巨头沃尔玛之后的美国第二大企业。它的3.5万个邮局,深入85个地区,每天处理5亿个邮件。整个邮政行业(目录邮购、快递等)是经济的重要组成部分,估计产值为9 000亿美元,或者说占GNP的8%。

美国国会隔离检查邮件的决定不仅给USPS的业务带来威胁,而且还有第二层意思:在邮件到达国会之前,是这些人在接触邮件,如果国会的邮件真是危险的,这对USPS员工的安全意味着什么呢?

我们应该为邮政工人作检查吗?

从星期一以来,总经理约翰·杰克·波特(John Jack Potter)以及其他一些 USPS 的领导就不断被追问邮政工人是否安全,尤其是华盛顿布伦特伍德分拣中心的工人。副总裁威海特说:“从对这种泄漏的白色粉末的描述,从国会的医生将如此多的建筑物都隔离了这个事实看,我们非常确信布伦特伍德分拣中心以及我们的员工已经受到了污染。”在佛罗里达也面临着同样的问题,2001 年 10 月 15 日,星期一,在处理 AMI 邮件的波卡莱顿邮局发现了炭疽孢子。USPS 转向公共卫生机构寻求答案。

公共卫生

美国每个州都有自己的公共卫生部门,由本州的卫生委员会领导。少数大城市,如纽约和华盛顿,也有独立的卫生部门,它的主要卫生官员由市长任命并向市长负责。州和地方的卫生部门不向其他任何联邦机构负责。州公共卫生部门负责监控公共的以及私人的卫生服务组织,同时也负责调查疾病的暴发情况。如果医生或者医院对某一个病例有所怀疑,就将其报告给地方卫生部门。当发生了危及公共卫生的事件,州或地方的卫生部门就要通知医生和医院。州卫生部门还决定是否请求 CDC 的协助,因为 CDC 只有在州卫生部门的邀请下才参与某个社区的工作。

10 月中旬,USPS 不但已经在佛罗里达州与公共卫生部门开始协作,并且还正在新泽西州联系公共卫生部门。而在纽约,自“9·11”事件(13 个部门当时暂时关闭)以来,卫生部门就一直与 USPS 保持着密切的联系。在华盛顿,因为首都的关系,司法权的问题很复杂。位于华盛顿的特区卫生署(Department of Health,以下简称 DOH)有权监控美国大部分城市,但是美国联邦政府所在地是独立的。所以美国的首都有自己的医疗系统,例如白宫,以及许多军方的部门等。

对 USPS 来说，在华盛顿的指导部门是 DOH。

华盛顿的首席卫生官伊万·C. A. 沃克斯(Ivan C. A. Walks)说，自从 10 月 15 日听说了达什勒信件事件后，DOH 启动了它的相应程序，要求 CDC 及早介入。DOH 要求，如果炭疽病得到了确认，CDC 要派出一个工作小组。10 月 16 日凌晨 4:00，炭疽病得到了确认，7:00 工作小组到达。DOH 给这个小组提供了一个工作空间，来建立华盛顿的工作流程。但这时 CDC 仍然只起着咨询的作用。"做事情的最终责任在于你怎样安排事情以及你做什么。"沃克斯说，"那些事情仍然由地方上负责。""DOH 起协助作用。"他补充道。

> 这件事可以始终由联邦政府负责，从达什勒办公室到 USPS……并且地方卫生部门的介入程度也可以很小……但是我们卷入了许多事情，因为我们事先有一个完整的程序，并且我们 DOH 有相应的人员，尤其是在环境卫生领域。

在如何与 USPS 接触方面，没有任何书面的政策或程序指引，沃克斯解释说："从没有想到过需要和 USPS 接触。"但是在 10 月 15 日的那个星期，USPS 与 DOH 以及刚刚参与进来的 CDC 的官员联系，问布伦特伍德是否需要做炭疽病检验。USPS 的官员彻底弄清了达什勒参议员的那封信在到达之前经过的路线，而布伦特伍德就在这条路线上。

路　线

蒂莫西·黑尼(Timothy Haney)是布伦特伍德的高级现场经理，这个分拣中心负责所有寄往美国政府的信。星期二，他利用这封信的条形码查清了这封信经过的路线。他推断这封信发自新泽西州特伦顿的哈密尔顿镇，经过布伦特伍德到国会信件的 P 街分拣中心，然后经过德克森(Dirksen)参议员办公楼的邮件室，最终到达哈特大厦。USPS 的安全主任萨姆·波卡兰诺(Sam Pulcrano)回忆:“我们向CDC 咨询,努力想弄清如果这封信经过了我们的机构,会给我们的员工造成什么样的潜在影响,我们需要做些什么呢?”

“无威胁”的安慰

但是 CDC 和州政府官员将邮政工人置于危险之中——在布伦特伍德或在其他地方。在特伦顿,州卫生官员 10 月 14 日告诉邮政工人炭疽病检验并不是“医学上的必需”。在华盛顿,沃克斯证实:“我们仍然假设,唯一可能对人员有威胁的地方是哈特办公大楼。”CDC 的官员向 USPS 保证炭疽粉的泄漏对 1 800 名布伦特伍德的工人(USPS 的公告显示其中 1 500 人“碰了这封邮件”)没有威胁。副总裁威海特说,CDC 拒绝给 USPS 的员工做鼻部擦拭测试,或者向他们派发预防性的抗生素。CDC 有几个很有说服力的理由:

- 仅仅是打开这封信的人,或是打开信时在附近的人病了。
- 至少需要 8 000—10000 个孢子才能将人感染成吸入式炭疽病,所以仅仅在炭疽粉末的传递路线上并不是一个危险。并且,炭疽粉很重、很黏,会附着在表面。
- 达什勒的信件包裹得很严实,孢子不会从信封中泄漏。
- 没有邮政工人染病。

“他们说在邮局里完全没有染上炭疽病的危险,在布伦特伍德这封信没有打开,没有任何炭疽粉泄漏,所以邮局和员工都不需要检验。”威海特回忆。“他们认为在这种情形下不需要检验,因为他们相信科学。”人力资源高级副总裁苏珊娜·梅德维多维奇(Suzanne Medvidovich)证实。

事实是在布伦特伍德没有人染病,并且,在过去需要大量的炭疽孢子或大面积地暴露于炭疽孢子中才能置人于死命。所以他们相信历史数据。

新闻发布会

USPS 接受了 CDC 的保证。事实上，10 月 18 日，FBI 和 USPS 联合举行了新闻发布会，向公众发布信息说这个邮件是安全的，布伦特伍德是安全的，如果谁提供信息，抓住炭疽邮件背后的真凶，将获得 100 万美元的奖励。“是我作了这个决定。”USPS 公共关系副总裁贾弗说，“因为我告诉总裁，我们向每个人说明工作场所是安全的（并且科学已经证明它是安全的了）唯一办法，就是要发挥我们的领导能力。”大约 100 个记者参加了发布会，与会者还有波特、FBI 副主任托马斯・皮卡德（Thomas Pickard）、肯尼斯・韦弗（Kenneth Weaver），以及福克斯（Fox）电视台的节目主持人约翰・华莱士（John Walsh）。波特发布了一个令人安慰的信息：“炭疽孢子泄漏出信封进入工作场所的机会是微乎其微的。”

尽管公众都已经表现了自信，USPS 的总经理波特还是采取了一些预防措施。2001 年 10 月 15 日，星期一，他宣布成立一个邮政安全小组，成员有 USPS 的领导以及工会代表，作用是研究邮政系统的生化危害。在公共方面，USPS 宣布将向 1.35 亿个美国家庭发出明信片，发出生化危险的警告，并且说明如何处理可疑邮件。他还宣布将尽快向所有员工提供手套和面具。首批得到这些手套和面具的将是新泽西、佛罗里达、纽约和华盛顿。波特星期三还决定由 USPS 出资，聘请一家私人公司，在星期四对布伦特伍德进行检验，并要求所有可能涉及炭疽病的员工都要进行炭疽检验，费用均由 USPS 承担。

不安加深

所有 USPS 的人都愿意相信 CDC 的说法，并且还反过来安慰公众。但是星期四和星期五又发生了一系列情况，USPS 的领导层不知道该何去何从了。星期四早上 7:30，副总裁威海特有一个会谈。她和其他的 USPS 官员，以及参议院的阿尔·伦哈特（Al Lenhardt）警官讨论如何处理参议院的邮件。有人偶然提到调查发现了四个"疑点"，德克森参议院办公大楼的邮件室与哈特大厦离得很远。对威海特来说，这是个紧急情况，她知道达什勒信件在去哈特的途中曾经过德克森大厦。她推断如果在德克森大厦有炭疽孢子，那么在布伦特伍德可能也有。会后，威海特问她的同事们："你们觉得有什么启示吗？"

星期四在参议院开会之后，威海特决定将 CDC 和华盛顿卫生部门扯进来——尽管他们保证没有危险。她给波特打了电话，后者又给汤普森打了电话，到了星期四的晚上，CDC 主任杰弗里·P. 科普兰（Jeffrey P. Koplan）博士答应派一个小组，星期五给布伦特伍德做检验。

哈密尔顿镇

正当 USPS 开始越来越担心布伦特伍德的时候，从新泽西又传来了坏消息。星期四，法案总监唐纳德·T. 迪弗朗西斯科（Donald T. DiFrancesco）宣布西特伦顿的邮递员特里萨·赫勒（Teresa Heller）感染了皮肤性炭疽病。赫勒是已确诊的邮政工人感染炭疽病的首例。国家安全主任里奇指出西特伦顿是布罗考和达什勒信件曾经经过的地方。

新泽西的病例对 USPS 来说意味着情况不妙。从西特伦顿到哈密尔顿镇中转中心，信件要经过特伦顿地区的 46 个分支机构。邮政当局刚刚在 10 月 15 日，星期一，对哈密尔顿镇的工人保证说工作场所没有受到污染，但是星期三的检验从 23 份样品中发现了 13 份炭疽检验阳性。星期四，赫勒确诊的那天，USPS 关闭了哈密尔顿镇以备进一步检验。星期五关闭了西特伦顿邮局。也是在星期五，哈密尔顿镇的维护工人帕特里克·奥丹尼尔(Patrick O' Donnell)也被确诊得了皮肤性炭疽病。

由于形势恶化,新泽西州卫生法案委员会的乔治·T.迪芬迪南多(George T. DiFerdinando)博士在星期五决定不理会CDC的保证,建议哈密尔顿镇所有的工人服用抗生素。由于缺乏准备,州卫生机构不能提供足够的药物,甚至建议工人看看自家的私人储藏中是否有此类药物。药物的短缺导致大家对哈密尔顿的市长很有意见。在地方医院的帮助下,市长才能提供足够的抗生素,由医院免费派发给邮政工人。

布伦特伍德检验

同时,布伦特伍德按计划如期进行了检验。星期二晚上,USR公司,一家与邮政服务有合作协议的工业卫生检验公司,取走了样品。当穿着白色防护服的检验人员进入工厂的时候,一个工人问:“你们为什么只检验机器,而不检验我们呢?”工厂经理黑尼向工人保证,如果发现什么,就会向工人提供抗生素。但是结果要3天后才能知道。所以USPS又要求另一个部门做了一个快速的现场测试。这个测试结果呈阳性——但是这种测试的准确性只有50%。10月19日,星期五,CDC也到布伦特伍德进行了检验。和USR公司一样,检验结果也需要几天才能揭晓。

等待未知的结果

USPS在等待检验结果的时候,仍然认为这场炭疽袭击虽然严重,还是可以用传统的危机处理方法解决。两个新泽西工人得了皮肤性炭疽病确实引起了不安,但是对病人的治疗还是有效的。无论如何,事件促使USPS成立了一个新的邮件安全任务小组,是波特在星期一要求成立的。到了10月19日,星期五,小组已经召开了第一次会议,讨论生化危害和邮件安全。任务小组由公司的高级管理人员和工会官员共同组成。这次会议的主要目的是平息公众的担心。那个周末,公共关系副总裁贾弗安排总裁波特参加了好几个新的电视节目以及脱口秀,向公众保证没有新的证据表明炭疽袭击会造成更大的伤害。

USPS 当时并不知道,就在星期四晚上,弗吉尼亚州伊诺华医院的塞斯勒·默菲(Cecele Murphy)博士给华盛顿卫生部打电话,报告了一个怀疑炭疽病的病例:布伦特伍德的 56 岁工人利奥莱·里士满(Leroy Richmond)得了炭疽病。里士满的夫人星期五晚上曾经到邮件工厂看望丈夫,因此也在做炭疽测试。但是在 10 月 20 日,星期六,贾弗在外面的一家体育馆工作的时候,接到了一个电话,证实了他最为恐惧的事情:华盛顿卫生官员将宣布一个布伦特伍德的员工得了炭疽病。威海特也被告知说,市长将要举行一个新闻发布会。

贾弗说,从逻辑上,在 USPS 做出反应之前,全市就已经知道邮政工人病了。

> 我们不是医学专家,也不是卫生专家,所以我们依赖并且还将依赖 CDC、HHS,以及地方卫生部门的帮助。所以确诊炭疽病人这样的消息不可能出自我或是美国邮政服务系统的其他任何人。

星期六贾弗将要来一个公共关系的大动作。没有人知道里士满是怎么染病的、其他人有没有像他一样的病。贾弗要尽最大努力弄清感染的程度。他召集了他的副手艾琳·莱里科斯(Irene Lericos),以及外部沟通经理约翰·伦纳德(John Leonard),他们星期六晚上在办公室工作了一夜。

与此同时,副总裁威海特和梅德维多维奇前往华盛顿会晤华盛顿市市长安东尼·A. 威廉斯(Anthony A. Williams)以及华盛顿卫生官员沃克斯,威海特说:“我很愤怒,在邮政员工都没有做炭疽检测,甚至没有派发抗生素的情况下，市政府官员就要宣布这么一个令人震惊的消息。”威海特甚至还给华盛顿女议员伊力安诺·赫尔姆斯(Eleanor Holmes)的家里打电话，以取得她的支持。威海特说：“沃克斯认为大家需要立刻知道到底发生了什么……我说，对，但是你不认为应该时时给人们希望吗？”

> 你已经看见这些白人了，他们和达什勒的办公室隔着5层楼，每天吃着他们的小药片。你们也看见我们工厂的黑人了，他们和那些信只隔着一个箱子，这些人告诉他们说：“先等等，看看这些染病的人会不会死。”

市长同意将新闻发布会推迟，直到里士满的情况能够得到确认——新闻发布会的日期定在星期日。在取得了同意后，沃克斯在紧急事件室召开了一个发布会，宣布在三个染病的病例确诊之前，那些有感冒症状的工人将不会被当作呼吸系统炭疽病来处理。威海特回忆道：“梅德维多维奇和我一听都炸了，我们说，看这事，我们的总裁可是告诉我们的人说，如果他们感到担忧，就到急诊室去领抗生素啊。USPS会付费。我们不是医生，我们不能开处方，但我们保证我们会付费。”

梅德维多维奇说，星期六晚上，她和安全主任波卡兰诺、环境政策经理丹尼斯·巴卡(Dennis Baca)、运营总监多纳霍(Donahoe)、威海特以及其他公关官员到布伦特伍德拟订了一个计划，以备炭疽病一旦被确诊就关闭工厂。“我们不得不去那里，不得不评估形势。”她回忆。这一组人在楼上开会，在黑板上画详细的图，说明一旦布伦特伍德关闭了，邮件将按什么路线投递。波卡兰诺还和美国环境保护局(Environmental Protection Agency，以下简称EPA)联系，寻求在布伦特伍德和另一个达什勒邮件经过的地点哈密尔顿镇的合作。“我们需要专家。”波卡兰诺说，“基本上，炭疽病显然不是我们愿意处理的。但是它来了，带来了一些大部分人都没有面临过的事情。”

坏消息和更坏的消息

10月21日,星期日早上7:00,CDC的华盛顿官员里马·卡巴兹(Rima Khabbaz)在家里用手机打给沃克斯,证实里士满是吸入式炭疽病。CDC也没预料到这个结果。沃克斯的副手拉里·西格尔(Larry Siegel)说,CDC的科学家也"感到很震惊"。调查人员很快查明,里士满每天负责将特快邮件从巴尔的摩—华盛顿国际机场附近的一个工作场所带到布伦特伍德。达什勒的那封信并不是特快邮件,但是10月11日,里士满自愿清理了布伦特伍德的邮件分拣机。

USPS也知道了这个消息。现在毫无疑问布伦特伍德要关闭了。星期日早上10:30,安全主任波卡兰诺电话通知环境经理巴卡,布伦特伍德正在关闭,并且由巴卡负责对这个建筑进行清理。巴卡立即打电话给布伦特伍德的环境协调员(在USPS系统中唯一受过训练的紧急状况指挥官)、退伍军人约翰·布里奇斯(John Bridges)。布里奇斯和其他的一些在现场的EPA的协调员对布伦特伍德进行了6个小时的检查。到了晚上,布里奇斯和巴卡达成共识,由布里奇斯负责日常清洁程序,巴卡许诺布里奇斯能避免不必要的干涉,给他所要的东西。

星期日下午,华盛顿市市长威廉斯如期举行了新闻发布会。他说:"我们愿意做任何我们能做的和我们需要做的事……以确保人们在需要的时候能得到治疗。"他指示布伦特伍德的1 800名员工向星期日或星期一成立的位于市区的指挥部报到,然后到华盛顿总医院(曾经被关闭)进行鼻部擦拭检测,并领取10天剂量的抗生素。

但是星期日晚上事情变得更糟了。8:45另一个布伦特伍德的工人——小托马斯·L.默利斯(Thomas L. Morris Jr.)在马里兰医院死于吸入式炭疽病。默利斯在生病致死的过程中一直在医治,但是没有人确诊他是炭疽病。USPS甚至不知道默利斯病了。星期一下午,第二个布伦特伍德的员工,约瑟夫·P.克塞因(Joseph P. Curseen)死于马里兰医院，他是当天早上被救护车送到的，并且马里兰医院头天晚上刚刚让他出院回家。USPS 的总裁波特星期一正在丹佛参加一个重要的客户会议，发言之后立即飞回了家。这次的炭疽袭击已经演变成了 USPS 没有预料到的大危机。

保持营业

邮政工人的死改变了过去的科学论断。直到那之前，所有的炭疽病患者都与一封含有炭疽粉的信有直接的接触。接触了未打开的信的人得的是皮肤性炭疽病，只有打开这封信的人才得吸入式炭疽病。但是布伦特伍德的员工根本没有靠近这封信，更没有打开它。他们旁边的机器是自动的，每小时自动处理 3 000 万封邮件。他们怎么会感染炭疽病呢？在那些工人死亡之前，炭疽病是一个看得见（在数量上）、摸得着、有希望避开的杀手，在此后就变成了一种隐形的威胁，孢子悬浮在空中，不知道什么时候就会吸入。但此时这种威胁还不是很明朗。与此同时，USPS 面临的是被污染了的大厦、垂死的或者是健康的却感觉自己被出卖了的员工，以及受了惊吓的公众。

第一个需要回答的问题是：USPS 还应该正常营业吗？如副总裁梅德维多维奇所说的："我们的客户安全吗？我们的员工安全吗？还会发生什么呢？"10 月 22 日，在 CDC 的亚特兰大总部，医生们聚集在一起，与 FBI、USPS、美国国家安全办公室，以及地方法律推进委员会的官员召开了一个联合会议。每一个机构都有参与其中的依据。按照总统决策条例第 39 条（PDD－39），FBI 是任何有关恐怖主义的犯罪调查的领导机构。USPS 是受影响的机构。"9·11"事件之后成立的美国国土安全部负责协助美国联邦政府进行恐怖主义的调查。地方法律推进委员会对社区的公共安全负责。CDC 负责传染病的副主任茱丽·L. 格尔伯丁（Julie L. Gerberding）引导了这次讨论。USPS 受了污染了吗？应该被关闭吗？

关于 USPS 如何运作的最终决定权在邮政总局，但是此次 CDC 会议的建议是让邮政系统继续运行，因为没有证据表明已经发生了大面积的污染。“这不仅仅意味着邮政服务。”梅德维多维奇说，“还关系到国家和整个经济系统。”正如威海特所补充的：“只有邮政总局能让邮政系统停下来，并且没有理由停止邮政服务……它是如此之大的一个系统，一旦停止将造成难以想象的影响，任何人都不想发生这样的事。”2001 年 10 月 23 日，星期二，一个白宫发言人证实，没有关闭 USPS 的计划。

这是谁的危机?

一个问题解决了，另一个关键的问题又冒了出来：谁来负责炭疽粉的清理工作？谁来确定潜在的污染地点，取样、送检，以及对需要的地点进行隔离？是 FEMA？EPA？还是 USPS？其中一个途径是启动美国联邦反应程序（Federal Response Plan，以下简称 FRP），一种应付国家灾难的组合战略。在 FRP 下，由 FEMA 担任各个机构的总协调，它在拯救生命、保护财产和受损地区重建上有着很大的权力。FEMA 可以提供人员、设备、补给等一系列服务，并且为这些救援活动提供资金。但是，根据罗伯特·T. 斯塔福德（Robert T. Stafford）制定的《灾难和紧急状况救援法案》而成立的 FRP 只能在如下情况下才能启动：(1) 总统宣布了灾难和紧急状况；(2) 根据 PDD－39 规定，对恐怖主义做出反应。

环境经理巴卡记得，10 月 24 日，星期三，USPS 的高级管理层召开了一个会议，参加者有首席运营官多纳霍和工程副总裁汤姆·戴伊（Tom Day）（巴卡的老板）。在会上，巴卡建议由政府启动 FRP 程序。这个建议被提交到了更高一级的国家安全委员会，提请其评估炭疽病死亡事件可能给国家安全带来的问题。巴卡说，几个小时之内，该提议就得到了国家安全委员会的答复：FRP 将不会启动，“因为这不是一场国家灾难”。最后,会议决定:“只好由我们来做 FEMA 应该做的事了。”

另一个可能领导这场炭疽粉清理工作的候选人是 EPA,事实上 EPA 已经开始负责佛罗里达 AMI 大楼的清理工作,并且已经着手隔离哈特参议院办公大楼。USPS 内部有人认为[主要是副总经理杰纳勒尔·诺兰(General Nolan)],应该让 EPA 接受 USPS 的炭疽粉清理工作,尤其是在布伦特伍德。毕竟法律要求 EPA 要接受其他任何机构委托的清理工作。但是 USPS 的多数领导人认为如果由 EPA 来做这项工作,可能会拖太长的时间。环境经理巴卡对布伦特伍德的清理工作是这样看的:

> 是我建议管理层不要将清理工作移交出去的,因为 USPS 的出发点在于能迅速地使工作场地恢复使用,开始处理邮件。但是 EPA 的人想把它变成一个现场实验室。他们以后可再也没有这样的机会了。他们会在那里进行 3—5 年的实验,使我们不能进入。

最后,威海特回忆,大部分人认为:“这是邮政服务系统的危机,还是由我们自己来处理好了。”

> 我们是一个独立的经营机构。要想保持独立,就要自己来控制局势,让 EPA 离得远点……我们可不是一个科学实验项目。我们和其他大部分联邦机构不同,我们天天都必须要办事。我们每天要运送 5 亿封邮件。如果我们不办事了,就会有许多公民不开心。

到了星期三晚上,USPS 确信接下来的应付炭疽袭击的一系列行动将由它来领导。但是这并不是一件舒服的事。正如 USPS 的领导所看见的,至少有四项令人沮丧的任务必须马上完成:

- 通知员工并提供必要的帮助。

- 通知公众。
- 确定并隔离被污染的工作场所。
- 投递邮件。

同时完成这四项任务需要很高的决策技巧。副总裁威海特沉思道:“在卫生、安全考虑与运送邮件之间,要不断地寻求平衡。在这场危机中,大家有一个共识,就是如果停止邮件服务,将对经济和社会造成不可估量的影响。”在这四项任务中,指挥邮件的运送是最基本的。这项任务落在了USPS的美国全国运营中心(National Operations Center,以下简称NOC)的头上。坐落于USPS总部7楼的NOC是“9·11”事件之后成立的,目的是确保邮件在不能采用飞机运送的时候也能送达。现在它的任务范围扩大到重新部署邮件和人员,以确保即使由于炭疽病的影响,一些工作场所关闭的情况下,邮件也能按时送达。

其余的任务分别委任给了不同的工作小组,并且各小组之间的职能还有很大的重复。邮件安全任务小组是这次危机管理的核心,在负责协调各种对付危机的行动的同时,还要在内部通讯部门的全力协助下及时向员工发布消息并提供必要的帮助。与此同时,内部通信部门和NOC一起维持一个公众热线,负责及时向公众通报情况。最后,确认、抽样检查以及隔离工作场所的任务给了一个专门为此成立的小组——联合紧急事件指挥中心(Unified Incident Command Center,以下简称UICC)。

邮件安全任务小组

在炭疽病对策金字塔顶端的是邮件安全任务小组。总经理和他的高级副手决定,为了在处理紧急事件时最有效率,这个小组的成员必须是综合的——不仅包括邮政方面的高级管理者,而且包括工会的代表以及管理协会的成员。CDC 的一个联络小组也加入了进来。波特和总经理肯尼斯·韦弗是并列主席。其他的高级成员有副总经理杰纳勒尔·诺兰、首席运营官多纳霍、高级副总裁威海特、高级副总裁梅德维多维奇、安全主任波卡兰诺和环境经理巴卡。

任务小组很快开始了严肃而且卓有成效的工作。它的成员在每天早上 10:00 开会——每天至少四个小时。他们从有关炭疽病的各个工作小组听取报告。“每件事都要天天讨论”，梅德维多维奇回忆，几个星期之后，为了能够将精力集中于最重要的事，在任务小组下又成立了七个第二层次的委员会：邮件监视、邮件准备、工作场所安全、意外处理、邮件运输、邮件中心安全，以及沟通。

任务小组的主要工作是保持信息能够连续并准确地流动。波卡兰诺说：“我们不停地沟通、沟通、沟通，告诉我们的员工以及公众我们发现了什么，我们是如何处理的。”如果一个工作场所被查出受到了污染，就要马上告知现场经理和员工，并且要在现场清洁期间做好员工的安置工作。如果一个工作场所经检测证明是干净的，那也同样要报告。有时一天要向工会和公众举行三次官方发布会。梅德维多维奇认识到：“再多的沟通都是必要的，因为你不能低估这种恐惧。”

协调不同机构的工作

任务小组也负责与其他从不同角度对付炭疽病袭击的联邦机构保持日常的协作。威海特每天两次参加由国家安全委员会、CDC 以及 EPA 等机构共同参加的会议。波特和 HHS 的秘书汤普森保持紧密接触。贾弗的任务是每天向白宫发言人阿里·弗莱舍(Ari Fleischer)或他的副手斯科特·麦克莱伦(Scott McClellan)作简短的汇报，贾弗还要每天参加美国国家安全委员会的电话会议，在会上“我们讨论我们将说什么、怎么说、由谁来说，然后我们统一做出安排”。梅德维多维奇回忆：“国家安全委员会真的提供了很大帮助。

不知道有多少次是他们扫清了障碍,是他们呼吁人们给我们帮助。”

这样的合作并不是必然成功的,它要求不同组织文化之间的融合。“我们不得不一起工作。”梅德维多维奇沉思道。

> 我们不得不找出办法,让我们的组织很快能在一起工作。CDC 和 EPA 的组织文化是让你调查、检测,在卫生风险和长时期的评估基础上才能做出决策。而我们的组织文化是做些事情,并且立即就做。

通知并协助员工

任务小组也在密切注意着员工的福利。它提供了一个交流的场所,使得工会的成员能与管理层同时知道所有重要的信息。这对 USPS 通常对立的劳资关系来说可是一个相当大的转变。贾弗回忆:

> 不是管理层告诉员工如何如何,而是他们和我们坐在一起,如果他们有问题,他们会马上提出来。

从一开始,波特总经理就强调员工的健康和安全。贾弗记得:

> 总经理在第一次会议上就很明确地指出,我们必须按照医学专家的要求来做。如果要求关闭工厂,我们就关闭工厂;如果要求隔离某个地方,我们就隔离它;如果要求提供药品,我们就提供药品。

波特总经理提高工人安全程度的首批措施之一,就是在 10 月 22 日(星期一)晚上宣布的改变清洗机器的方式。过去用强力的压缩空气喷的方式,尽管没有明确的证明,但是很有可能将炭疽孢子吹向空气中。10 天后,11 月 2 日,USPS 宣布在全美范围内使用真空吸尘器来代替空气压缩机。邮政系统的管理人员还要求改变过去用大拇指“擦”信封的表面来分拣邮件的做法。副总裁威海特说她将强制工人戴手套和口罩,最低限度也要强烈推荐使用。另一项给公众和员工带来信心的举措是,10 月 23 日,USPS 宣布将购买离子束杀菌设备来照射邮件。

副总裁梅德维多维奇知道,按照 USPS 和它的四个工会、三个管理协会的协议,如果 USPS 考虑其他的事情优先于考虑员工的安全和健康,“那么我们随时可能遭遇全美国范围的游行”。她说,总的来说,USPS 坚持“人是第一位的”——无论是员工还是客户。

> 我们要关心员工,保证他们的安全。如果卫生部说关闭这个建筑物,我们就必须关闭这个建筑物。询问专家的意见,让他们参与其中,来保护你的员工。如果你认为某个邮件可能会给客户带来危险,那么就不要把这个邮件给客户。

在开始的几个星期,任务小组尤其注意辨认和治疗感染了炭疽病的员工。小组每天都发出指令,要求可能接触到炭疽孢子的员工要做检测。贾弗在每一次员工集会上都强调这一点,“你会在某个工厂的工作间将 3 000 名员工集中起来,特意向他们传递这样的信息”。梅德维多维奇说:“我们有一个日志,我们不断地提醒人们,有的人已经被我们提醒了两次、三次,他们甚至已经不耐烦了。但是我们必须确保每个人都能得到治疗的机会。”

每个受到污染的工厂都有日志,甚至邮政检察官也被拉到了日常检查的工作中。副检察官罗恩还记得,他在一个周末发出检查单“联系那些还没有报告的,或是我们不知道他是否领取了药物的人”。对那些患病的人,员工帮助程序(Employee Assistant Program,以下简称 EAP)的人要探访他们以及他们的家庭。EAP 的人还到工作场所访问,和员工个别或成组地交谈,向他们提供咨询服务,并帮助他们的家庭。11 月初,USPS 免费给 80 万名员工注射了流感疫苗,以减少感冒症状被误诊为炭疽病的机会。

任务小组以员工为本的动机主要有两个：一是减轻健康方面的担忧，二是重建信任。事实上，在布伦特伍德员工死亡事件之后，不信任和愤怒的沟壑已经出现在 USPS 和许多员工之间。

二等公民

很多邮政工人并没有感觉他们受到了足够的保护。与布伦特伍德以及其他地方工人（主要是黑人员工）的访谈表明，很多人怀疑与美国国会的人相比，他们遭受到了二等公民的待遇。“他们在耍弄我们，告诉我们工作是安全的。”一个布伦特伍德的工人在工厂关闭后说，“但是我们要问：我们怎么知道它是安全的，参议员的信件经过了这里。”

纽约默特罗（Metro）地区的邮政工会主席威廉·史密斯坚持认为，在对待邮政工人方面，存在着双重标准。“当国会发现炭疽信后，所有的人都离开了工作场所并且接受了检测。”史密斯说，“我们的人像猪一样没人理，他们感到被国会、总统和美国人民遗弃了。”USPS 在佛罗里达的员工也抱怨当局只重视发送信件，不重视保护工人。“当局没有采取足够的保护措施。”一个佛罗里达工会官员说，“他们只担心邮件的数量。”一个布伦特伍德的工人同意这种说法，他苦涩地强调 USPS 无论任何天气都要运送邮件的箴言：“泥泞、洪水，还是流血，邮件都要送。”他说，“防炭疽病不符合公司的韵律。”

这一系列的事件并不容易解释，当事件没有完全明朗的时候，科学也无能为力，但是任务小组的成员仍要努力尝试。10 月 22 日，副总裁威海特召开了一个新闻发布会，解释早前 USPS 也是遵从 CDC 的建议，认为对布伦特伍德进行检测是不必要的，“直到有一系列的证据证明在这个地方存在炭疽孢子”。她强调，星期日之前，没有人知道一个邮政工人得了吸入式炭疽病。CDC 的米歇尔·科恩（Mitchell Cohen）博士，负责华盛顿地区的炭疽病防治，补充道：“这确实是一个新现象。开始的时候,我们没有证据表明所有邮件的接触者都存在着危险……这到底是怎么一回事现在也不清楚。”

如果这样的解释也不能使邮政工人满意,那么同样也没有更好的办法安慰公众。所以安慰公众,向媒体和公众提供清晰而全面的信息,便是 USPS 面临的第二项任务。公共关系副总裁贾弗和他的人负责此项工作。

通知公众

让用户重建信心是一件很紧迫的事。为了安慰公众的歇斯底里,USPS 每一天都要花费数以百万计的美元。生意再下滑的话,简直是不能负担了。USPS 可以通过提供准确可信的信息来重建公众的信心。它可以向公众传递这样的信息:自 9 月 18 日以来,USPS 已经运送了数百万的邮件,也只有那么几封含有炭疽孢子。让公众知道这个以及其他类似的信息是贾弗将要面临的挑战。

媒体关系

为了应付洪水一般涌来的媒体和其他机构的要求,贾弗建立了一个由 30 部电话、15 台计算机组成的通信指挥中心,每天工作 24 小时,每周工作 7 天。贾弗每天和华盛顿的新闻机构(大约 30—75 个)开电话会议。他让 USPS 的发言人随时候命,每次开完会后就立即向外发布消息。但是贾弗决定他本人不以 USPS 发言人的身份出现,原因正如他告诉总经理波特的那样,“我有一个来自中东的名字,此时似乎不应在此出现”。因此他让其他人来做这项工作:波特、首席运营官多纳霍、贾弗的副手莱里科斯、副总裁威海特。

对于波特,贾弗评论道,“有着一张能使全美国平静的脸庞”。与此同时,总经理不得不小心翼翼地保护自己的信誉。在 10 月 22 日的那个星期,当 USPS 的官员被反复追问他们能否保证邮件的安全性时，按照贾弗的建议，在出席一个电视访问时，总经理对此的回答是“我不能提供这样的担保”。首席运营官多纳霍对此评论道：“因为我们对进入系统的邮件不能做到 100%的控制，所以我们不能说它是 100%的安全。”与此同时，他还嘟嘟囔囔地说：“邮件是安全的，一直是安全的，我们要让它更安全。”贾弗要求 USPS 画一张图，来说明自从达什勒信件事件发生后的 10 天，邮政服务已经投递了 500 万封邮件——而没有任何事件发生。贾弗说：“我们的一个准则，是让事情看起来很简单，一目了然。”

公　告

贾弗的办公室也负责 USPS 的公告工作。布伦特伍德的死亡事件发生后，他立即着手生产 USPS 在 10 月 15 日承诺的明信片，用以指导如何处理可疑邮件。10 月 22 日，星期一，卡片开始印刷，星期四和星期五就送到了全国 80 万 USPS 员工以及 1.2 亿个家庭手中。贾弗还确保任何有关炭疽病的信息都会出现在 USPS 的网站上。通常，这个网站每天有 100 万次的点击率，但在炭疽病危机发生期间，点击率达到了每天 1 200 万—1 500 万。贾弗还派人参加 NOC 的炭疽病信息热线。打热线咨询的人可能是在和来自邮政监察、EPA、国家安全部的代表或者医学专家说话。

面对着堆积如山的任务，贾弗在 10 月 23 日（星期二）打电话给一个老朋友寻求帮助：来自纽约一家广告公司的哈罗德·伯恩森（Harold Burson）。贾弗担心他自己的 8 个人 12 小时的倒班工作制，难以长时间应付灌进通信中心的每天 700—900 个电话和 600 封电子邮件。贾弗说：“在开始的几个星期，伯恩森的人确实帮了很大的忙。伯恩森本人对于衡量媒体对炭疽事件的态度真是个无价之宝——他是独立的第三方，没有任何倾向。”两个人在危机发生的头一个月定期地交换看法。

抽样检测和隔离

同时,USPS 面临的四个主要任务中,最具挑战性的是辨识、抽样检测和隔离受污染的邮局。对于完成这样的任务,USPS 没有现成的准备。它的环境管理政策部负责处理石棉、空气质量和固体废物等问题,而不是生化恐怖主义。USPS 知道必须成立一个新的部门。在甚至不知道将采取什么形式的时候,安全主任波卡兰诺和环境经理巴卡就为这个新的部门到处招人了。

第一个来的是詹姆斯·加福尼(James Gaffney),他在星期一,也就是布伦特伍德死亡病例发生的那天,从新泽西来。原来他在那里是一个环境治理专员。星期二,东北环境治理经理查尔斯·维迪奇(Charles Vidich)被从他的位于康涅狄格州的办公室里拉了进来。他的工作涉及固体废物、石棉或有害废物。第三个人是他们三人负责的头,一个星期之后到达。由于认识到这个机构不仅需要技术专家,也需要一个管理者,巴卡和波卡兰诺就把环境程序分析员芬内沃德(巴卡的手下)找来了,并且让他领导这个新的机构。这些人到来的情景在人们的记忆中都是乱糟糟的。

新官上任之后,立即开始寻求意见,看建立一个什么样的组织结构能完成这个工作。EPA 第一个推荐 USPS 成立一个统一的——UICC。这种结构的好处是让处理一个紧急事件所需要的所有权力和职能部门都能天天集中在一起,共同把握局势。巴卡迅速地评估了一下,如果双方同意,EPA 能否为 USPS 运行这样一个中心。但是如果不是在全国都处于紧急情况,这样的安排显然是不可能的。USPS 必须成立自己的统一指挥中心。有几个机构帮助 USPS 建立这个中心,包括 EPA、美国农业部的服务部门(派一个顾问工作了两个星期)和美国国土安全部(有自己的紧急事件指挥中心)。

几个星期之内,已经有 15—20 个人(加上承包人的代表)在 UICC 工作了。他们来自许多不同的机构,还有来自 EPA、CDC、美国劳工部职业安全与保健管理局(Occupational Safety and Health Administration,以下简称OS-HA)以及邮政监察服务等机构的代表。波卡兰诺说:“现在你们已经有了许多人,还有许多外部专家的帮助。”维迪奇、加福尼和芬内沃德共同向波卡兰诺和巴卡报告,后者又向USPS的第三号人物、人力资源高级副总裁梅德维多维奇报告。UICC并不直接向总经理波特报告。至于任务小组,技术上UICC是通过波卡兰诺和巴卡向其报告,但是实际上,大多数任务小组的成员想要始终了解UICC正在做什么——这就形成了一个UICC在沟通方面要面临的挑战。

首先UICC还有其他的问题要解决。要完成它的工作,UICC需要外部承包商。但是它没有权力谈新的承包合同。尽管USPS已经与四个全美范围的外部承包商有合约,但是UICC还需要更多。用尽了一切能用的资源后,UICC在第一个星期末发现了一个解决办法。USPS的监察办公室(Office of Inspector General,以下简称OIG)和美国军队发动机快速维修公司有一份现成的合同。这家公司又有权签署抽样检测和隔离等USPS需要的承包合同。于是这家公司的指挥官蒂莫西·高杰(Timothy Gouger)成为UICC的第四个成员(不是领导但是很关键)。开始的时候,波卡兰诺的人负责环境的抽样检测,巴卡的环境小组负责隔离。现在,加福尼成了负责抽样检测的人,而高杰负责监督隔离工作。

业务伙伴

但是在派人进行抽样和隔离之前,UICC首先要决定在哪抽样和隔离。副总裁梅德维多维奇、波卡兰诺、首席运营官多纳霍以及其他人都认识到,在第一个星期,USPS首先要建立一个评价系统,来评价哪里受到的污染程度更高。对于污染是如何发生的,有两个理论:直接接触或是交叉感染。所以,USPS只检测和隔离那些已经证明受到污染的地方,或那些已知的受污染的信件经过的地方。在这个星期的中间,一个“业务伙伴”的主意产生了——那些和受污染的工作场所之间有邮件传递的地方。梅德维多维奇记得:“我们决定先检测大工厂,如果检测结果为阳性,我们就往下进行,直到结果转为阴性。”

刚开始的时候,检测名单上有30个工厂,但是随着受污染场所的增加,名单上“业务伙伴”的数目也急剧增加。“我们作了一个决定。”波卡兰诺回忆,“我们需要检测所有的邮件路线,因为没人能说清受影响的程度到底有多大。”例如,特伦顿和151家邮件工厂有业务往来。这些工厂都要被测试。布伦特伍德与其他工厂虽然说起来并没有直接的业务关系,但是它的邮件送到50个邮局。很多这种特伦顿/布伦特伍德的业务伙伴又有自己的下游关系。到了10月25日,星期四,USPS宣布将检测范围扩大到东海岸的超过200家工厂。

当UICC忙于这些的时候,突发的事件却几乎压倒了它能采取的所有计划。10月22日的这个星期,无论从哪个角度衡量,都是非常困难的一个星期。

炭疽年表——10月22日的那个星期

这个星期开始于一个令人鼓舞的行动:众议院和参议院宣布,他们决定,政府将于星期一重新开始正常运作——尽管星期六在距离国会大楼仅几个街区的办公大楼的邮件分拣机上发现了炭疽孢子的线索。但是由于检测结果仍未出来,六个国会办公大楼仍须关闭(参议院办公楼在星期二重新开放)。同时,这个星期又发现了更多的受污染地区。星期二,在一个为白宫发送邮件的军事基地的机器上发现了炭疽孢子(尽管在白宫这座建筑里面进行检测后,结果为阴性),使得布什总统感觉有责任告知全美国人民“我没有感染炭疽病”。星期五,高等法院大楼接到命令,要求它关闭以接受炭疽检测(它在紧接着的星期一关闭了),并且在CIA的总部发现了少量的炭疽孢子。星期二,FBI公布了达什勒、《纽约时报》和NBC的信件的副本,以希望公众能够帮助追踪它们的线索。

科学界和政府的混乱是明显的。“我们必须马上行动,并且如果需要,让科学来协助我们的行动。”HHS秘书汤普森在星期二告诉国会,“记住,我们过去从来没有遭遇过这种形式的炭疽袭击。这是我们国家面临的新的挑战。”谴责已经满天飞了。星期二早上,在汤普森办公室召开的会议上,大家生气地互相指责,因为美国国家过敏和传染病中心(National Institute for Allergy and Infectious Diseases)的安东尼·S.弗塞(Anthony S. Fauci)博士感到政府在之前一个星期的报告中低估了炭疽病的威胁。在星期三晚上,美国国家安全主任里奇(Ridge)在白宫罗斯福室召开的会上,就FBI、CDC,以及德特里克堡之间是否恰当地共享了彼此的检测结果也有人提出了质疑。

证实是恐怖主义

到了10月25日,星期四,政府发布信息的调子变了。现在警报响起了。里奇证实从达什勒的信件中发现的炭疽粉高度浓缩、很有活力,能悬浮在空气中(呈烟雾状散开),比NBC和《纽约时报》的粉末细得多。科学家在调查这种“武器化”的炭疽粉能否从密封的信封中逸出。里奇说:

> 很明显是恐怖分子想用这些炭疽粉作为武器。我们正在面临着隐形的敌人、隐形的战士,那些人对生命缺乏起码的尊重。

在治疗方面,事情也飞快地演变着。星期一,一个政府邮件分拣工厂的工人病了,星期二被送到了医院,很快确诊为吸入式炭疽病。政府部门从10月24日开始,停止一切邮件,并指示驻外大使将10月11日以后收到的外交邮件封好、交回华盛顿。星期二,哈密尔顿的56岁邮政工人怀疑患吸入式炭疽病被送医院。星期三,华盛顿的六个邮政工人怀疑患炭疽病被送医院。一个《纽约时报》邮件室的工人被怀疑是皮肤性炭疽病。NBC 新闻的员工，办公助理凯塞·张伯伦（Casey Chamberlain）确诊患了皮肤性炭疽病。星期四，一个与布伦特伍德没有联系的政府部门邮政工人证实患了吸入式炭疽病。

截至星期四，有 32 例炭疽病疑似病例，其中 13 例确诊——7 个皮肤性的，6 个吸入式的。在新泽西，所有的邮政工人已用 60 天疗程的抗生素取代了 10 天疗程的作为预防措施。在政府要求下服用抗生素以预防炭疽病的美国人，数目总计超过了 1 万。

邮政系统的炭疽病情况

在 10 月 22 日的那个星期，更多的炭疽病病例在邮政系统发生。10 月 25 日（星期四）那天发生的病例，使 USPS 面临了最大的工会行动，当时在曼哈顿的摩根邮件工厂的 4 台高速条形码分拣机上发现了炭疽孢子。摩根工厂占地两个街区 200 万平方英尺，每天分拣 200 万封邮件。估计是在此分拣 NBC 和《纽约时报》的信件造成了污染。

USPS 星期三晚上已经开始让摩根工厂和曼哈顿区其余 5 个邮局的员工服用抗生素，进行一个 10 天期的预防疗程。现在 USPS 决定不关闭这家工厂，而是将发生污染的 15 万平方英尺面积戒严，并进行清洁——所有的污染区域都在三楼。工会对此迅速做出了反应。

摩根工厂

纽约默特罗区邮政工会执行委员会在 10 月 26 日（星期五）进行了投票，发动一场诉讼，要求在清洁期间彻底关闭摩根工厂。工会主席威廉·史密斯（William Smith）代表 5 500 名工人，向 USPS 发出挑战，声明“任何邮件也没有人的生命值钱”。

但是戴维·L.所罗门(David L. Solomon),USPS纽约地区的运营副总裁,向工人保证说卫生官员已经说过"继续在这所大楼工作的员工不会有危险"。波卡兰诺说:"CDC和地方卫生官员甚至与我们轮流到工作场所和员工聊天,解释将会发生什么,我们要做什么,并回答问题。"摩根的工人没有类似炭疽病的症状。那里用真空吸尘器,而不是空气压缩机来清洁设备。污染被严格限制在第三层,在其他8个楼层没有发现炭疽孢子。USPS也给了工人一个选择,即可以在街对面的一个邮政大厦工作。所罗门和鲁迪·朱利安尼市长在一个新闻发布会上反复强调"如果将来发现受到了污染,整座大楼将关闭,我们会尽一切努力去做卫生专家告诉我们要做的事情"。

11月9日,星期五,华盛顿地区联邦法官约翰·F.基南(John F. Keenan)驳回了邮政工会的诉状,认为没有证据显示摩根的员工受到"不可预防的威胁",并且危险的高峰期应该在9月的中后期。据USPS的官员说,摩根工会始终没有得到很大的支持。"一个纽约的工会成员试图动员其他人。"梅德维多维奇说,"因为我们与工会沟通得很好,他们不为所动。"

> 我认为整件事情的关键是将所有的人集中到一起,让他们了解每一件事,让他们成为讨论过程的一部分……我们最后达成了一个共识(除一个工会外),即听从卫生部门的建议。

新泽西

10月27日,星期六,在新泽西普林斯顿西温莎镇(West Windsor)的一个邮筒里,又发现了新的炭疽孢子。估计污染源也是达什勒的信,它的传染性很强。这次没有工会的对抗,因为USPS关闭了此地的邮政设施。西温莎镇的关闭使得新泽西被关闭的邮政机构达到了三个,另两个是哈密尔顿和西特伦顿。在西特伦顿取得的样本并未呈阳性。但是在哈密尔顿,59 个样本中的 19 个呈阳性。五个新泽西的邮政工人有类似炭疽病的症状:四个来自哈密尔顿,一个来自西特伦顿。地方卫生部门开放了一个诊所,给所有自 9 月 18 日以来到过哈密尔顿地区的人(有 2 500 名之多)发放抗生素,9 月 18 日是 NBC 和《纽约时报》的邮件被投递的日子。

在这样的情况下,无论公众还是内部都有很大的压力要求 UICC 尽快做好工作。抽样检测小组在危机爆发的第一个星期就已经开始工作,辨认被污染的工作地点。但是在 UICC 能够全速开动之前,必须要先把自己安顿好。UICC 的主任芬内沃德(Fennewald)认识到他必须先完成一些事。

组织 UICC

芬内沃德认识到他的首要任务是为他负责的组织创造一种团结的氛围,并设立一个目标。他没有样板可循,因为 UICC 是第一次处理炭疽事件。他必须画出这个组织的结构图。现在,至少有了一个固定的办公地点。10 月 30 日,星期二,UICC 搬到了位于北莱茵芬特大厦的办公室,在 USPS 总部的对面。这个位于四楼的单位有一个房间给了外部承包商,一个给了联邦机构,一个给了 USPS 的人,还有一个大会议室。

为创造一种共同的文化,芬内沃德要求所有的 UICC 成员放下原来的身份,并且说:“我在这为这个组织工作。”这并不容易,尤其是对那些从 USPS 内部来的人来说。他回忆环境管理政策部(巴卡的部门)“费了很大劲才开始支持我们”。环境管理是负责净化程序的,在开始的时候总是不向 UICC 派人。然而在 11 月,当一个地点发现了炭疽孢子的时候,一个环境代表来了,进而这个地点也从一个抽样检测的地点变成了一个隔离净化的地点。“红灯熄灭了。”芬内沃德回忆,“并且他说‘看这情况我们得始终在这’,从此情况就开始改变了。”芬内沃德说：“但是大部分 UICC 的成员很快进入了这里的氛围，事情就是这样。”

芬内沃德还要拟出工作流程。他问自己：“我们怎样组织这件事才能达成我们的目的呢？”

> 我做的第一件事是问：我们在此要解决的问题是什么？并且我认识到这是一个信息流的问题，是一个沟通的问题。而不是什么炭疽病的问题。

为了促进 UICC 内部的信息交流，芬内沃德每天以一个计划会开始一天的工作，来确定 UICC 当天最重要的五件事。然后他将每天的操作计划贴出来，列明当天拟订的目标和时间表。“我每天为危机做计划。”他笑道。他还设立了一个“局势报告板”，当遇到什么问题的时候，就会把它写在上面。然后，就这些问题建立一个日志，记录他们是怎样解决的，用了多长时间。芬内沃德评论道：“我努力做的是辨识并记录组织内部哪里的流程出了问题。”

但是他也不得不操心信息是怎样从 UICC 流向外部的，尤其是如何流向 USPS 的高级管理人员的。芬内沃德很快就看清高级管理人员不大放心让指挥中心按照原来设想的方式运作。个中原因部分是一些鸡毛蒜皮的小事，部分是因为缺乏信息。他注意到：

> 我看得出有一些勉强。我们一直反对的是当需要决策的时候管理当局又害怕让指挥中心来作决策。当面临一个危机的时候，官僚机构却用一种独裁的方式来处理：“让我来控制这一切。”……我努力要做的，是让我的上级明白我们这里具备一切所需要的能力。

高层干预有时会阻碍事情的进程。例如，有时事情急需处理，应该直接联系承包商，而不是通过 UICC 来做此事，甚至不需等待检测结果。所以芬内沃德教育他的人说：

> 当我们进行了抽样检测，所有的管理人员都知道向我们要结果。没有人被告知这需要一些时间。所以我要绘制一个流程图来显示取得一个检测结果需要多少时间。

为了进一步让高级管理人员明白 UICC 正在做什么，在如何做，芬内沃德把每天的操作计划给他们看。他也“每天把我自己放在他们的时间表上”。他回忆说：“1: 00，我去见萨姆·波卡兰诺。1: 30，我去见丹尼斯·巴卡。而不是等他们来找我。”每天下午 6: 00，他还给高级管理人员发送一份每天检测和清洁结果的简短报告。但这报告也给自己惹了麻烦。经常是在这份报告印刷的最后 15 分钟，大量的管理人员就如潮水般询问为什么还没有收到，是什么使报告延迟了。芬内沃德试图做一个网站来代替，这样就可以在网上实时检索抽样检测和清洁的情况，但是由于网络安全方面的原因，这样的网站需要几个月的时间才能做好。最后，芬内沃德组织了一个电话会议，来及时向高级管理人员通报信息。

检测和清洁

芬内沃德还有一个问题需要解决。如果在某一个邮政机构发现了可疑的信件或包裹含有白色粉末，那 USPS 就有责任对其进行检测。一些白色粉末是恶作剧，还有一些仅仅是错误地发出了警告。这个问题很棘手。正如副总裁梅德维多维奇所回忆的，“对每个恶作剧，你不得不做得好像它不是恶作剧。你要通知 CDC 和卫生部门，进行检测，对于如何隔离这些邮件还需要指导”。

UICC 很快就意识到现有的合作实验室已经被大量涌来的检测样品淹没了。邮件样品最初被送到帕斯康（PathCon，CDC 的一个分支），这是一个已经与 USPS 签约的实验室。但是在 10 月末，帕斯康已经被超过 1 000 份样品淹没了，很显然它没有能力处理如此多的样品。UICC 有处理来自 50 个州的邮件样品的潜在需求,已经不知道要将样品送到何处了。因为在抽样检测和清洁的对外承包方面,USPS 是没有权利直接对外和科学实验室签约的。UICC 的官员看不出如何才能和遍布全国的私人实验室建立合作关系。

在 UICC 就此问题进行讨论的过程中,有提议说由 USPS 委托 CDC 来和实验室签约,但是 CDC 的代表否决了这个提议。这里有一个质量的问题:用经验较少的实验室来检测炭疽样本意味着在分析质量上可能的妥协,而且没有指导方法来告诉实验室应该怎样处理这些样本。很多实验室可能从来没有进行过细菌分析。然而,最终还是找到了一个解决办法,在 11 月 2 日,星期五,UICC 组织了一个涉及 CDC 的会议。CDC 告诉邮政官员,有一个美国公共卫生实验室联盟(Association of Public Health Laboratories,以下简称 APHL)——一个非营利机构,在美国 50 个州都有实验室,一份合约、一份指导就可以在 50 个实验室都有效。USPS 的人为这个机会高兴得跳了起来。到了星期日,USPS 已经与 APHL 达成了协议,开始传送炭疽样本。

样本计划

UICC 同时制订了一个有关抽样的战略计划。过去没有关于抽取样本的指导,要搞出了这样一份东西是很复杂的,因为所依据的科学根据也在不断地变。这关系到日常的技术采用。结果是,每隔 3—5 天 UICC 给承包商的指令都要变化。例如,早期测试在每个地点抽取 32 个样本。到了 11 月中旬,样本的数目已经达到 55 个。同样地,开始的时候没有抽取空气样本——没有意识到炭疽孢子能在空气中传播。UICC 还必须要决定在哪里抽取样本。指挥中心建立了自己的检测名单——但是可以根据建议改变。例如,当工会要求 UICC 抽样检测携带邮件的小容器,它就把它加入名单中。很多关于空气抽样和净化的指导就来源于在布伦特伍德进行的检测。

清洁指导

然后,就有问题了,一旦炭疽粉被发现,最好的清洁方法是什么呢? 一旦认识到实际有两种形式的炭疽粉存在——粗的和细的,相应的清洁方法就确定了。环境经理巴卡负责清理两个最大的,相信是受到精磨过的炭疽粉污染的场地:布伦特伍德和哈密尔顿,所面临的挑战是如何进入并清洁烟雾状散开的炭疽粉最后安身的高高的角落。UICC 的契约合作者对付残存污染的和污染较少的场所——直接被粗的炭疽粉污染,或是被包含细炭疽粉的信件交叉污染。

UICC 和 EPA 一起,制定了以次氯酸钠(氯气、氢氧化钠和水的混合物)漂白受污染表面的指导性文件。但是指导性文件给出的程序也不断地演化。开始只漂白 5 分钟,然后 10 分钟,再后来 15 分钟。最后根据世界卫生组织(World Health Organization,以下简称 WHO)的建议,接触的时间增加到了 60 分钟。这 60 分钟的作业是属于劳动密集型的:一些人不得不坚持喷药以保持表面潮湿。

一般说来,一旦污染被发现,USPS 立即封锁受影响的地区(如果它能被隔离)或者关闭整座建筑物。然后召开电话会议。波卡兰诺记得当时提出的问题:

> 派谁上到楼层去? 谁来当代表? CDC,你准备派谁去? DOH 准备派谁去? 你们有多少天的时间? 告诉我们这些人的名字。他们什么时候能到那里? 我们什么时候动身?

净化队伍经常是在当天夜里就到达。然后这个地区被重新检测,但始终关闭着,直到检测结果呈阴性。经常是两到三个地点被同时处理。波卡兰诺记得当时的情形:“一打的线索同时展开。你不停地检测、净化多个工作场所,不断交流结果。”

过渡期指导方针

为了指导未来类似的工作,就要把 UICC 所做的工作制度化,波卡兰诺和维迪奇用了六个星期的时间编制了一份过渡期指导方针。“我们知道一旦在中西部或者更远的地方出现炭疽邮件,我们就要另外建立一个指挥部,在更大的范围运作。”波卡兰诺回忆道,“我们和所有的机构一起来制定这个指导方针,包括工会。实际上,几个星期以来,我们每天都坐在一起讨论这套文件。”维迪奇几乎 24 小时地开会,征求其他联邦机构以及邮政工会的意见。最终,在 2001 年 12 月初,这套指导方针被正式采纳。对 USPS 的政策文件来说,这种速度也是一个记录。

为危机付费

没有哪个行动是便宜的。早在 10 月 22 日,USPS 的管理当局就为发现炭疽孢子的新技术做了 2 亿美元的预算。第二天,USPS 花掉了其中的一部分,与泰坦扫描(Titan Scan)技术公司签署了一份价值 4 000 万美元的合同,购买 8 个(可以选择再购买 12 个)邮件消毒机,用于美国国家邮政中心。10 月 30 日,总经理波特报告参议院政府事务委员会,USPS 需要“几十亿”美元从炭疽危机中恢复过来。11 月 8 日,他报告美国参议院拨款委员会,USPS 需要 50 亿——20 亿美元来弥补失去的营业收入(从危机开始邮件数量已经下降了 10%),另外需要 30 亿美元来支付炭疽粉清理费用。波特不想提高邮政收费来弥补这些花费。“邮件的用户不用负担这些额外的花费。”波特告诉这个委员会,“如果不这样做的话,很快就会威胁到这个为全美国提供普遍服务的系统。”

美国国会已经给了 USPS1.75 亿美元(400 亿美元的“9 · 11”重建基金的一部分)来购买呼吸器、手套以及其他防护设备。在 12 月底,USPS 从紧急事件基金中得到了 5 亿美元用以炭疽粉清理和安全防护工作。贾弗说:“美国国土安全部负责人里奇向基金管理人为我们争取到了这笔钱……仅仅够支付我们初期的那些花样所花掉的钱。”但是一共就得到了这么多。

美国国会同情 USPS。但是邮政系统已经为财务困难苦苦挣扎了多年。国会不赞成以反炭疽病的名义,向一个有系统问题的组织提供资金。困扰邮政系统的问题是根本的,需要彻底的改革。国会相信暂时的现金流入只会延缓问题爆发的时间。

无论如何,炭疽病的暴发让 USPS 遭受了真金白银的损失。没有哪个地方比布伦特伍德更费钱了。

独一无二的布伦特伍德

从一开始,布伦特伍德就是一个特殊的例子。尽管哈密尔顿也受到严重的污染(达什勒的信和第二封可疑的信都经过了这两个地方),但是只有布伦特伍德发生了邮政工人死亡事件。在 10 月 21 日,星期日,分拣工厂关闭之后,第一个需要迎接的挑战是:找出到底发生了什么事。上个星期四和星期五的检测结果显示,布伦特伍德受到了严重的污染。达什勒的信从哪经过?它碰到了哪台机器?

首先列入怀疑行列的是被称为高级正面识别系统(Advanced Facer Canceller System,以下简称 AFCS)的机器。当一封信到达,AFCS 先寻找邮票。如果看见了邮票,就让这封信通过,将其通过滚筒传递到下一站。如果这封信是正面朝下,AFCS 就把它弹翻过来,然后让它通过。当这封信弹起和通过滚筒的时候,受到扭曲和压缩。信件也要通过条形码分拣运送机,它的光学扫描仪读取名字和地址,并且将信件放入相应的容器。要到达这个容器,信件要以每小时 30 米的速度经过一条传送带,用夹子固定在传送带上。应该是在这个过程中的某一点,达什勒的信件将炭疽粉泄漏到空气中。用来清洁机器的高压空气“吹”的过程起到了使炭疽粉弥漫的作用。

为了征求意见，巴卡在第一个星期与位于马里兰州的美国军队卫生促进及预防中心（Center for Health Promotion and Preventive Medicine，以下简称 CHPPM）进行了接触。巴卡知道它的防卫部将炭疽粉作为一种可能的战斗武器，有一定的研究经验，他要向这方面的专家吸取经验。CHPPM 提供了 6 个人，用三个星期的时间让 USPS 了解在布伦特伍德发生了什么。环境协调员布里奇斯自从 10 月 21 日之后 8 个星期没有回过家，和他们共同组成了指挥部。首先，这个团队将所有的设备和邮件划分为可疑的和不可疑的，可疑的被当作具有生化危害的物品对待。在布伦特伍德的所有卡车和拖车都被列入了可疑名单。那意味着 529 辆运输工具和将近 300 个拖车将要被清洁。在今后的数天乃至数星期，它们被高效过滤系统真空吸尘，然后在指定的区域用氯消毒。

清洁邮件

然后就是邮件。300 万封或者说 68 吨的邮件还在屋里。工程副总裁戴伊以及其他人都认为在将这些邮件送到客户手中之前，用射线消毒是最好的办法。但是首先得将它们打包并运送到放射工厂。那些还在卡车上或在外面的主要分拣场地的邮件首先被处理。与美国军队放射研究所（Armed Forces Radiology Research Institute，以下简称 AFRRI）一起，巴卡的团队还制定了一个指令，以利于更快地完成照射工作。USPS 联系了泰坦扫描技术公司，以利用它位于俄亥俄州的工厂照射布伦特伍德的邮件。巴卡不断地和泰坦的放射专家接触，“因为没有如何处理被照射的邮件的程序，我不得不学一些放射知识，而他们要学一些邮件知识”。处理过之后，这些邮件将重新进入投递系统。

在布伦特伍德，指挥部设立了许多标记着热、温、冷的帐篷。当邮件从建筑物周围和从拖车上移过来的时候，要通过这些帐篷。首先,用氯漂白的方法将放置邮件的托盘擦洗一下。然后将这盘邮件放到一个塑料垃圾袋中,这个垃圾袋也用氯擦洗过。并且在外面还罩着另一个袋子。最后的包裹不能超过4英寸高,否则它不能通过用来消毒的放射机器。当打包完毕,将这些包裹放在一个盒子里以防止它们到处移动。每个盒子都受到保护,标记上指定的编码,放置在一个拖车中。一旦这个系统启动,工人每天可以装3到5个拖车。

USPS与具有运送有毒物品执照的美国联邦快递公司签订了运送合同。每辆卡车配备两个司机,进行10小时路程的从华盛顿到泰坦的俄亥俄工厂的运输。从安全考虑,每辆车的仪表板上装了一个紧急卫星呼叫按钮。司机都有相应的执照,卡车上也做了标记。第一辆带着布伦特伍德邮件的卡车于10月26日,星期五,到达利马(Lima)——仅仅在第二个邮政工人死亡4天之后。不幸的是,当艾伦(Allen)县的有毒物质检查组检查首批到达的三辆卡车时(只装载了袋子),发现有的袋子破损了。他们很惊慌,他们马上打发卡车回华盛顿去重新装载。这组人马上进行了抗生素预防。在接下来的几天甚至几个星期,由州骑兵护卫的卡车,从200里外的宾夕法尼亚—俄亥俄边界安全到达利马。

然而,在布伦特伍德,为清洁作的准备才刚刚开始。

保护清洁工人

在11月初,布伦特伍德的机器上还有100万封邮件,大厦里的任何东西都没有被动过。因为实在是很难决定在什么条件下才能允许清洁工人进入大厦。在布伦特伍德打包可疑邮件的承包人(没有邮政员工具有做这种事的资格)一开始的时候是穿着A级个人防护服(PPE),衣服是两层的并有自身的空气供应系统。到了11月初的时候,防护服的等级已经降为B(单层)。直到11月7日,CDC和OS-HA才批准USPS聘请的临时工进入建筑物移动遗留的信件和清理机器。

17 号条形码分拣传送机被认为是受污染最严重的。它坐落在工作场所的开阔地段,曾经传输过达什勒的信。默利斯和克塞因都在此机器附近工作。10 月份的检测显示,分拣传送机的上面聚集着成百上千的炭疽孢子。有的炭疽孢子深入传送带和轮子。临时工用经氯消毒的水将它擦了三遍,将聚集的孢子数减少到不足 400 个。但是,需要注意的不仅仅是严重污染的机器。工人必须擦洗大厦内的每个机器和办公家具。他们需要清洗墙壁,将天花板上的瓷砖取下并烧掉,把地毯拿开并烧掉。

仅仅是移动信件就已经证明了清洗是一件多么费时的工作。这座已建成 15 年的建筑物用热泡沫完全密封以防止污染物泄漏。它的 235 个顶灯用黑色塑料覆盖,里里外外封好,再用胶带缠起来。所有的 17 个供热通风与空气调节(HVAC)系统被封存,其他的包括排气管、水管和电路管道也被密封。里面的温度急剧升高。工人穿着防护服,还要用胶带将手套和面具封好。穿一次衣服需要 30 分钟,脱一次也要 30 分钟,然后洗澡。但是这些保护装置加上建筑物里面的热度,使得衣服里面的温度超过 100°F。工人在里面坚持不了两个小时就必须出来,洗个澡,补充一下水分,然后重新开始。巴卡说:

> 我们有 150—200 人,每趟进出都要更换防护服,到了第四天末,我们有 8 箱个人防护服需要丢弃处置,现在我们要解决的是我们在哪里处理这些衣服呢。我们不得不去问 EPA。

EPA 的固体废物和紧急情况处理办公室不得不制定一个条例,来允许 USPS 处理这些衣服。这个条例在 12 月上旬制定出来。接下来,USPS 必须得到弗吉尼亚州环境质量部门的同意,才能处置这些衣服以及其他的一些物质,这些物质必须被当作医学废物来处理——最贵的处理方法——把它们烧成灰。但是弗吉尼亚州的居民反对在此处理这些废物,所以 USPS 不得不取得许可,将这些有毒物质(最后达到了 98 箱)穿过弗吉尼亚以及其他的州,运到佐治亚以及其他允许处理这些废物的州。巴卡评论:“我们努力制定这些条例,并马上把它写下来。”

保存记录

当巴卡记录那些难以掌握的条例的时候,他有意识地建立相应的档案。从一开始,他就保存了很详细的记录。他和布里奇斯从第一天就决定将布伦特伍德作为一桩潜在的诉讼案来处理,依据是美国国家意外事故计划(National Contingency Plan,以下简称 NCP)的指导方针。NCP 是用来处理有毒物质泄漏的,但是“对于如何应付炭疽孢子却没有相应的指示”,巴卡指出,所以他针对炭疽孢子修改 NCP,利用 NCP 的框架。所有有关清洁的信息如法庭证据一般严格保存。巴卡将一切可能与国家安全有关的数据保护起来。他说:

> 如果我们公布我们掌握的一些信息,那么恐怖分子可能会说:“看,这是它们系统中的漏洞。”所以我们做的一切都要很好地保密。

巴卡建立了一套文件控制数字系统,所以他知道谁有哪份文件。大部分文件从来就没有离开过布伦特伍德。这样保密也招致了 UICC 其他人的一些怨言。因为一些人正在编纂一份全国性的如何移动炭疽污染物的指导文件,可是却对布伦特伍德的情况知之甚少。芬内沃德记得“在特伦顿,他们做得很好,始终让我们了解情况……这对我们编制全国性的指导非常有用。相反地,我们掌握的仅有的布伦特伍德的信息还是从报纸上看来的……他们有意封锁”。这并不困扰巴卡。他需要的专家正在布伦特伍德现场实验并马上实施,正如他所说的,“实时指引,没有假设条件”。

随着布伦特伍德和哈密尔顿的清洁力度加大,巴卡在其他清理工作中的作用降低，这并不出奇。他很少参加 UICC 的会议，除了两个最大的工厂（还有摩根，它有自己的指挥中心），高杰被默认负责清理其他地方。与此同时，巴卡回忆，他承受着来自高层的要求重新开放布伦特伍德的压力（哈密尔顿也还封闭着）。他解释：

> 我仅仅是一个履行支持功能的经理，至于说邮政系统的一个主要流程工厂能不能使用，我无法给出具体的日期——到底什么时候能恢复使用，或者什么时候能取回受污染的邮件。

邮件清理工作是很成功的。截至 11 月 24 日，已经有 29 车来自布伦特伍德的邮件通过了泰坦的消毒，速度是每星期两卡车的量，并且这项工作看来已经走上正轨，处理余下的邮件只是时间问题，预计这种邮件一共有 45 拖车。但是仍然存在的问题是如何清洁布伦特伍德本身——特别是它的巨大的开阔场所，那里的空气中到处弥漫着炭疽孢子。正当巴卡和其他人研究这个问题的时候，炭疽病又来了，既难以解释，又神秘。

10 月底至 11 月的炭疽时间表

它开始于 10 月底。10 月 29 日，纽约市长朱利安尼宣布，一个曼哈顿眼耳喉医院储藏室的工人得了吸入式炭疽病，情况危险。该名工人叫凯西 · T. 诺因恩（Kathy T. Nguyen），61 岁，家住布朗克斯区，从 10 月 25 日开始患病。从 10 月 30 日开始，医院封闭，数百名医护人员和病人需要做炭疽检测。10 月 31 日，诺因恩死了。同一天，诺因恩的病扩大到公众，新泽西的琳达 · 波西（Linda Burch）被确诊患了皮肤性炭疽病（她刚从医院出院两天）。这是一位 51 岁的图书管理员，她工作的办公室的邮件箱受到了污染。到她的办公室和家里的信件都是通过哈密尔顿分发的。诺因恩和波西的病例给公共卫生机构敲响了警钟,因为这两位女士的工作都与邮件无关。诺因恩的病例更是令人沮丧,因为对于她是如何染病的没有任何线索,然而她却得了更厉害的吸入式炭疽病。

3 个星期之后,谜团更重了。11 月 21 日,欧蒂莉·伦杰任(Ottilie Lundgren),一个 94 岁的来自康涅狄格州的女性,死于吸入式炭疽病。伦杰任夫人与政府、媒体和邮局都没有接触,过着深居简出的生活。康涅狄格州卫生官员、CDC 以及 USPS 都感到困惑。在附近的沃灵福德邮局做了炭疽检测,在好几个分拣机上发现了炭疽孢子。但是没有其他人得病。在距离伦杰任家一英里半的地方的一封信上,也发现了炭疽孢子的蛛丝马迹。交叉感染似乎有可能,但是这么少的炭疽孢子怎么能杀死年老的康涅狄格居民?

诺因恩的病例同样没有得到解释。仅有一点交叉感染的可能:一封寄送到诺因恩曾经经过的地方的信,与达什勒的信经过了共同的哈密尔顿的邮件分拣机。"我们没有证据表明她们是从这些信件上感染炭疽病的。"副总裁梅德维多维奇说,"但是你猜怎么着?我们不得不把她们当成好像是从这些信上染病住院的,而重新开始我们的程序。"

有压力要求关闭沃灵福德的邮局,但是污染很轻微,并且范围很小,USPS 让它继续营业。任务小组再一次痛苦地与工会和员工交涉。"你无法驱散压力,也无法驱散恐惧……我们有医生到工作场所向工人解释炭疽病……关键是,工会总是牵涉在里面。"

邮政工会的领导人可不会简单地相信这些保证。11 月 22 日,感恩节那天,36 万人的美国邮政工会的主席比尔·布鲁斯(Bill Burrus)建议工人拒绝在任何有炭疽遗留物的建筑物内工作。"对于污染源还有许多不明了的因素存在。"他说。然而,工会并没有阻止邮件的投递工作。也许他们和 USPS 的领导一样,在等着看看从第二封来自国会的炭疽信件中能学到什么——11 月 16 日发现了这封信。

莱西信件

来自 FBI 和 EPA 的调查员几个星期以来一直相信,从炭疽孢子在空气中扩散的程度看,应该不会只有达什勒这一封炭疽信件。他们怀疑这第二封信,就在被隔离在国会的堆积如山的信件中。11 月 5 日,星期一,FBI 将所有国会 10 月 12—17 日之间收到的信件从国会大厦转移到北弗吉尼亚郊区的一个公共仓库。600 袋信件装满了 286 个 55 加仑的桶。

FBI、EPA 以及来自德特里克堡的调查员从 11 月 12 日(星期一)开始,就在装满国会信件的桶中寻找。星期五下午 5 点,他们终于挖到了金子:一封封得很严实的信,邮戳是特伦顿,10 月 9 日,信封的笔迹与达什勒的信很相像,收信人是参议员帕特里克·莱西(Patrick Leahy),参议院司法委员会的主席。和达什勒的信一样,回信地址是"新泽西富兰克林格林戴尔(Greendale)学校 4 年级"。也和达什勒的信一样装满炭疽粉。

调查员们一直是在异常小心地处理这些隔离信件。现在既然有所发现了,科学家们在全世界专家的帮助下,制定了一个全新的程序来研究这封莱西的信。他们的努力获得了回报。通过分析这些大量的武器化了的炭疽粉,在后来的几个星期里,科学家们在调查方面取得了巨大的进步。FBI 在发现莱西信件后不久报告说,仅仅在取自这封信的一个样本中,就发现了 23 000 个炭疽孢子。两星期后,武器专家又宣布,估计在美国国会发现的炭疽粉每克中含有 10 000 亿个炭疽孢子,其精细程度是在此之前谁都不会相信的。如果致死的剂量是接近 10 000 个炭疽孢子,10 000 亿个孢子具有杀死 1 亿人的潜力。

精制炭疽粉的高质量和惊人杀伤力,使得 HHS 的秘书汤普森 11 月 20 日说这些炭疽信很可能来自美国国内的某个地方。其他还有人更明确地推测它们来自一个美国防御实验室。莱西参议员告诉

NBC 的“新闻访谈”节目说，这封寄给他的信包含着能杀死 1 亿人的炭疽孢子。在知道了这个新的信息后，EPA 返回了佛罗里达的 AMI 大厦——首先出现吸入式炭疽病的地方。新的检测显示其污染程度比刚开始认为的更深。EPA 在 12 月 5 日宣布：在 460 个检测样本中，88 个检测结果呈阳性。至于哈特和布伦特伍德，炭疽孢子一定已经通过空调系统扩散到了空气中。

此外，USPS 发现了为什么莱西信件这么长时间没有被发现。一个光学读信机误将邮政编码 20520 读成了 20510，使得这封信在被重新投回国会山之前被送到了国务院。这也解释了为什么有些外交信件被炭疽孢子污染了。USPS 还发现，在投递过程中莱西的信和达什勒的信离得很近。夹在这两封信之间的信（加上前后的一些）最容易受到交叉污染。

患者减少

发现莱西的信并不是 11 月份唯一的好消息。除诺因恩和伦杰任的反常病例外，有迹象表明炭疽病的发病率在逐渐减少。11 月 1 日，华盛顿卫生官员建议所有的私人机构，只要它们有来自布伦特伍德的信件，其员工就应该服用抗生素——人数至少有 2 000 人。现在他们缩小了这个范围，只有邮政编码以 200 开头的公司，或可能成为恐怖主义的目标的公司，其员工才需要服用抗生素。一个多星期的时间没有新增病例，华盛顿卫生主管沃克斯博士小心翼翼地宣布整个城市“将要摆脱危机”。

同时，一些炭疽病患者也开始回家了。早在 10 月 23 日，艾默斯托·布兰科，佛罗里达 AMI 的员工，曾感染吸入式炭疽病，在住院治疗 23 天后离开医院回家。11 月 5 日，哈密尔顿邮政工人诺玛·华莱士因吸入式炭疽病在医院治疗了两个星期后出院。11 月 9 日，一个患吸入式炭疽病的国务院邮件管理员，还有 56 岁的布伦特伍德邮政工人，都回家了。11 月 19 日，里士满，布伦特伍德第一个患吸入式炭疽病的工人,离开了医院。

邮政炭疽污染减少

炭疽患者减少并不意味着就不再发现炭疽污染了。10 月 30 日,又在几个华盛顿地区邮局发现了炭疽孢子的踪迹——包括弗伦德希普分局和杜勒斯机场的分局。11 月 2 日,检测者在曼哈顿的摩根邮局又发现了两台机器被污染。11 月 3 日,曾经被关闭,一个星期前刚刚重新使用的新泽西州贝尔玛沃的南泽西转运配送中心也重新关闭了,因为在一个邮件分拣机上发现了炭疽孢子。11 月 5 日在五角大楼的两个邮筒中发现了炭疽孢子。11 月 9 日,当局宣布在给哈密尔顿提供邮件服务的四个小邮局发现了炭疽孢子。这四个邮局虽然都没有关闭,但是都连夜清洁。

令人鼓舞的是,新发现的污染案例的炭疽孢子浓度较低,因而降低了危险性,在对污染的地方实行戒严清理的时候,其他的地方还能营业。同样是在工作场所发现阳性的样本,但是 UICC 的抽样检测队不是因为有人病了去检验而发现的,而是按照“业务伙伴”名单检验工作场所。在 11 月上旬,列入检验名单的有 230 个地点,其中有 200 个是预防性的,只有 30 个是因为处理过炭疽邮件或有员工病了。例如 11 月 2 日,副总裁贾弗说,64 个工作场所经过了检验,其中 39 个没有发现炭疽孢子,8 个受到过污染而关闭清洁,17 个尚未知道结果。慢慢地,大部分邮局都重新开放了。新泽西的贝尔玛沃在 11 月 8 日重新投入使用。普林斯顿的主要邮局也都开始营业。

对布伦特伍德再次检查

然而,布伦特伍德仍然完全关闭。随着莱西信件的发现以及对它所包含的炭疽粉的分析,对布伦特伍德的污染程度有了更好的理解。空气中的炭疽孢子已经通过通风系统扩散了。它在高高的角落里,在通风管里。有大约 100 辆卡车需要清洁。巴卡和他的人必须找出杀死这些孢子的最好方法。为了取得经验,他们还观察了 EPA 的人在哈特参议院大厦是如何做的,那里炭疽孢子也在空气中广泛传播。对哈特大厦表面污染的清洁在 11 月 5 日开始。

为了清洁哈特大厦受污染的开放空间,EPA 做了一个选择。过去,多聚甲醛曾被用来清洁炭疽污染——例如在 CDC 的实验室。但是有一种未证实的担心,即尽管它已经被应用了一个世纪——多聚甲醛有可能是一种致癌物质。在埃姆斯(Ames)政府实验室,用二氧化氯作为替代品来清洁炭疽污染,并且二氧化氯还有商业用途。无论如何,EPA 选择了二氧化氯作为最好的替代物。然而熏蒸的方案却始终悬而未决,因为首先要试验这种气体作用于各种物质表面会产生什么效果。

在不为人所知的情况下,这些试验在布伦特伍德进行。10 月 29 日开始,USPS 做了 10 个实验检验二氧化氯作用于一些东西会产生什么效果,这些东西包括:老字画、皮革椅子、塑料、树脂玻璃、铜管、铝管、钢管、聚氯乙烯(PVC)、计算机显示器,以及荧光灯。结果是:蓝色和绿色丝绸褪色了。即使这样,二氧化氯似乎被证明是安全的。它已经在超过 900 种水疗设备中用做消毒的用途。在食物消毒中也有应用,并且已经使用了 70 年了。USPS 还通过实验作了一个指导,指导孢子试纸(检测炭疽孢子用的)最好应该放在哪里,怎样重新利用试纸,检测后怎样包装试纸并把它送到实验室,以及如何保持消毒用的气体的温度和湿度。12 月 1 日,EPA(用 Saber 技术公司和 Ashland 化学公司作为承包商)开始用二氧化氯气体对哈特大厦进行熏蒸。

巴卡决定就用 EPA 选择为哈特进行熏蒸的公司来清洁布伦特伍德。这不是一个容易做出的决定。从 10 月 22 日开始,生意人(在他们在国会中的代表支持下)就给巴卡提供了无数的选择方案,每个销售人员都许诺他的产品能解决这个问题。6 个星期以来,巴卡办公室的3条电话线加上他的手机都响个不停，真像噩梦一样。“最困难的事情可能就是应付那些实行银弹外交的人，以及那些有国会议员支持的人。”他回忆，“相信我，有数以百计的公司都说他们的方案能行——但是没人能证明。我也担心：我是否错过了机会呢？”但是巴卡还是觉得二氧化氯是正确的选择——无论从科学上还是从政治上。他说：

> 我对USPS的建议是，既然我们和哈特的人相比被当成了二等公民，那么我们偏要用和哈特同样的程序和科学依据。我们的人不比他们差什么。

但是清洁布伦特伍德可比清洁哈特有挑战性得多。这个建筑物有1.45亿立方英尺，占地14英亩，数倍于哈特的大小。清洁工作不可能进行得很快。巴卡还要不断地回击EPA欲接手布伦特伍德的清理工作的企图。“布里奇斯和我不会让他们得到它。”巴卡回忆，“在任何时候，如果我们做错了什么，EPA就能把它从我们这里抢走。”他补充：“但是我们是清洁工作的领导，我们正确地处理所有事。”

当巴卡在进行布伦特伍德的清理工作时，USPS其余的炭疽责任小组也都从不断地为危机烦恼转变为控制了局势。

平静的12月

尽管时不时还有些错误的警报，在政府和公众中造成一些慌乱，但是在伦杰任女士死亡之后，12月份没有新的死亡病例，并且自从发现了莱西的信件之后，也没有发现新的炭疽污染信。这场危机似乎退去了。12月2日在沃灵福德邮局发现了炭疽孢子（伦杰任女士死后），并引发了UICC的两个星期的紧急行动。但问题是此炭疽孢子是在用不同的方法反复进行实验的情况下被发现的：干擦、湿擦和湿扫。仅仅是用湿扫检测时才发现了炭疽孢子。这给 UICC 的人造成了很大的不安,因为到目前为止,他们大多是应用擦的方法来检测。沃灵福德的结果使得以前以“擦”为方法的检测的有效性受到了怀疑。然而没有新的病例,使得 UICC 的担心减退了。在 12 月中旬,CDC 确认,自从炭疽病暴发以来,共有 18 个炭疽感染的病例——11 例吸入式炭疽病,7 例皮肤性炭疽病。5 个人死亡,全部是吸入式炭疽病。

尽管在 12 月上旬邮政服务仍然承受着来自公共卫生机构的压力,但是 USPS 的高级管理人员开始相信他们又能自由地呼吸了。依靠条形码追踪,USPS 能精确地确定有可能和达什勒以及莱西信件发生交叉污染的信件。这个数字将会数以万计,然而,USPS 并不想就此向公众发出公告,造成新的恐慌。“这不是我们的决定。”公共关系副总裁贾弗于 12 月 4 日说,“我们一遍又一遍地询问 CDC……他们反复告诉我们:不需要发任何公告。”

到了圣诞节,UICC 已经不需要像 10 月和 11 月那般狂热地工作。除了布伦特伍德和特伦顿,UICC 的人已经将所有受污染的场所清理并重新开放——共 21 个(在沃灵福德还有一些清理工作要做,但是它已经开放)。UICC 已经对 284 个地点进行了抽样检测。USPS 处理了 15 000 份与炭疽有关的报告。开始的时候,每天有 500—600 个来自新闻机构和公众的电话打到 USPS 的通信中心,12 月份的时候,这个数字已经缩减到每天一打。12 月 21 日,星期五,UICC 停止运作——至少是暂时停止。当它在 1 月份重新开门的时候,它的规模变小了。

清洁大型开放式的建筑确实是一项长期而昂贵的任务。EPA 直到 2002 年 2 月才将哈特清理完毕。清理国会山(30 个建筑物)的最终费用达到 2 300 万美元,比当初的估计高了两倍。工程副总裁戴伊说 USPS 从哈特的清理中学到了很多:使用多少二氧化氯气体,在什么条件下使用,什么样的温度和湿度,用多长时间。布伦特伍德的清理工作还在进行——由于它的巨大的面积和复杂的结构——工作进度很慢,整个建筑物继续关闭了一年多。无论如何,公众对邮件安全的信心已经回升。在危机期间,调查显示此信心下降了 30 个百分点——仅仅 60%的美国人信任邮件。到了 2002 年 3 月,80%的美国人又对邮政服务系统有了信心。

教授访谈

面对危机的战略思考

阿诺德·豪伊特

哈佛大学教授，肯尼迪政府学院州和地方政府研究中心执行主任。他最近的研究集中于交通、环境、城市发展和危机管理等问题。他还是肯尼迪政府学院应对恐怖主义研究中心和执行会议主任。豪伊特是《联邦管理》一书的作者，《管理能力建立观察》等书的合著者。他还是《税收管理》《走向私营》《土地费用的政治经济学》等出版物的经常性撰稿人。

他毕业于哥伦比亚大学，并在哈佛大学获得硕士和博士学位。

思考问题

1. 在战略上看，炭疽病危机对USPS的影响是什么？此次危机对USPS的目标，所有利益相关者对USPS的支持和它本身的运作能力的影响分别是什么？

2. 在USPS开始炭疽孢子清理工作的时候，要考虑哪些内部的和组织之间的重要因素？

3. USPS 临时设立的管理机构是否能够有效处理危机？

4. 危机中产生的企业与员工关系问题能否有更好的解决办法？特别是黑人员工提出来的他们受到了与国会山的工作人员完全不同的待遇？如果可以的话，如何处理？

5. USPS 可以做什么准备来应对将来的生化恐怖袭击？

问：你在肯尼迪政府学院教授两个危机管理的案例，一个是西尼罗病毒，另一个就是炭疽病危机。这两个案例都是过去的一年中在你的指导下撰写的，请问你是否认为现在危机管理应该享有比以前更重要的地位？

答：危机管理作为战略管理的重要组成部分，正越来越受到重视。这个课题重要与否并不是我们教授自己说的，而是越来越多的危机发生之后，管理者需要我们去思考。我们把这些危机作为案例放到肯尼迪政府学院的课堂上，让大家讨论，看看当事人是否可以做得更好。在案例讨论中，教授的观点并不重要，是教授提出的问题更重要。但是，如果有可能的话，我们往往会提供一种思考方法，让大家在思考的时候会更全面，更策略。

问：你会从哪里着手开始分析炭疽病危机？或者说，如果你是 USPS 的领导，在危机发生之后，应该如何思考？

答：一般情况下，我们运用一个理论模型“战略管理三角图”来分析企业和组织的战略。它提供了一个系统思考的工具。在危机发生之后，仍然可以运用这个模型来分析危机下的组织决策。危机作为战略管理中的一种特殊情况，运用这个模型可以使决策者有全局性的思考，以看到整个画面。

组织战略管理三角模型的基本结构是这样的：

策略分析三角向我们清晰展示了三种环境和三种关系：目标（Public Value & Mission）——任务环境；支持（Legitimacy & Support）——资源环境；能力（Operating Capacity）——权力环境。对

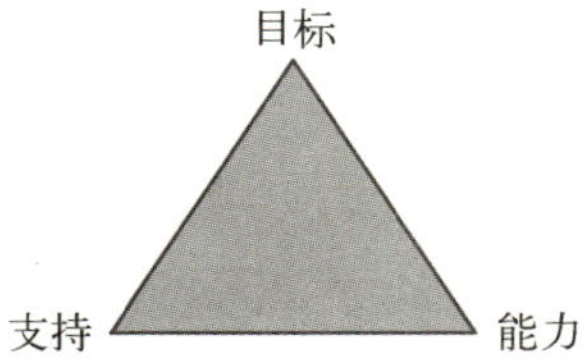

三种环境的综合考虑是组织决策的关键，不管是日常管理还是危机管理。

目标——我们的目标是什么？组织对社会的价值是什么？

支持——寻求各种资源的支持，确立行动的合法性与合理性，具体做法包括寻找联盟，进行公共沟通和信息传播，寻求情感支持，选择是向大众还是特定群体寻求支持等。

能力——有哪些组织内外的资源可以利用？包括程序化的准备、临时决定、组织动员和通过对偶发事件的管理加强组织内部的合作等。

对于USPS来说，炭疽病危机的发生是一个复杂的战略性的危机。

第一，危机对于USPS的目标和价值——“快速而准确地向美国民众邮递信函”产生了威胁。USPS是一个财务独立的公司，保证每个人都能享有安全的邮政服务。现在这些目标都受到炭疽病的挑战。不仅速度大大减慢下来，最严重的后果是邮件投递可能会全部停下来，因为其中包含了危险性。

影响还在于民众可能不愿意接受信件，因为他们很害怕信件里会有炭疽粉或者已经被炭疽孢子所污染。这会使美国邮政服务系统的平价邮件服务功能受到严重损害。炭疽病危机使美国邮政服务系统付出了高昂的代价，因为处理这一危机他们付出了大量的额外费用。美国邮政服务系统另外还有自身重要的商业功能，它在递送日常的邮件之外还递送广告、杂志和其他信息宣传品等。炭疽病危机使这一重功能也受到了严重影响。

第二，对于与此事有重要利益相关者来说，此事也关系重大。第一方是美国公众，他们依赖美国邮政服务系统的服务得到安全及时的信件递送；第二方是商业信函的用户；第三方是邮政系统的员工和工会组织。还有就是美国国会和政府其他部门，他们提供美国邮政服务系统所需要的各种资源。如何与各方沟通并得到各方的支持与协助，对处理此次危机非常重要。

第三，运作能力受到威胁主要来自两个方面：一是受到设备的限制，一些设备受到污染不能使用；二是邮政员工由于危险的存在而可能拒绝工作或者无法工作。这些威胁的影响范围很大，必须很小心地处理。

因此，对危机的反应可以运用三角图所提供的策略思维。从三个方面思考，确定优先行动方案。

危机发生后，USPS 的目标是什么？

应与哪些主管部门和利益关联方沟通与合作保证目标的实现？

有哪些组织内与组织外的力量可以调动，以实现目标？

问：你向学生提出的第二个问题是，在 USPS 开始行动的时候，有哪些组织内和组织间的重要因素是需要考虑的。你认为 USPS 在哪些地方做得不够？

答：在此次处理炭疽病危机的时候，清洁污染了的设备是其中重要的步骤。在这个过程中，我们发现 USPS 在与大众沟通方面，在与员工沟通方面和在检测清洁污染设备与保证信件投递等几个方面都存在问题。

在信息沟通方面，USPS 做出了很多努力并建立了相对合理的紧急沟通制度。比如，在危机发生的早期，公司副总裁贾弗对此十分警觉。他制定了每天的沟通制度（3—4 次），让员工第一时间知道消息；设立了网站和沟通谈话等。他决心让员工从 USPS 得到的信息快于其他新闻渠道。作为一个负责公共关系的副总裁，贾弗做了相当多的工作。但是,这里提出了我们将要讨论的关于信息沟通的重要问题:信任。员工是否信任公司所告诉他们的一切。

员工相信被告知的是事情真相吗?他们相信被要求去做的是对他们有好处的吗?他们相信公司是代表他们最大利益的吗?USPS告诉员工们“保护员工的健康”是USPS的首要目标。但是显然这并不是美国邮政服务系统的唯一目标,公司还有其他的目标和考虑,比如刚才前面提到的保证信件投递、公司的商业利益等。而这些其他的考虑会分散或削弱公司对保护员工健康的目标。

另一方面,向员工传递的这种可信性被削弱了,因为它不是独立的专家意见。而专家意见正是员工们非常需要的。

而发生在美国国会里的炭疽粉事件中,工作人员被暴露在炭疽孢子的威胁下,情况是相当严重的。人们知道装有炭疽粉的信封被打开了,炭疽菌颗粒从里面掉了出来。但是,即使在那个时候,人们仍然相信,除非有人将它打开,否则信封里面的炭疽孢子是不会污染邮件分拣和投递设备的。但是不久之后,当新的邮政员工受到感染,人们才发现炭疽菌颗粒被人磨成了更小的颗粒,一些邮政设施已经被严重污染了。

这时USPS面临这样的疑问:有没有可能提前采取更多更有效的措施去保护员工。因为在这段时间里又有新的员工染病甚至死亡。员工们对于USPS的不信任增加了,特别是当这种不信任被染上“种族歧视”的色彩的时候。他们提出他们受到了不平等的对待,特别是与美国国会山里的工作人员进行对比的时候。

在USPS应对来自员工的质疑的时候,他们更需要别的机构的专家意见,也需要别的机构的监管。比如说职业安全和健康署,它是美国劳工部的一个部门。由他们来监管工人是否在安全的地方工作。同时也牵涉美国环境保护局。他们牵涉环境安全问题,把受过污染的地方接管过来。所以很多别的机构必须引入处理方案中来。

USPS需要开展工作,理顺与别的机构的关系,不仅是USPS对别的机构有责任，别的机构同时也对 USPS 负有责任。USPS 必须满足别的机构的要求，这样才能得到他们的帮助。这是问题的一个方面。

问：从案例中我们可以看到，对有关炭疽病的信息发布，很多时候来自美国政府。政府应如何处理类似的信息发布？

答：很多危机有许多相似性。在中国和加拿大 SARS 刚刚发生的时候，只能根据当时的最好的信息和科学家最好的估计判断，但是时间一长，发现当时的判断是错误的。最初炭疽病的相关信息发布不久之后也被证明是错的。

决策者问专家意见，得到专家建议，但专家意见往往是当时的和不全面的，你要面对这种后果。所以你要即时告诉公众，告诉员工，事情并没有像预期的那样，没有那么顺利。如果你不告诉他们反而会威胁到他们，会威胁到那些认为事情进行得很安全的人的安全。现在还没有证据表明在炭疽菌事件中他们压制信息。他们还是愿意告诉你他们知道的事情，但是很显然他们（指美国政府官员）在对自己没有把握的事作了过分承诺。例如，过早判断这是“独立事件”，和“不会传染”与“没有恐怖主义”。

随着对炭疽孢子如何传播如何致病的知识的深入了解，应对方案也要进行调整。否则就要面对与公众关系的伤害。前几天刚刚发生的事，过几天要修改所说的话。这是一个伤害。一方面，要告知公众这种说法是临时的，是我们根据现在最好的信息做出的结论，但是我们不知道炭疽菌作为武器是怎么样的，现在最好的估计是怎么样的。我们觉得是这样的，但是我们不能肯定。不能 100% 地确信。诚实是个优点。当然缺点是唤起公众往最坏处想，会引起恐慌。所以作为决策者特别犹豫，特别是在向公众说话的时候，是否应该有所保留。但是同时说得太确信会损害公众对决策者的信任。这是个非常微妙的平衡。人们更容易相信医务工作者和专家的意见，而不愿意相信政治家的话。

所以在这个案例中,汤普森作为政治人物并不是最合适的说话的人选,应该让专家和技术人员多说话。官员最好少说话。作为专家和技术人员更容易说“不确定”,但是作为政治人物说“不确定”是很困难的。公众在政治家身上需要的是控制和信心。他们的角色是不一样的。政治家也知道“确信”这件事是权力的来源,如果说“不确定”实际上是削弱自己的权力。但对于专家来说这很正常。相对来说容易得多。而且比起从政治家那里听到的,公众会更信任他们。这样做好处是,政治家可以说,我们还与 CDC 的专家和大学的专家联系,我们依赖专家。这样一旦后来证明是错的,公众不会认为当初大家没有尽力。他们也认为当时的决策不是受政治影响,而是专家意见。

问:USPS 管理结构现状是否能够有效处理危机?

答:应该说 USPS 的管理结构,特别是临时成立的危机管理机构基本上有效地完成了危机处理的任务。在整个危机过程中,USPS 保证了邮件投递,清洁了被污染的机器,没有让危机最终阻碍“目标”的完成。

我会提醒大家留意的是,当危机过后,如何让组织从紧急状态回到常规状态。这是另外一个主题。在后期清洁被污染的设备时,危机管理演化成一个持续相当长时间,不是正常工作流程中的工作,因为清除污染不是 USPS 的正常范围之内的工作,它需要一年或八个月左右的时间。他们要建立专门的管理机构处理一系列工作:签订合同,监管清污工作,设定时间表并具体管理。需要责任清晰,理顺与其他部门的工作关系,并给他们更多的自主权。

当危机出现的时候,很多组织内部的事情是以处理危机为首要目标的,这些临时的做法和举动跟平时正常的运作是不一样的。随着时间的推移,没有那么紧张了,更少的人直接参与到危机处理中。本来危机发生时成立的机构与原来的机构是同时运作的,但是后来它的作用越来越小,原来的机构越来越发挥正常的作用。准备应对危机和危机后恢复是同样重要的,从正常运作转到危机运作的模式是一种挑战,从危机运作模式到正常运作模式也是一种挑战。虽然后者没有那么大的时间压力。

这是危机管理中的重要组成部分。举个例子来说,比如森林灭火,每年夏天美国有许多森林火灾。美国联邦政府和美国各州政府声明要将火控制在最低程度。灭火是非常紧急的任务。我亲自观察过一次灭火,是去年劳工节的时候。最高峰的时候有 8 000 人参与灭火。他们编成队,平时受训准备大的火灾发生,虽然你不知道大火在哪儿,但是每年总是有的。各地的消防队员飞到一个大的营地,他们是一个团队工作,一天工作 16 小时。每次工作两个星期。各团队轮换上阵。我注意到,专门有人考虑两个星期后人员怎么撤离,比如说后勤工作保证他们回到原来的地方去。必须有人负责如何遣散这支队伍。

专家对话

危机沟通与大众心理

——如何告诉公众发生了什么

罗彼克

罗彼克先生是哈佛大学风险沟通主任，并在哈佛大学公共卫生学院教授风险沟通课程。

他出版有《风险：什么是真正的安全，什么是真正的危险》一书。

他是美国全国公众广播电台早晨节目的评论员。在风险和风险预防问题上发表过大量的文章。他曾就风险沟通问题应邀在美国白宫、众多政府部门、公司和世界各地的消费者协会演讲。

在进入哈佛大学之前，他在波士顿 WCVB 电视台供职 22 年。曾两次获得哥伦比亚奖，以及普利策电视奖和许多地区性的艾美奖。

他为《波士顿环球时报》和《纽约时报》等多家报纸撰写专栏。

他在美国环境记者协会董事会任职 9 年，是 1994—1995 年麻省理工学院科学记者学者和 1999 年美国全国热带植物园学者。

他曾在波士顿大学和 TUFF 大学新闻系任讲师。他于 1972 年获得本科新闻学位，1973 年于西北大学获得硕士学位。

问：在本书前面的主要章节中我们分析了危机管理的重要案

例，在教授的分析中我们发现政府和企业很多时候在危机沟通的时候犯错误。如何在危机发生之后与公众进行有效沟通，成为危机管理是否成功的关键问题。据我所知，你是哈佛大学目前唯一的一位致力于风险沟通研究的学者，请问你对政府和企业的危机沟通有何建议？

答：我们将风险沟通的概念定义为这样：帮助人们理解影响他们生命、感觉和价值观的事实，让他们更好地理解风险，并做出明智的决定。风险沟通不是只告诉人们你想要他们做的事，也就是你认为的"理智"的行为。风险沟通在危机管理中很重要，因为绝大部分危机沟通的内容是风险沟通。

向公众进行风险沟通的关键是"信任"。政府也好，工商企业也好，都是这样。要做的最重要的事就是建立"信任"。一个关于危机的认知心理学研究表明，公众判断什么是危险的，什么是应该害怕的和应该多害怕的，与他们对政府的信任，对制造某种产品的工业企业的信任有很大关系。这种信任度越高，他们越不害怕；相反，信任度越低，越害怕。泰力诺事件表明，信任如何增加了企业与公众沟通的效果，最终使企业从灾难中恢复过来。埃克森石油泄露事件则表明公众对企业的不信任如何导致了更严重的后果。

信任来自很多方面。最重要的是诚实。我曾经专门写过一篇论文，论证公众对政府的信任程度越低，公众的恐惧和惊慌程度越高。在炭疽病危机事件中，美国政府曾向公众表示，"我们知道发生的是怎么回事"，"这种病不会传染"，"没有恐怖主义"，但是事情的结果使政府非常难堪。公众对政府的信任程度迅速降低，社会恐慌迅速扩大。而在泰力诺事件中，企业决定将所有产品召回，花费了比实际需要多得多的代价，只为换得公众"绝对的安全"。正是这样建立了公众的"信任"。从长远来说，与企业最终失去客户相比，他们是花了一笔"小钱"。

所以说，建立信任，是与公众与进行风险沟通的最重要的基础。

另一个建立信任的例子是“9·11”事件之后，纽约市长朱利安尼的表现。他向公众承认他也“害怕”，他也不知道下一步会发生什么事，他的痛苦是诚实的，也是真实的。他没有试图控制公众的情绪，也没有试图保持完全的冷静。这样反而使公众更信任他，使他能更有效地帮助公众消除过分的忧虑。诚实和公开有助于建立信任，使危机沟通更有效。

危机沟通的另一个关键是，永远不要形容公众“太不理智”，甚至“愚蠢”。这样做是忽略和漠视他们的真实感受。他们的恐惧是真实的。这是事实。如果你告诉一个人他没有理由有那样的感受，那等于在打他的耳光。他的感受是真实的，你必须尊重他。否则的话，不仅不会使他们平静下来，还会使他们对你丧失信任。通常危机沟通失败的几个原因是：批评人们对于风险的本能的反应；不接受公众恐惧的感情基础；只注重“事实”，而不注重人们的“感受”。

问：你能不能概括地讲一讲风险沟通失败的几种可能性？

答：很多风险沟通失败在于没有意识到公众为什么会有那样的反应，或不愿意接受公众恐惧的情绪化表现。很多时候失败在于只着眼于事实而没有着眼于公众的情绪；没有主动地积极地沟通，往往在问题已经形成，公众的情绪和看法已经形成之后。信息单向沟通而不是双向交流，只想向公众传达自己想传达的“演讲”式的表达，而不是一种对话。

问：你从事多年风险沟通的研究，人们对于风险的认识有些什么特点？

答：任何一种风险，炭疽病也好，西尼罗病毒也好，都有几个共同的特点：

不确定性：一种新的疾病，来自哪里？有多严重？如何传播？

全新性：像西尼罗病毒。我们人体保护自己的本能方式是恐惧，对全新的不了解的危险的恐惧，是我们人体的生物学反应。

但是人类对不同来源的风险的恐惧是有差别的。

信任还是不信任——当我们相信与我们沟通风险的人时，我们的恐惧会减少。当我们相信一个决策过程时，我们的恐惧也会小一些。更重要的是，当我们相信政府或组织会保护我们，我们的恐惧会小一些；任何与某个行业有关的风险，沟通的信息却来自政府，都会使我们更恐惧；任何与消费者组织有关的风险，沟通的信息来自相对中立的专家（医生或学者等），都会使我们的恐惧少一些。

能够控制还是不能控制——对于个人来说，对于不能够控制的风险比能够控制风险更恐惧；像飞行，作为乘客坐在其上；政府的一个政策制定过程你不能参与；对于自己可以控制的事物较少恐惧——像骑自行车，自己驾汽车，政府的政策制定过程你能够参与。

风险与收益——人们总是在不断比较风险与收益的。如果人们相信置身风险是有收益的，他们的恐惧会减少。

自愿的还是被迫的——人们对于强加于他们的风险更恐惧。

自然的还是人为的——人们对于人为的风险更恐惧。

是灾难性的还是慢性的——人们对于突然的灾难更恐惧。比如我们害怕飞机失事的恐惧大过对于心脏病的恐惧，虽然后者致死的人数要多得多。

不确定性——人们对于一件事越不确定，恐惧越强。

"我"还是"他们"——人们对于发生在别人身上的风险没有像对发生在自己身上风险那么恐惧。

问：如何在危机沟通中通用这些特点呢？

答：如果我知道这些可能的危险像泰力诺、炭疽病危机，我尊重你害怕它们的原因，我想与你沟通，让你对信息保持一种平衡，请你听我说，请你相信我。所以我可能会这样说："我也有孩子，这件事也让我担忧。这里有一些信息我用来判断我应该担心到什么程度，它们可能对你也有帮助。"这里第一件事是承认公众为什么害怕，并且尊重他们的感受。“你可能有些过分反应因为是关于孩子的,但是这没有关系,我非常理解。”这比简单地说“你反应过度了”要更容易赢得公众的信任。

第一步是建立信任。第二步是尊重公众的恐惧。如果你了解风险的特点,了解公众为什么会恐惧,承认并尊重他们的感受,他们会对你更加信任。

你在写一本关于危机管理的书,你要知道当危机发生的时候,你往往已经错过了危机沟通的最佳时刻。因为危机沟通是否有效,往往不在于危机来临后你做得怎么样,而在于危机之前公众对你的信任程度怎么样。如果公众对你很信任,那么在危机来临时他们会信任你说的话,使这场大火没有那么热。

问:有的时候我们看到政府对于危机“过度反应”。过度反应是否有利于消除公众的恐慌?

答:是的,政府或企业的强有力的有时是过度的反应的确有利于消除公众的恐慌,像在泰力诺事件中,像在纽约西尼罗事件中。但是,这里的危险在于,过度反应通常会消耗大量资源、金钱和人力。这并不总是最好的策略,不可经常使用。因为当更大的危机来临的时候,管理者会缺少必要的资源保护公众。如果强生公司多次使用在泰力诺事件中所采用的措施的话,会很快破产。

问:政府和企业应该在什么时候采用过度反应的策略?

答:通常,当公众的恐慌带来的危机大于真正的危机的时候,政府可以采用过度反应的策略以缓和公众恐慌。例如,恐怖主义为普通美国人带来的危险并不是一个巨大的危险,但是对它的恐惧是如此之高以至于它影响了美国经济,改变了人们的行为方式。对恐怖主义的恐惧成为比恐怖主义本身更大的危机。因此政府需要采取措施减少这种恐惧本身带来的危险。

我从 CDC 的网站上看到一个数字,2002 年因西尼罗病毒而死亡的美国人是284人。与它最初出现在纽约那一年相比，它带来的灾难更大(1999年纽约因为西尼罗病毒而死亡的人数只有7人)。为什么这样一个危险在美国几乎没有人谈论?

这正是我在风险沟通理论中想表达的，公众的反应往往并不是真正的危险。如果一个危险是新的、未知的，意识到它的存在的人们就会更恐慌。与去年的西尼罗相比，SARS是未知的，没有人知道它最终会有多大的伤亡。SARS最终是被控制住了，它还有一种可能是未被控制住，没有人知道可能的结果会是什么。

与1999年相比，那时的西尼罗是新的，也是未知的，所以公众的恐慌很深。虽然去年西尼罗带来的危险更大，但是因为人们对于风险的反应是由诸多特点所决定的，所以人们对它的反应却是大大减弱了。

(向笔者扔过来一条假蛇，笔者本能地躲避。)

在课堂上我向学生扔过这条蛇，他们也像你一样本能地回避并惊叫。我问他们：有多少人认为我扔的是真蛇？没有人。那为什么有这样的反应？我问。是本能，他们说。

问：在我们的政府危机管理案例中，我们发现政府往往面临着一个两难选择，在危机发生的时候，如何与公众沟通。如何告诉他们真正的危机在哪里，有多大。这之所以成为难题，是因为政府既要告知公众他们所面临的危险，使公众有所准备，并配合政府的工作；另一方面，政府又不希望公众过于惊慌，而影响正常的工作和生活，甚至引起混乱，出现管制危机。请问政府应该如何把握好这个度?

答：我在《风险：什么是真正的安全，什么是真正的危险》一书中强调的是，政府必须认识到，公众对风险的过度反应和反应不足都是有害的，有时比危险本身更危险。在美国有一句被反复引用的话："我们唯一恐惧的是恐惧本身。"这在很多情况下是真的。所以，风险沟通的任务是让公众保持一种对风险的客观的看法，这样不影响政府做出明智的选择和制定有效的政策。

问：这带来了一个问题，如果政府并不掌握足够的信息来判断风险有多大的时候应该如何与公众沟通？

答：这是个好问题。在这种情况下政府需要格外谨慎。政府缓和公众的恐惧的正确做法就是格外谨慎。但这里面是有危险的，因为格外谨慎并不总是对的，有时也是有风险的。你知道转基因食品吧，它的风险到底有多大人们并不清楚。因此有人说，我们应该格外谨慎，不应该允许转基因食品生产。如果政府在这件事上表现得过于谨慎，说我们不允许转基因食品生产，那么就会阻止我们现在所能做到的一种新的生产食物的方式，世界就会减少大量的转基因食物，它带来的风险是更多的人会挨饿。因此你必须能够平衡你到底应该有多谨慎。因为有时过分谨慎在降低一种风险的时候会提高另一种风险。每个行动都包含着风险，也包含着收益。当我们越是缺乏某种风险的知识的时候，我们越是要谨慎，目的就是为了与公众建立信任的关系。

问：这让我们想起英国政府对疯牛病的反应。在危机早期，政府似乎没有足够的信息来判断风险到底有多大，但政府采取了"过分承诺"的办法来缓和公众的紧张情绪。你怎么评价政府在这件事上的做法。

答：英国政府在疯牛病的后期的确杀掉了上百万头的牛，只是因为它们可能染了病。英国政府的确是做到了"过度反应"，向公众表示政府是做到了格外谨慎以降低风险。但是，它没有在一开始的时候做。造成的结果是公众并不信任它。刚开始的时候它过于轻率地向公众宣布"没有危险""我每天吃牛排"，希望公众不要惊慌，但是造成的结果是公众不信任政府。公众的惊慌不但没有缓解反而上升了，公众的惊慌成了最大的问题，导致政府不得不采取"过度反应"的办法来缓解公众恐慌。其代价比一开始"过度反应"要大得多。

让我们来看看德国是怎么做的。在 2001 春天，第一宗疯牛病在德国被发现，并被认为是从英国传来的。德国政府的反应是什么呢？在短短一个月之内，他们隔离了这个牛场，检测并杀掉了所有可能染病的牛，撤掉了农业部部长，改变了几乎所有养牛的有关规定。德国政府运用的就是"过度反应"，使德国牛肉生产和出口有惊无险地渡过了难关。

与此相对比的是日本。2001 年 9 月，就在"9·11"事件发生之前，日本发现了第一例疯牛病。政府说这算不了什么，不会再有第二例了。可是不久之后就发现了第二例。政府继续否认有问题。农业部部长说我不会辞职的。新闻界发现，日本政府是知道疯牛病的影响的。但是，为了不影响日本牛肉行业的生产和出口，政府采取了否认问题的态度。结果疯牛病对整个日本牛肉生产影响巨大，甚至影响了 2001 年日本全年的 GDP。日本政府没有采取"过度反应"来缓解公众恐慌和建立信任。

问：如果政府不知道发生了什么，政府应该对公众说"我不知道"吗？

答：是的。这也正是美国政府在防治 SARS 问题上的做法。他们说关于此种疾病我们有太多东西不清楚，我们态度谦卑。与此相对照的是炭疽病危机中的做法。一旦你说了什么后来证明是错的，这是对你的权威与信用的最大杀伤。你可以说"有一些东西我们还不太清楚，但大部分是清楚的"。永远不要认为自己 100% 知道所有的信息，这样给你一些事后回旋的余地，说"可能"。

哈佛大学风险分析中心曾为美国政府提供了疯牛病的研究报告。我们的研究显示，如果得了病的疯牛是从外国传来的，哪怕是 500 头疯牛从外面传进来，都不会在美国传播开来，影响美国的牛肉生产，因为美国有严格的牛的饲养规则。政府想向公众公布我们的研究成果，征询我们的意见应该如何讲。我们的建议是这样的：

“在美国目前没有发现疯牛病。如果疯牛病从别国传来，也不会在美国传播开来。但是，仍然有一点点例外的可能性，虽然这种可能性非常非常小。”我们不建议政府作100%的保证。因为即使有1例疯牛病在美国被发现，也会损坏政府的威信。后来果然有1例被发现，政府可以说：“看，出现了1例，这很不好。”但是我们预计到会有这种可能性。政府会做出过度反应的。公众的恐慌不会那么强烈，也不会持续很久。只有充分预计到这种可能性，公众届时才不会过度恐慌。

问：有人认为政府如果说“不知道”会削弱政府的权威，你怎么看？

答：说不知道有可能某种程度上削弱政府控制的权威，但是这种代价我是愿意付的，因为我会从另一方面建立权威，那就是来自公众的信任。政府通常宣称的比他们真实知道的多，以控制局面。但是其中的危险是显而易见的。因为一旦后来被证明的错误的，公众不会再信任政府。

问：在整个危机管理画面中，危机沟通占据一个什么样的位置？

答：在很多情况下，风险沟通是危机管理中最重要的部分。因为风险沟通往往牵涉更多更广泛的人群，需要沟通的人群超越了直接受危机影响的那一部分人。例如，在炭疽病危机中需要沟通的是整个美国人民，而不仅仅是直接受炭疽病感染的人群；在“9·11”事件后需要沟通的人群也显然是整个美国甚至世界，而不仅仅是受害者及家人。危机沟通处理的是更多人的恐惧，这种恐惧带来的影响往往比真实的灾难还要大。

专家对话

目击权力

——历任美国总统危机管理得失谈

戴维·格根

哈佛大学肯尼迪政府学院公共领导能力教授,公共领导能力领袖中心主任。在过去数十年期间,格根教授曾为四届美国总统担任顾问,他们是尼克松、福特、里根和克林顿。从20世纪80年代中期,他开始从事新闻事业,成为美国《美国新闻与世界报道》的编辑和电视评论员。他于1994年结束了自己的白宫生涯之后,又回到新闻业,而且开始在杜克大学教书。他于1999年加入哈佛大学肯尼迪政府学院,业余时间为《美国新闻》撰稿,并任美国广播公司的《新闻》和《晚间新闻》节目的特约时事分析家和评论员。

在2000年秋天,他出版了畅销书《目击权力:领导能力的本质——从尼克松到克林顿》。他也活跃在非营利机构的董事会,包括耶鲁公司,他是“美国政府创新”项目的美国全国委员会主席。

格根教授毕业于耶鲁大学,并取得哈佛大学法学院硕士学位,他还拥有其他九个荣誉学位,他曾在海军中服役三年半,并且是华盛顿BAR组织的成员,他的妻子安妮就学于波士顿大学。

戴维·格根对于领导者处理危机的三点建议：

1. 坚强的神经。
2. 确认什么是最重要的。
3. 一个可以信赖的朋友。

问：危机中领导者最重要的能力是什么？

答：第一，坚强的神经。面临危机的时候，人们的生理上和心理上压力很大，对事情发展不可预知，紧张，判断力减弱。人们对领导者充满期待。别人可以跑，领导者不可跑，不能躲避，必须面对危机。在部队中经常有准备应对危机的训练，当准备越充分的时候，面对危机时越容易保持镇静。

第二，确认什么是最重要的。任何危机都会迫使你放弃那些边缘性的，不是最重要的东西。你要将焦点集中在你想要挽救什么，你想要保留什么。在水门事件中，很显然，下层人员比起上层人员是可以最先牺牲掉的；上层人员比起总统来说，也是可以牺牲掉的。每个人都努力去保护总统。

第三，作为个人的总统相比起美国的总统制来说，也是可以牺牲掉的。所以，尼克松总统最终辞职，以保护美国的总统制。总统制对美国这个国家来说显然比个别总统要重要得多。

在危机中，你必须保持头脑清醒，什么是第一位的，什么是第二位的，什么是第三位的。就像在国际象棋中，人们可以牺牲士卒保护保护国王和皇后。这也是危机中的规律。

问：面临危机时需要什么样的领导风格？

答：我认为危机时刻对领导风格的要求与平常时期对领导风格的要求不同。在很多组织中，人们倾向于转变自上而下的，命令式的“旧”的领导风格，采用影响式、说服式的领导风格，通过影响与说服，激励与鼓动人们行动。这是在通常情况下的领导风格。你要建立人们对你的信任，使人们相信他们的行动有利于他们自身的利益。但是在危机中，恢复旧的领导模式是必需的。需要恢复自上而下的命令式的领导方式。你必须做这个，必须做那个，重塑领导权威。危机发生的时候，没有时间去说服，没有时间像大学里研讨会一样坐下来慢慢探讨如何应对以及各种可能性。比如说“9·11”事件发生后，人们期待的是命令，如何做这个，如何做那个。我们可以看到美国总统布什在“9·11”事件前后领导风格的明显转变。之前是说服式的领导风格，之后是决定式的领导风格。

问：您能否分别描述与评价不同总统不同的危机管理风格？

答：我服务过四届美国总统，任何一个总统都会遇到危机。在谈这四个总统之前，我愿意先讲一讲肯尼迪总统。肯尼迪在他的总统任期中遇到过两次危机，一次是古巴猪湾事件，试图推翻卡斯特罗政权而失败；一次是古巴导弹危机。对这两次危机的处理形成了鲜明的对比。第一次危机是在肯尼迪任总统的早期，他没有多少经验，特别是没有处理危机的经验。过于依赖顾问，自己没有判断，最后失去了镇静与勇气。可以说是一次失败。第二次危机是在两年之后，对古巴导弹危机的处理则成为危机处理的经典案例（有一部电影《十三天》专门描写这次危机）。他非常冷静，提出各种深入的具有挑战性的问题，寻求所有的可能性。最后成功地化解了危机。可以说是一次处理危机的成功例子。

我服务过的总统中，尼克松是很擅于处理危机的。他在处理一些与他个人安危无关的危机时非常冷静。1973 中东巴勒斯坦危机发生时，他表现冷静，从容面对，处理方式非常有策略。可是在水门事件中，他犯了一个致命的错误，就是试图成为个人危机的管理者。水门事件是关于他通过总统办公室人员为了建立权力而滥用权力的事件。他对此事的处理很无能，因为里面充满个人利益冲突。尼克松（和许多领导人一样）在处理非个人的危机时表现冷静机智，比如巴勒斯坦危机,与柏林打交道,与朝鲜打交道,与中国打交道。但是在处理个人危机时往往失去了冷静的头脑。狄更斯曾经说过一句话:“一个人想雇用他自己做自己的律师是愚蠢的。”尼克松陷入水门事件中,饱受痛苦和磨难,在如何处理水门危机时犯了严重的错误。水门事件起初事情并不大,只是一个酒店的房间被盗。但是由于没有及时处理,事情后来越闹越大,尼克松想尽力掩盖。结果导致了后来愈演愈烈的危机,直至被迫辞职。

福特任期中相对来说危机比较少。唯一的危机是他任期初期对尼克松的赦免,使尼克松免予起诉。这样使他有袒护本党人员的嫌疑。福特感到做这件事是正当的,但是他操之过急,他自己的团队和公众都没充分心理准备。一件好事做坏了。当你要做这种事的时候,你需要给公众有充分的心理准备。对公众来说,不仅是吃惊,而且是震惊。这对他执政来说是相当不利的。

罗纳德·里根是擅于处理危机的。但是,对于他来说,最重要的功绩是预防危机。我是信奉这一点的:评价一个领导者的领导能力既要看他在危机来临时表现得有多好,更要看他如何防止了危机的发生。危机并不总是对组织有好处的,更多的时候是灾难。在里根任期内没有大的国际性危机,没有地震灾难,没有古巴导弹危机。有一件事可以说是危机,虽然不是非常严重的。1984年,伊朗门丑闻。里根政府告诉世界我们不会以武器交换人质,不会与对方谈判。里根是非常擅长处理危机善后工作的。关于危机的处理集中于三个方面,危机前、危机中和危机后。里根特别擅长于处理危机善后。态度开放,有决断。

克林顿任内的主要危机不用说是莱温斯基事件。就像水门事件一样,这也是一件他个人身陷其中并成为事件中心的危机,是由于个人行为导致的危机。在这种情况下,他个人对如何处理危机的判断往往不是最好的判断。在这种情形下他需要的是一个可以向其咨询的好朋友,给他非常坦白的建议。

在这个事件中有一个人本来是可以成为这个角色的，可以给他很好的建议，并引领他走出危机。他的名字是弗农·乔登(Vernon Jordon)。他是一个华盛顿的律师，他长期以来辅助克林顿处理棘手事件。但是在这件事中，克林顿却让他帮忙给莱温斯基找一份工作。乔登是适合给克林顿以建议的，因为他们两人都是律师。但可惜的是，由于乔登帮助莱温斯基找工作的事使他个人陷入被动，成为被调查的对象。而依法无法与克林顿谈话。克林顿失去了一个向好朋友寻求建议的机会。

危机中(特别是由于领导者个人行为导致的危机)的底线是，领导者需要一个可以向其请教的朋友的意见。在古巴导弹危机中，肯尼迪有他的兄弟为他当参谋。当你身陷其中，你需要一个旁观者给你清醒的建议。

美国总统布什是一个强有力的危机管理领导者。他对于将要做的事情非常强硬。他给人们以信心。他掌握着有史以来最强大的军事力量，当危机发生的时候，美国比他的对手强大得多，对手很难取胜。美国一年的军事花费是4 000亿美元，而伊拉克只有10亿美元，这不难理解美国为什么会在伊拉克取得决定性的胜利。布什在"9·11"事件之后受欢迎程度大增，人们认为他是一个强有力的有决断的领导。从长期来讲，布什将现在美国与世界的关系描述为"我们与他们"，"正义与邪恶"，这在危机时期是有效的。但是从长期来看，世界是复杂的，在非危机时刻，在与世界的正常交往中，这样的区分并不总是合适的。

问：你在书中说过，"每一个美国总统都曾与新闻界有过麻烦"，你对领导者与新闻界保持良好关系有何建议?

答：这将是另一个长篇大论了。你可以参考我的讲义。但是，最重要的一条是信任。美国总统对新闻界的信任，新闻界对美国总统的信任。如果有了信任，在危机发生的时候，新闻界会给美国总统一个公正的对待;如果没有信任,新闻界如果怀疑美国总统不是在讲真话的时候,那时候美国总统的麻烦就来了。

格根教授对政府与媒体关系的建议(节选)

新闻界既不是你的敌人,也不是你的朋友。它只是另一种力量。它就在那儿,不管你喜欢不喜欢。它不会消失,也不会改变太多,至少在你的任期内。虽然我们都喜欢正面的报道,但这不应该成为你的首要目标。而是应该寻求一种面向公众的平衡的、公平的、诚实的形象。一届政府如果做得好的话,是可以达到以上目标的。

这里面没有什么火箭技术(速成法)可以使你迅速达到科林·鲍威尔、伊丽莎白·多尔、迈克·麦柯里他们那样多年以来享有良好的媒体关系。他们对新闻界很诚恳,新闻界很容易找到他们。他们说话有权威,他们尊重媒体记者。他们很幽默,当然他们也隐藏了许多应该说而没有说的话。与此鲜明对比的是,在政治圈里到处是高傲的、说谎的、玩花样的和没担当的人。

下面是一些我多年从事政府媒体关系时总结出来的经验,我认为在今天还是有效的:

1. 公开,诚实。过度公开当然不好。但是诚实从长期来讲是好的,可以使政府保持良好的形象。

甚至在国家安全的问题上,政府也没有权力撒谎,但是有权保持沉默。

在与新闻界谈话的时候,记着永远保护你的上级的诚实与正直,就像保护你自己的一样。

在倡导和推行你的施政纲领时,应充满激情。但是也愿意倾听不同的角度和方案,承认别的方案中的可取之处。

你大部分的同事不愿意承认你们的工作中出现失误,但是对新闻界的坦白最终会使你们受益。

如果新闻界惊讶地听到你承认有些工作没有你预期的那么理

想，那么，之后你会惊讶于新闻界竟会赞扬那些工作。

2. 了解新闻界的需要和节奏。如果你尊重一个记者要报道新闻的需要，你便可以预测和为他提供素材。比如为他起一个吸引人的标题，引人注目的细节，重要的事实等。记者最后当然会自己决定，可是有时候他会认为你的主意也不错。

重要演讲之前的文字稿要提供给记者，以便新闻单位决定报道的长度和篇幅。有选择地“露”一些料给记者，但是最好让老板自己来发布真正的新闻。

截稿时间对新闻媒体来说是一件大事。如果你真的想合作的话，设法赶在那之前。

如果有重要新闻，最好提前向新闻界打招呼，让他们作充分准备。在一轮报道的后期与媒体对话和交流也是一个不错的主意，这样可以避免误会，并对最后的报道施加影响。每一届聪明的政府都知道如何对媒体施些“小恩小惠”，比如告诉他们一些逸事，一些可以使文章生色的调料等。

指定一个白宫摄影记者，一个可以和记者们软磨硬泡的人，可以和记者谈谈工作，也谈谈生活的意义之类的话题。这是一个容易忽视的但是很重要的工作。

一个好的政府新闻发言人总是回完所有记者的电话才回家。

3. 让媒体可以找到老板。媒体有权利经常性地接触到你的老板。这是美国体制规定的责任。这样会使美国的政府内部工作更有效率。

如果你能说服老板制订一个计划，每个星期都与媒体见个面，并且是同样时间地点，那最好不过了。

如果你的老板聪明的话，他还会安排时间与一些记者一对一地经常会面。当然后者是私下会面，他们要求记者不要记录。

新闻秘书也应该经常性地向记者们提供新闻纪要。

4. 对新闻进行管理。在计划宣布一个新闻的时候要非常小心和谨慎。细节非常非常重要,发布每个新闻的时候要从记者的角度来看看可能会是什么样的标题、图片和导语。

经常性地发布新闻,但不要一下子提供太多的信息和太多的资料。对新闻界要同时有短期技巧和长期战略。在一个大的组织里,要安排两个人来做这项工作。

让你的老板来宣布好消息,让下属来宣布坏消息吧。

例外:如果消息真的太坏了,你的老板应该负全部的责任。

对新闻的管理应该是良性和专业的,而不是粗暴的。要知道管理和控制的界线在哪里。

不要对媒体吹牛。

编造很少有效。避免夸大。

漏得厉害的一定不是好船。在内部指定一两个人有意适当地泄露一点情况。如果做不好的话,还是把绳子拉紧点吧。

5. 负面报道。最终,无可避免地,有时候会出现负面报道。

在国际象棋中,你永远保护皇后。在政治中,你永远保护老板(领导)。几乎任何人都是可以牺牲的。

在困难时期要保持幽默感和坚持自己的观点。

不要轻视或制止那些强硬的记者,以保持沟通渠道畅通。

如果你的名字出现在早晨的报纸上,如果你不是要马上进监狱的话,还是坐下来把碗中的麦片吃完吧。

记住:猴子爬得越高,人们越容易看清它的屁股。

哈佛大学商学院案例

2000 年普利司通公司轮胎召回事件*

我们小心翼翼地经营着在日本的子公司，但是对其他海外子公司却没有采取同样的方式。我们让在美国的子公司按照它自己的企业文化来进行管理，而这正是导致错误的一个重要因素。

——海崎洋一郎(Yoichiro Kaizaki)，普利司通公司首席执行官

2000 年 9 月 6 日深夜，普利司通公司(Bridgestone Corp.)的首席执行官海崎洋一郎(Yoichiro Kaizaki)先生正在他位于东京的办公室里和他的危机管理小组进行磋商。他们聚集在那里观看一场美国国会听证会，出席听证会的是其子公司普利司通/费尔斯通公司(Bridgestone/Firestone Inc.，以下简称 BFS)的首席执行官小野正敏(Masatoshi Ono)先生。这场听证会是在 BFS 公司 2000 年 8 月 9 日召回 1 440 万只轮胎(其中 650 万是正在使用中的轮胎)之后举行的，与会代表指责制造商没有采取足够的措施来防止与轮胎有关的数百起交通事故。

截至召集听证会之时，与费尔斯通轮胎相关的交通事故已经在

---

* 本案例由林恩·夏普·佩因(Lynn Sharp Paine)教授编写，研究助理金·贝彻(Kim Bettcher)也参与了部分编写工作。本案例仅供课堂讨论，无意评论管理工作效率的高低。不得作为原始资料说明或论证数据进行引用。

美国造成250人受伤，88人死亡，在其他国家和地区也造成至少46人死亡。这些交通事故绝大部分与福特汽车公司的畅销运动型汽车“福特探险者”有关。在这种汽车上，费尔斯通轮胎是一种外包生产的原装配件。这次听证会事关重大，它不仅影响公司将近一个世纪的企业声誉，也将影响福特公司和BFS近百年的合作关系。

全球轮胎行业介绍

普利司通公司2000年在世界轮胎和橡胶产品市场上处于领先地位，占据了全球18.8%的市场份额，营业收入达到180亿美元。日本轮胎制造商1999年控制了全球轮胎市场31%的市场份额，销售收入达到695亿美元，而普利司通公司长期以来在日本轮胎行业处于领先地位，最近该公司因成功地收购了一家美国公司而威名大振。全球轮胎市场可以划分为两个细分市场：原装设备市场和替换设备市场（也称售后市场）。和其他大型轮胎生产厂商一样，普利司通公司在全球轮胎市场的两个部分都非常活跃，他同时向汽车生产商和轮胎经销商出售轮胎，通过他们将轮胎提供给消费者。

轮胎行业不仅非常成熟而且竞争激烈，1999年轮胎行业主要有9个大型全球生产商。1986年，轮胎行业销售总额达到340亿美元。自那时以来，虽然汽车数量不断增长，由于轮胎耐磨度提高和使用寿命延长，全球轮胎行业进入了一个缓慢增长期。轮胎越来越普遍地被人们视为一种日用消耗品，轮胎生产商对价格的影响能力越来越小。在原装设备市场上，轮胎的销售情况主要取决于汽车的销售情况，而汽车销售总额占美国国民生产总值的1/6。由于销售数量巨大，而且客户忠诚度容易建立，轮胎行业虽然边际利润微薄，却还能够收益颇丰。而在替换设备市场上，尽管边际利润较高，却需要在市场营销上付出更多的努力。

20世纪80年代以来，为了适应汽车制造商压低价格的要求，轮胎生产商之间开始了大规模的并购活动以实现规模效益。其中特别值得一提的是,法国的米其林公司 1980 年收购了美国的永耐驰/古德里奇(Uniroyal/Goodrich)轮胎公司,德国的大陆公司 1987 年收购了美国的通用轮胎公司。此外,和日本的汽车生产商一样,日本的轮胎生产商如伏科豪马(Yokohama)、住友(Sumitomo)以及现在进入美国市场的普利司通公司等都开始在美国设立工厂,以应对日元升值的压力以及规避美国贸易壁垒。

日本轮胎行业

1999 年,在日本排名前六位的轮胎制造商营业收入共计 297.5 亿美元。日本的汽车零件供应商大多数相互联系组成一种松散的家族式企业联盟,而轮胎供应商则不同,他们是相互独立的企业,他们在技术和设计上并不与某个汽车制造商紧密联系,而只是按照汽车制造商的规格指标来生产自己的产品。

从政府监督和法律约束的角度来看,日本的轮胎行业是在一种比较宽松的管制环境下运行的。从政府方面来看,对轮胎行业的管理分属两个机构,即日本通商产业省(MITI)和交通部。通商产业省的主要职责是制定行业政策,它的两个负责橡胶和轮胎行业的官员没有权力进行调查或者征询,也无权做出召回决定。而美国公路交通安全管理局(National Highway Transportation and Safety Authority,以下简称 NHTSA)自 1970 年起就开始制定有关轮胎行业的强制性管理标准,并且配备了 47 个专职调查员负责轮胎质量调查。相比较而言,日本政府对轮胎行业的管制要宽松很多,事实上,日本通商产业省是从普利司通公司的公关部才了解到美国对费尔斯通轮胎公司产品实行召回的。

交通部的主要职责是处理交通安全问题,收集消费者意见,做出汽车召回的决定并敦促实施,但并不对轮胎实行召回。根据日本 1969 年公路汽车管理法规,轮胎存在质量问题的汽车原则上应由汽车制造商负责召回。

日本政府与企业之间的这种关系在某种程度上是由一种“先天缺陷”的传统导致的。政府官员在离开政府机关之后，经常会到他们曾经管理过的企业任职，利用他们与过去同事之间的关系来为企业谋取便利。

与美国的企业不同，日本的轮胎和汽车制造商在法律方面很少遇到消费者的挑战。虽然日本1968年制定的《保护消费者权益基本法》规定了政府和企业对消费者所担负的责任，并且授权政府针对消费者所面临的问题制定相关的法律法规，但是它并没有明确规定作为消费者个体所具有的权利。由于受到企业集团利益的影响，日本另一部相对严格的法律《责任法》多年来迟迟未获批准。反对者的理由是这项法律将会导致高昂的产品保险费用，增加法律诉讼案件，抑制企业创新，等等。即使1994年这项法律获得通过之后，在具体的执法过程中也往往是企业的利益占据上风，而消费者利益却被搁置一旁。

单个消费者在寻求法律赔偿的过程中面临重重阻碍。他们需要面对高昂的诉讼费用和冗长的法律文书。更为麻烦的是，为了获得有利的裁决，他们的律师必须想方设法来证明制造商的过错，而这几乎是不可能的，因为日本的法律不允许进行审前调查。据估计，在1898—1995年的97年中间，日本的制造企业由于产品责任问题仅被起诉150次左右。而在美国，仅仅在20世纪80年代，这样的诉讼案件每年就高达1万件之多。

在日本，有关产品质量的投诉主要是一些低额的赔偿要求，而这些纠纷往往由供应商和消费者私下协商解决。虽然这种情况难以精确统计，但有资料声称日本这样的案例每年大约有7万件左右。20世纪90年代以后，在解决产品质量争议方面也出现了一些消费者导向的信息媒体和一些新的争议解决机制，但这也往往是一些私下解决的办法，并不能显著区分相关权利责任。

背景：普利司通公司

普利司通公司的前身是普利司通轮胎公司，成立于 1931 年。创始人石桥正二郎（Shojiro Ishibashi）的家族姓氏就叫“石桥”（stone bridge），他的家族企业从制鞋业进入轮胎行业，成为日本第一家轮胎制造企业。20 世纪 30 年代，普利司通生产的产品包括飞机轮胎、高尔夫球以及小汽车和卡车用的子午线轮胎和斜纹轮胎，等等。从 1932 年开始，它所生产的轮胎主要出售给福特、通用和克莱斯勒等汽车制造商在亚洲的子公司。1933 年，美国的轮胎制造商费尔斯通轮胎橡胶公司（Firestone Tire and Rubber Corp.）起诉普利司通公司，声称其“普利司通”的品牌侵犯了“费尔斯通”的商标权。虽然费尔斯通公司创始人哈维·费尔斯通（Harvey Firestone）是石桥先生崇拜的偶像，但是石桥证明“普利司通”来自他本人的家族姓氏，从而赢得了这场诉讼。

石桥的经营哲学是“努力提高生活的质量”以及“用高质量的产品服务社会”。这种经营哲学指引普利司通公司成为橡胶工业的技术领先者。普利司通公司建设了日本最大的轮胎测试基地，它拥有 30 种不同的轮胎测试路面。石桥先生也十分热心于公益事业，他对待自己的员工就像对待家庭成员一样。普利司通公司自 1931 年成立直到 1961 年，一直都是由石桥家族控股。

在第二次世界大战期间，普利司通公司在日军占领地区建立了很多制造工厂，但是二战结束时对这些工厂都失去了控制权。普利司通在日本国内的工厂成为它日后发展的基础。1947 年，工厂的工会组织了一次罢工，要求提高劳动报酬并提高工人在处理劳资关系问题上的权力。石桥同意了工会提出的提高工资的要求，从而使罢工得以平息，但他拒绝了工会提出的分享权力的要求。20 世纪 50 年代，普利司通公司在它的工厂采取了积极的现代化改革措施，迅速提高了公司在日本轮胎市场的占有率。凭借其严格的质量管理和较高的生产管理效率,普利司通公司1968年获得了受人景仰的“戴明质量管理奖”。到20世纪60年代末期公司公开上市之后,它占据了日本轮胎市场50%的份额。在随后的10年里,普利司通公司发展成为一个地区性的跨国企业,成为亚洲主要的轮胎制造商,它在太平洋沿岸地区的4个国家设立了工厂。到20世纪70年代末期,普利司通公司的销售收入达到20亿美元,利润达到1亿美元。

随着汽车工业的全球化发展,普利司通公司也在努力进行全球扩张。当欧洲和日本的汽车制造商在北美设立工厂时,其他美国以外的轮胎制造商为了维持在世界原装轮胎市场的份额,也不得不在美国设立制造基地。由于跨洋运输需要支付高昂的成本,而且汽车制造商的装配流水线对供货的时间要求相当严格,所以太长的供应链不能满足他们的要求。北美是世界上最大的轮胎市场,普利司通公司需要在这里拥有制造基地。但是公司面临着两种选择,建设一个新的工厂或是收购一家现有的工厂。公司决策层中赞成收购的一方占据了上风。他们认为一个拥有800万—900万只轮胎需求的市场肯定需要外包原装轮胎生产,这就需要以很快的速度进入美国市场,而收购一家现有的美国轮胎企业无疑是最好的选择。

作为进军北美市场的第一步,普利司通公司1982年以5 200万美元的低廉价格收购了费尔斯通公司在田纳西州拉维京(LaVergne)的一个卡车子午线轮胎工厂。这项便宜的买卖得以成交,主要是因为费尔斯通公司的董事长兼首席执行官约翰·内温(John Nevin)先生与索尼公司首席执行官盛田昭夫(Akio Morita)之间交情深厚,而后者正是普利司通公司创始人之子、现任董事长石桥干一郎(Kanichiro Ishibashi)的好朋友。内温先生曾如是说:

> 那是1980年秋天的事。由于我与普利司通公司董事长石桥干一郎素不相识,我就打电话给盛田昭夫先生,征求他对于和普利司通公司合作的建议。盛田先生说他和石桥

> 是很好的朋友，他建议我向他提供一个有关费尔斯通公司合作意向的介绍信，由他转交给石桥先生。如果没有盛田先生的帮助，我们之间的一系列会谈都很难顺利进行。最后，我们达成了一致意见，普利司通公司收购了我们在拉维京的卡车轮胎工厂，并且从 1983 年初开始向费尔斯通公司提供卡车子午线轮胎。

普利司通公司的管理层收购这家工厂的另一个目的，是以此来学习如何在北美经营一家工厂。他们知道，这家工厂正面临着一场劳资纠纷。在实施收购的两年前（1980 年），费尔斯通公司裁减了隶属于美国橡胶工人联合工会（United Rubber Workers Union，以下简称 URW）的 441 名员工。新一任管理层估计联合工会将会提出返聘被裁减的员工的要求。与普利司通公司在日本的工厂相比，这家工厂的生产率水平还不到日本的 1/3。1982 年，普利司通公司管理层与联合工会经谈判达成一致，公司返聘 URW 被裁减的员工，但同时要求必须提高劳动生产率。

在 20 世纪的日本，这样的劳资合作方式是非常典型的。日本企业主要采取年功序列为主的工资分配和职务晋升体系，强调企业内部的团结，提倡终身雇用制。日本企业的工会比较分散，力量相对较弱，也很少组织罢工。与其他工业化国家相比，日本工人每年的平均工作时间要多很多，这种合作型的劳资关系经常被人们认为是日本经济成功的关键因素。

收购完成之后，拉维京的卡车轮胎工厂就改造成为普利司通轮胎公司（美国），并于 1984 年 3 月 1 日制造出普利司通在美国当地生产的第一只轮胎。当时，这家工厂还继续生产费尔斯通品牌的轮胎。与此同时，北美的轮胎行业正在发生巨大的变化。异常激烈的价格竞争和缓慢增长的市场需求迫使子午线轮胎——当时最常用的轮胎的价格下降了 20%。轮胎行业的并购活动愈演愈烈，尤其当欧洲的轮胎制造商加入这场并购风潮之中以后，并购更为频繁。1985 年，在费尔斯通轮胎橡胶公司首席执行官内温先生的建议下，普利司通公司开始积极与该公司洽谈有关合资建厂的事宜。

背景：费尔斯通公司

费尔斯通轮胎橡胶公司（Firestone Tire and Rubber Company）成立于 1900 年，创始人是哈维·费尔斯通（Harvey Firestone）。该公司最初是美国国内的一个轮胎经销商，主要销售运输车辆和商用车辆使用的固体轮胎。开业不久，费尔斯通公司就收购了一家轮胎制造厂。通过技术创新和价格竞争，费尔斯通公司很快就在美国轮胎市场占据了相当大的份额，并由此成为美国的一家主要轮胎生产商。

费尔斯通公司的成功优势在于它和福特汽车公司之间的良好合作关系。这种合作关系可以回溯到 1896 年，当时费尔斯通先生在哥伦布马车配件厂工作，而亨利·福特最初总是从这家工厂购买轮胎。1906 年，费尔斯通先生从他的朋友福特那里接到了一张 8 000 只轮胎的订单，这在当时是数量最大的汽车轮胎订单。随着汽车工业的发展，费尔斯通公司也不断成长，费尔斯通先生与福特先生的友谊也在加深。福特公司 1908 年推出了著名的 T 型汽车，费尔斯通公司提供了这种汽车将近一半的原装轮胎。

在积极开拓原装轮胎市场的同时，费尔斯通公司还直接向最终用户提供轮胎，它首次在美国替换轮胎市场上建立起了一个庞大的销售网络。它的连锁店不仅销售汽车轮胎，还同时经营其他汽车配件，这些产品都采用费尔斯通公司的品牌。截至 1990 年，费尔斯通公司在美国已经拥有超过 1 500 家连锁店。

在费尔斯通公司发展初期，企业劳资关系非常融洽。公司总部设在俄亥俄州著名的橡胶城阿克伦（Akron）。费尔斯通公司在总部附近为员工提供价格低廉的住房，并建起了乡村俱乐部。

20 世纪 70 年代初,费尔斯通公司已经发展成为北美第二大轮胎生产商,主要生产各种规格的斜纹轮胎。然而,1973 年福特汽车公司做出决定,他在 1974 年推出的小汽车和卡车将采用子午线轮胎。

虽然从 20 世纪 40 年代开始,在美国以外的轮胎市场上子午线轮胎已经成为行业通用的标准轮胎,但是北美的轮胎生产商却不情愿发展子午线轮胎,因为开发子午线轮胎生产线不仅耗时较长而且需要复杂的技术。事实上,子午线轮胎的历史比斜纹轮胎要长一倍,而且在耐用性和油耗指标方面都优于斜纹轮胎。早在 1966 年,百路驰(BF Goodrich)公司就已经率先将子午线轮胎推向北美市场,却并未得到市场的接受,因为当时美国其他的轮胎制造商在广告大战中成功地宣扬斜纹轮胎的好处,极力贬低子午线轮胎。因此,美国几乎所有的轮胎企业对福特公司的新决策都感到措手不及。

关于费尔斯通 500 的争议(1978 年)

20 世纪 70 年代末对于费尔斯通公司而言是一个极其动荡混乱的时代。1976 年 4 月,URW 领导了一场声势浩大而且旷日持久的罢工,罢工风潮严重影响了费尔斯通公司的正常运营,其他主要的轮胎生产商也未能幸免于难,固特异、百路驰以及永耐驰等都受到了罢工浪潮的冲击。经过长达 128 天的罢工之后,轮胎生产商不得不接受 URW 提出的有关工资福利的要求。

1978 年,费尔斯通公司被卷入大量产品责任问题之中。该公司的主导产品、钢丝网子午线轮胎"费尔斯通 500"遭遇了数千起交通事故,导致 100—200 例伤残,34 例死亡。美国议会监督与调查委员会为此专门召集了听证会,与会代表指责费尔斯通公司在明知存在质量隐患的情况下向社会出售轮胎,却没有向经销商和用户说明潜在的危险。然而,即便在美国国会调查做出结论之后,费尔斯通公司依然不愿承认轮胎的质量问题并召回这些轮胎。其实,在公众强烈抗议之前,这种轮胎保修期内的替换率已经高达17%,但公司管理层坚持认为是驾驶不当和环境因素导致了交通事故。国会监督与调查委员会主席约翰·E.莫斯(John E. Moss)先生对费尔斯通公司在处理有关问题时的态度发表了他的看法:

> 存在安全隐患的产品总是想方设法进入商业流通,但是一旦这种危险被发现,大多数情况下生产商和政府相关部门就会立即采取行动进行补救。然而在这起事件中,顽固的生产商不但没有采取补救措施,相反却竭力阻止联邦政府的相关部门采取弥补措施。
>
> 其实,费尔斯通公司只需要提醒用户如何采取措施来防止轮胎爆炸,就完全有可能避免费尔斯通500轮胎导致的交通事故和人员伤亡。但是由于其他方面的原因,费尔斯通公司并没有这样做。即使我们相信费尔斯通公司的解释,即这种轮胎只要正确地充气就可以避免发生事故,该公司至少也应该加大宣传力度让消费者了解情况。他们没有把这些本应该通知消费者的消息准确完整地传递出去,这是难以推卸的责任,没有任何托词可以解释。

在公众越来越大的压力之下,费尔斯通公司于1978年自行召回了1 450万只费尔斯通500型轮胎,耗资1.6亿美元。这更加恶化了公司已经存在的财务危机。在1977—1979年期间,由于商业和法律方面的问题,费尔斯通公司损失总计3.92亿美元。到1979年底,公司的总负债超过了10亿美元,占公司总资产的70%以上,每年亏损额平均高达2.5亿美元。

此次召回之后,美国政府针对汽车行业出台了新的强制规定,要求配备专门的报警装置以提醒司机轮胎充气不足。但是,里根总统上台执政之后,为了减轻对汽车行业的管制压力,这些强制规定都被废除了。

召回之后

为了重振费尔斯通公司,约翰·内温于 1979 年被任命为公司首席执行官。1981 年 7 月,他推出了一项战略性改革措施,要求公司停止经营股东回报率在 15%以下或者已用资本收益率在 18%以下的业务。截至 1983 年 6 月,内温已经关闭了费尔斯通公司在北美的 17 家分公司中的 7 家,他还通过清理库存和应收账款以及回购公司股票等方式,获得了 2 亿美元的现金流量。虽然在国内市场上费尔斯通还是一个颇具实力的供应商,但是内温的改革措施大大降低了费尔斯通在国际轮胎市场的份额。这些改革措施在整个公司引起了强烈的反响,一个轮胎行业专家曾这样描述:"高层管理人员已经开始怀疑费尔斯通公司对整个轮胎行业的影响。"

到 1984 年,内温已经意识到,经过"瘦身"的费尔斯通公司既不能适应国内轮胎市场的迅速变化,也难以阻止市场中的恶意收购。进一步压缩成本将会显著削弱它的技术优势和制造能力,而美国轮胎市场激烈的价格竞争已经让费尔斯通公司无利可图。费尔斯通的董事会要求内温先生在其他轮胎制造商中寻找一个合作伙伴。

加盟普利司通

普利司通收购费尔斯通公司在拉维京的轮胎工厂之后,内温先生曾于 1985 年向普利司通公司建议,双方再组建一家合资企业,然而当时这一建议并没有被接受。1987 年,普利司通公司在日本的头号竞争对手住友公司收购了英国的邓录普(Dunlop)公司,此举迫使普利司通公司重新考虑并购问题。一位熟悉当时情景的人评价说:"忽然之间,多年以来一直在考虑并购问题的人发话了:'赛船已经扬帆起航,我们也要抓紧上船。'"

1987 年底,普利司通公司和费尔斯通公司重新开始了有关合作的谈判。几个月后，两家公司达成一致，由普利司通公司出资 12.5 亿美元购买费尔斯通公司 75%的股票。但是，这一合作协议却并没有顺利实施，皮耶里公司(Pirelli)半路杀出，要求以每股 58 美元的价格恶意收购费尔斯通公司的全部股权。当时，费尔斯通公司股票的流通价格仅为每股 30 美元，公司总市值约为 9 亿美元。随后的十几天里，普利司通公司的首席执行官家入昭(Akira Leiri)往来穿梭于洛杉矶和东京之间，探讨研究针对皮耶里公司恶意收购的对策。当时有谣言传说皮耶里公司最高将出价每股 75 美元来收购费尔斯通，家入在征得石桥的同意之后，以每股 80 美元的报价要求对费尔斯通公司进行收购，累计金额高达 26 亿美元。1988 年 3 月 17 日，费尔斯通公司接受了普利司通的报价。当年年底，普利司通公司的总市值达到 77.4 亿美元，比年初时的 57.8 亿美元有了大幅增长。

在实施并购之前，费尔斯通公司在全球轮胎市场上排名第五，列于固特异、米其林、普利司通和通用大陆公司之后，其年销售额达到 39 亿美元，占据了美国轮胎市场的 12.8%。费尔斯通公司由三大独立事业部组成：一是费尔斯通橡胶轮胎公司，主要经营国内外轮胎运营；二是费尔斯通汽车服务集团，它管理着规模庞大的汽车维修网络；三是多元化经营产品集团。费尔斯通在俄克拉荷马州的俄克拉荷马城(Oklahoma)、伊利诺伊州的迪凯特市(Decatur)、北卡罗来纳州的威尔逊(Wilson)、艾奥瓦州的得梅因(Des Moines)等地都建有轮胎生产工厂，日生产能力达到 87 300 只。费尔斯通公司还在海外 9 个国家建设了 12 个轮胎生产厂。该公司在美国国内员工有 24 000 人，海外员工 29 000 人。1987 年费尔斯通公司在国外的轮胎销售量高达 2 600 万只，海外销售主要在欧洲和南美市场。

整合普利司通和费尔斯通

普利司通公司收购费尔斯通公司，这在当时是规模最大的一项非美国企业对美国企业的收购活动。北美轮胎行业的专家对这次收购并不看好，包括行业分析师、咨询师和一些前轮胎行业高级管理人员在内的专家们普遍认为，普利司通在这场收购中出价太高，太急于求成。他们认为，一方面，普利司通对费尔斯通公司的生产设施缺乏了解，其中大量生产设备是过时的，运转效率很低；另一方面，普利司通公司也错误地估计了美国轮胎市场的竞争状况。一位行业观察员评论说："这又是一场日美结合的市场灾难。"通用汽车公司取消了其 2.4 亿美元的采购订单，约占费尔斯通公司在原装设备市场销售额的 10%。虽然合资后的新公司通过扩大向其他采购商的销售弥补了这一损失，但市场上关于费尔斯通公司发展前景的怀疑不断增加。

虽然市场上存在各种怀疑，费尔斯通公司的工会对收购活动却给予积极支持。在经历了十多年的关停并转之后，普利司通公司斥资 15 亿美元对费尔斯通陈旧的厂房设备进行修缮维护。工会的一名成员评论说："这对我们来说是极大的福音，他们带来了资金，带来了技术，也带来了新的生活。"费尔斯通的一名管理人员也承认："企业员工又开始恢复自信心和自豪感。"

面对外部市场的怀疑和竞争，普利司通的管理者们意识到责任重大。在费尔斯通公司同意接受每股 80 美元的收购价格之前两个小时，家入向内温保证，如果达成收购协议，费尔斯通公司的高层管理人员将被留用。普利司通向新的公司 BFS 派出了 200 人左右的咨询师队伍，这与此前派往拉维京工厂的 35 名咨询师队伍相比，是一个比较小的比例。在每一家费尔斯通工厂，都有一个 5 名日本咨询师组成的团队协助管理人员开展工作。此外，普利司通公司的董事长江口祯而（Teiji Eguchi）先生（他是公司第一位非家族成员的董事长），为了更加贴近一线工作，也亲自来到位于阿克伦的新公司总部。为了避免引起公司内部的抵制情绪，江口先生单独居住，自己驾车上班，并且决定在 BFS 公司内部不担任管理职务，不干预公司的日常经营管理。江口意识到费尔斯通公司在技术成熟度和技术通用性方面存在很大差距，他强烈希望对企业的生产制造体系进行全面革新。

要想把两个公司的业务体系整合起来并非易事。家入一直被认为是一个非常出色的管理者，具有跨国经营的经验和灵活决策的能力。但是，他对费尔斯通的管理却没有做出太多指示，而是使新公司尽量避免来自东京的干预。这种放任管理的结果，正如一位专家指出，导致了战略上的模糊混乱，决策效率很低，在东京和阿克伦之间缺乏足够的沟通。其他一些问题，包括工作习惯和办公空间设置等，都为管理整合工作带来了困难。日本人习惯于加班到晚上9:00，他们不理解为什么美国的同事们却没有这种工作热情。美国人习惯于封闭的办公室和独立的空间，他们对日本的开放式办公和面对面就座也难以接受。

在共有资产利用方面，新公司也错失了很多机会。并购之后内温仍继续担任BFS的首席执行官，他努力想把原来两家公司的销售渠道整合起来。内温认为，公司在每一个细分市场上销售的产品，都应该使用统一的品牌标识，而不应该继续使用两种不同的品牌。他的这种观念并没有得到普利司通高层管理人员的认同。公司并购18个月之后，内温辞去了首席执行官的职务，并且对外声称这种离职是出于善意的考虑，而不是其他原因。

公司的经销商网络也没有被很好地利用起来。原来费尔斯通公司的1 500家汽车维修网点虽然也销售普利司通品牌的轮胎，但是他们并没有明显地标出普利司通的品牌名称。这些经销商从俄亥俄州的阿克伦市采购费尔斯通品牌的轮胎，从田纳西州的纳什维尔(Nashville)采购普利司通品牌的轮胎。在美国生产组装汽车的8家日本汽车制造企业中，仅有2家使用普利司通公司的原装轮胎，却有4家使用费尔斯通公司的原装轮胎。

普利司通公司的高层管理者并没有意识到美国市场和日本市场的巨大差异。在日本国内市场，普利司通控制着将近一半的市场份额，具有良好的品牌形象；而美国市场的竞争却高度激烈，需要付出更多的营销努力。并购3年之后，BFS公司的绩效很不理想，1990年亏损 3.5 亿美元。到 1991 年春天,BFS 的 6 名董事会成员中,来自日本的管理人员占了 4 名。虽然家人先生许诺 1992 年 BFS 公司将扭亏为盈,但是他并没有对专家队伍进行改组。他把希望寄托在普利司通公司派驻美国的专家海崎洋一郎身上,希望他能挽救那些亏损的工厂。海崎洋一郎当时是普利司通公司负责化工产品的高级副总裁。

海崎洋一郎

海崎毕业于日本著名的京都大学经济学系,他本人并不十分情愿到美国工作。长期以来,他主要在普利司通公司生产传送带和高尔夫球的工厂工作。虽然海崎在普利司通工作了 29 年之久,但他对于公司的核心业务——轮胎产品并不很了解,他对英语的了解也相当少。但是公司的前任董事长石桥对他说:“这是公司的决定,你必须认真对待,坚决执行。”

1991 年 4 月,海崎来到位于俄亥俄州阿克伦市的 BFS 公司总部。很快,大家就知道公司里谁在真正掌权了。为了提高公司的生产管理效率,海崎把整个公司划分为 21 个营运单位,并给每个单位送去一个巨大的标语“效益至上”,随后就开始裁减员工,压缩成本。海崎按照日本企业的运营模式来管理美国的员工,采用日本的产品设计和质量标准,并且从日本带来了管理团队,但是这些管理机制运行效果并不十分理想。“我们很难改变传统的管理模式。”海崎后来回忆说,“要想让新公司完全按照普利司通的标准来运行是非常困难的。”尽管如此,两年以后,BFS 公司实现了扭亏为盈,首次盈利 600 万美元。

1993 年 3 月,海崎被提升为普利司通公司的首席执行官,返回东京去接替即将退休的家入的职务。相应地,海崎把他的首席助理、BFS 公司负责生产技术的执行副总裁小野正敏扶植到首席执行官的位置上来。小野是和海崎一起被派到 BFS 公司的,此前他曾担任普利司通公司负责产品开发的执行董事。

小野先生和BFS的总裁柴田健二(Kenji Shibata,音)把主要精力放在公司的年度规划和长远战略上,而把公司的日常管理全权交给公司的执行管理人员,他们大多数是前费尔斯通公司的管理人员。约翰·兰普(John Lampe)曾做出这样的评价:“在我们需要高层帮助的时候他们伸出双手,在我们需要独立决定的时候他们冷眼旁观。”

然而,海崎离开BFS公司不久,安全事故和劳资纠纷就纷至沓来。1993年10月,一个工人在BFS公司位于俄克拉荷马的工厂内被压碎了脑袋而气绝身亡。1994年3月,美国劳工部秘书长罗伯特·赖斯先生亲自视察了这家工厂,并宣布处以750万美元的安全事故罚款。

海崎先生离职之后不久,URW领导的工人运动变得非常激进,1994年经过重新谈判达成了新的劳工协议。工会在与一些主要的轮胎生产商签订了所谓的“示范协议”之后,要求轮胎行业的其他企业也接受类似的劳工协议。固特异公司和米其林公司都被迫同意在3年内将工资水平提高16%。然而,背负20亿美元债务的BFS公司非但不想提高工资,相反却打算降低工资水平。面对URW提高薪水的要求,BFS管理层却开出了自己的条件:所有工厂必须每星期7天、每天24小时运转,采取弹性的12小时倒班工作制,降低新聘员工的工资水平,减少两个星期的带薪休假,由公司和员工共同支付健康保险,实行营业费用与生产绩效挂钩,等等。在海崎的坚强支持下,小野向工会亮出了自己的底牌。为了应对可能发生的罢工事件,BFS公司特意增加了产品库存,并且向库珀橡胶轮胎公司(Cooper Tire and Rubber Company)采购了50万只轮胎备用。

1994—1996年的劳资纠纷

4个月之后,BFS公司和URW的谈判破裂。1994年7月,BFS公司位于俄克拉荷马、迪凯特、得梅因以及诺布尔斯维尔

(Noblesville)等地的 5 家工厂发生了联合大罢工。罢工迫使 BFS 高价从日本购进轮胎,还延误了农用汽车轮胎的供货时间,给公司造成了巨大的损失。尽管如此,海崎并不想妥协退缩,“如果 URW 要求我们接受那些最终将导致公司破产的条件,那么就让罢工继续下去吧,我们绝不会让步”。他说:“即使 80%的人背叛我,我也毫不介意,我不是政治家,不需要依靠选民的支持率来当选。”虽然罢工仍在继续,普利司通公司 1995 财政年度在北美地区的业务预计仍将盈利 1 000 万美元。

1995 年 2 月,当罢工进行到一半的时候,小野雇用了 2 300 多名非工会成员的员工,用以永久性地替代参加罢工的工人。其中大约 900 多名员工将在迪凯特工厂工作,该厂从 1994 年秋天开始生产 16 英寸宽的 AT 型越野轮胎。克林顿政府对 BFS 的这种举动大为不满,克林顿本人也站出来严厉指责 BFS 公司公然违背了传统的集体谈判惯例,呼吁劳资双方回到和平的谈判桌上。克林顿甚至还动议美国国会对公司进行制裁,以惩罚其永久解聘罢工工人的行为,后来这项议案并没有获得批准。当时的美国劳工部秘书长罗伯特·赖斯先生也积极从中斡旋,希望罢工事件能够平稳解决,但是却遭到了 BFS 公司的婉言谢绝。赖斯评论说:

> 我感到非常震惊,也觉得不可理喻。根据我的经验,但凡日本企业在美国经商,他们往往对公众评论十分敏感,在各方面都是遵纪守法的典范。然而这家公司却截然相反,他们居然拒绝和劳工部秘书长会见,真是难以理解。

对此海崎回应说:

> 我们并不欢迎这些针对私营企业劳资关系问题的评论。我们的所作所为完全符合美国法律的规定。我们不明白为什么会有如此蛊惑人心的评论。

针对 BFS 公司的罢工,小野评论说:“日本的私营企业从来不会出现像这种连续罢工的情况，日本的工会体系与美国截然不同。”（据统计，20 世纪 80 年代，美国发生过 831 次大型的罢工，同期日本的罢工次数是 7 102 次。但是美国受罢工影响的工作日累计高达 117 093 200 人/日，而日本仅为 4 120 977 人/日。）

当时是一个反日情绪高涨的年代，所以，针对 BFS 解聘罢工工人的行为，各种批评言论甚嚣尘上。但是，也有一些人认为，这并不是日本企业管理模式的问题，而是海崎个人领导风格的问题。迪凯特工厂的罢工领袖兰迪·高登（Randy Gordon）评论说：“这并不是日本人的过错，完全是海崎个人的问题。他也许是法国人、意大利人或者其他什么东西。”

1995 年春天，普利司通在罢工问题上的强硬立场使 URW 成员付出了沉重的代价。当一些工人不顾罢工纠察员的劝阻回到工厂时，得到的却是永久解聘的通知。URW 的力量不断被削弱。1995 年 5 月，当 URW 最终同意无条件恢复生产时，仍然有大约 1 600 名 URW 成员处于失业状态。

直到 1996 年 12 月，当 URW 重新集结起来，在欧洲、南美和日本等 26 个国家开始全球性的大规模罢工时，BFS 公司才同意与 URW 签署新的劳动合同。在这场罢工风潮中，URW 成员每星期都在 BFS 的经销网点散发传单，在赛车赛场上悬挂黑旗以示抗议。工会领袖与美国各地的政府官员进行联络，在民主党会议上举行示威活动，并且在互联网上宣传罢工事件。尽管如此，普利司通声称罢工风潮和舆论压力并没有对公司造成很大的负面影响。就在 URW 对公司正式提起诉讼，并要求在美国负责劳资关系的部门全国劳工关系委员会（National Labor Relations Board）进行听证的当天，BFS 公司与 URW 签署了新的劳动合同。

回到东京

海崎于 1993 年回到东京。由于橡胶成本上升，日元不断升值，市场销售疲软,海崎决定大幅削减普利司通在日本的运营成本。他将管理人员的职位压缩了一半,建立起扁平化的直线管理组织。过去,普利司通公司的员工在日本轮胎行业里的收入水平最高,海崎把员工工资增长幅度压到最低。

1993—1999 年,海崎极力扩张普利司通公司在全球的经营规模,使公司的利润翻了一番。但即使是日本的员工对他的改革措施也难以接受。1999 年 3 月,一位名叫野中正治(Masaharu Nonaka,音)的老员工走进海崎的办公室,向他抱怨公司改革带来的后果。他已经 58 岁,在普利司通公司辛辛苦苦干了一辈子才走上管理岗位,快退休了却要面临降级的尴尬。对于这名老员工的抱怨,海崎坚持己见,决不让步。野中心灰意冷,在办公室里自杀了。

此后,公司内部对于大幅压缩成本的改革意见颇多,海崎连续 4 个多月一直保持沉默。最后,他终于发表了自己的意见:“我确实裁减了员工数量,压缩了管理岗位,减少了股利分配。但唯其如此,普利司通公司才能够维持到今天。我并不认为我的决策有什么错误。”

此间一位观察家也对海崎的改革表示理解:

> 海崎的行为是典型的日本企业家风格。日本成功的企业管理者都是“柔道高手”,他们知道如何进行决策,如何冷静地面对舆论压力。企业的首席执行官必须通过其销售业绩来证明自己,而不能依靠花哨的噱头来博取公众的欢心和投资者的支持。“日本人不理解公共关系的价值。”一位美国企业家评论说,“他们只习惯于一个无限谦卑、不断鞠躬的工作环境。”

尽管公共舆论批评不断,海崎的改革策略却收到了非常理想的效果。普利司通公司和 BFS 公司的利润都达到了前所未有的水平。1999 年,美国橡胶塑料贸易协会(Rubber and Plastics Trade Association)评选小野正敏为该年度最佳经理人,以表彰他对 BFS 公司改革成功的业绩。当年,BFS 公司的员工达到 35 000 人,原装轮胎市场的销售量达到 7 700 万只,占美国全国原装轮胎市场的 23%;替换轮胎市场销售量达到 24 100 万只,占替换轮胎市场的 17%。2000 年 5 月,一个 BFS 公司的美国管理人员感慨说:“我们今天之所以还能在这里有一份工作,完全归功于 1988 年普利司通公司收购了费尔斯通。”

福特“探险者”与费尔斯通轮胎

20 世纪 90 年代后期,随着美国经济的复苏,BFS 公司为福特公司供应的原装轮胎销量也不断增长。这主要是因为福特公司 1990 年推出福特“探险者”汽车后,受到了市场的普遍欢迎。福特探险者是一种空间宽敞、四轮驱动的运动型汽车(Sport Utility Vehicle,简称 SUV),其原装轮胎由 BFS 公司供应。这款汽车不仅迎合了美国人热衷探险旅游的喜好,同时也显得非常舒适豪华。探险者的价格在 14 000—23 000 美元。虽然这款车原本按照越野驾驶的需要设计,但大多数人还是在普通公路上驾驶。

1989 年,在福特公司的原装轮胎招标竞争中,BFS 公司战胜了米其林公司成为福特探险者的独家轮胎供应商。在竞标过程中,BFS 准备了 17 种轮胎原型,并把它们提交给独立的研究机构进行测试。研究结果表明,这些轮胎中的 3 种由于胎面分离而存在严重的质量问题。BFS 公司向福特公司供应的原装轮胎正是在这些轮胎原型的基础上改进而来的。1990 年,一位福特公司的工程师曾写信给 BFS,警告费尔斯通轮胎的经销商在替换轮胎时不要使用胎面宽度超过 15 英寸的轮胎。信中警告说:“如果不听劝告,将会对汽车安全造成恶性影响,有可能会导致汽车失控甚至翻车,造成严重的伤亡事故。”

自从 20 世纪 60 年代以来,SUV 就被当作轻型汽车进行管理,因而对它的安全性要求比普通的汽车要相对宽松一些。此外，安全管理部门往往更加关注轮胎的耐磨性能，而对轮胎是否容易导致翻车并不十分在意。1990 年 9 月份出版的《消费导报》对福特探险者的安全性能还进行了表扬。早在 1989 年，《消费导报》曾对福特探险者的前身野马 II 型汽车的安全性能提出过批评，认为它在高速转弯时容易导致翻车，因为这种汽车的底盘设计存在缺陷。而福特探险者使用的底盘与野马 II 型的底盘是完全相同的。

在进行大规模生产之前，福特公司的工程师们进行了最后的联合攻关，努力提高探险者的安全性能。他们缩短了探险者的减震悬挂系统，并建议公司告知消费者，要将该车的轮胎气压保持在每平方英寸 26 磅左右，而不是一般的 30 磅。出于节约成本的考虑，福特公司的工程师们放弃了更换新的悬挂系统的做法，而是将车轮高度提高了 2 英寸，同时将发动机高度适当降低。

公众对探险者的面市非常欢迎。在新车推出的短短几个月内，福特探险者就成为全美最畅销的运动型汽车。虽然其他汽车生产商也纷纷效仿，增加 SUV 的产量，但福特公司在同类产品市场上稳坐第一把交椅。到 2000 年底，探险者的销量突破了 360 万辆。福特公司生产探险者汽车的利润十分可观，每辆车可盈利 8 000 美元，比普通小汽车每辆 1 000 元的利润高出好几倍。

探险者的成功不仅使福特公司受益，BFS 也跟着沾光。福特公司 33%的轮胎由 BFS 公司提供，这其中也包括探险者的原装轮胎。在 20 世纪 90 年代早期，BFS 也曾经接到一些关于 ATX 轮胎胎面分离问题的投诉，但投诉率非常低，仅为 0.01%左右。从 1992 年开始，BFS 公司遭遇了一些有关胎面分离问题的法律诉讼。但这些诉讼事件都被当作正常现象由法律部门和保修部门分别处理了。截至 1999 年，福特公司采购了 BFS 在美国生产的大约 40%的原装轮胎，销售额占普利司通公司总收入的 12%。

来自美国以外的投诉

在普利司通公司被迫召回美国国内650万只越野型ATX和ATX II轮胎之前，福特公司自1999年以来就已经开始为其他16个国家和地区的汽车更换同样的或类似的轮胎。费尔斯通品牌的轮胎在厄瓜多尔、马来西亚、泰国、新加坡和大多数阿拉伯国家，以及中国台湾地区都被替换，而沙特阿拉伯和委内瑞拉两国最多。福特公司自己承担了替换这些轮胎的成本和费用。BFS公司则坚持认为轮胎事故主要是由于恶劣的外部条件或不正确的充气方式导致的，轮胎制造过程并不存在缺陷。

福特公司为其在沙特阿拉伯销售的汽车更换轮胎的行为始于1997年底。当时，有一家公司的车队投诉说汽车轮胎出现了胎面脱离现象。随后，沙特阿拉伯的一些个人消费者也要求更换福特探险者轮胎。在1999年7—9月期间，福特公司在中东地区为6 768辆汽车更换了轮胎，把它们原装的费尔斯通16英寸越野AT型轮胎替换为同样规模的固特异轮胎，全部费用由福特公司承担。截至1999年9月，中东地区因为轮胎胎面分离已经导致19起翻车事故，并且导致了不少人员伤亡。福特公司称自己更换轮胎的行动并不是“召回”，而是出于增加客户满意度的需要。福特公司解释说：“我们的客户表示不满。我们觉得我们应该为他们提供另一种轮胎，因为他们对原来的轮胎表示不满。”

BFS并没有参与福特公司的轮胎替换行动，公司把所有事故的原因归咎于中东地区恶劣的驾驶环境。BFS公司的一位质检员说：“中东地区路面条件很差，维修不及时，行驶环境恶劣，这些事故都是沙特阿拉伯等中东国家特定的自然环境造成的，与轮胎本身的质量无关。”BFS公司的副总裁加利·克里格(Gary Crigger)也做出了如下的评论：

> 考察中东地区那些出现胎面分离的轮胎，它们绝大多

> 数是在充气不足的条件下行驶的。人们在穿越沙漠时给轮胎放气，但是后来却没有给轮胎充气。其中不少轮胎上还有被扎破的痕迹。到目前为止，仍然没有证据表明我们的轮胎存在质量问题。

关于是否将这种替换轮胎的行为称作“召回”，福特公司和 BFS 之间产生了激烈的争论。在 1999 年 3 月 12 日的一份内部备忘录中，福特公司的一位高级管理人员如是说：

> 费尔斯通（BFS）对于向消费者通报有关情况并为他们更换轮胎持保留态度。首先，他们认为这会引起美国运输部的关注，因为类似的汽车在美国也有销售；其次，他们担心沙特阿拉伯政府将关注这种召回行动，并采取更加激进的应对措施，如禁止原装轮胎进口，等等。他们坚持认为，对于已经上市的那些汽车，最好的办法就是采取“个案”解决的办法，不要大张旗鼓。

就在形成这份备忘录的前一天，福特公司收到了来自 BFS 的一封信，信中称保修期内轮胎的返修率仅为 0.1%，这说明“福特公司在中东地区销售的汽车轮胎不存在显著质量问题，而且在美国国内销售的汽车轮胎质量也很好”。此外，美国联邦政府的法律也没有要求汽车生产商报告在海外销售汽车的召回情况。尽管如此，福特公司还是要求 BFS 对美国境内的探险者轮胎质量情况进行检测。这些检测主要是在亚利桑那、内华达和得克萨斯进行的，因而被称为“西南部检测”。

在委内瑞拉则是另外一种情况，福特探险者所使用的费尔斯通轮胎有 75% 是在委内瑞拉国内生产的。福特公司也从 1995 年开始就在委内瑞拉国内生产汽车，因此该国市场上的探险者汽车大部分也是在本土生产的。从 1998 年开始，福特公司在委内瑞拉的经销商就发现探险者汽车装配的费尔斯通轮胎的胎面脱离现象不断增加。

BFS 公司对轮胎样品进行检测后指出:“胎面脱离是因为委内瑞拉国内特殊的自然条件导致的,包括高温、高速以及路况不好,等等。”

1999 年底,一位 BFS 的检测员发现,在委内瑞拉生产的轮胎标签有误,标签上说明这种轮胎配有防止胎面脱离的尼龙防护网,而事实上这种防护网并不存在。虽然福特探险者以及其他轻型汽车装备的费尔斯通轮胎已经出现了超过 100 例胎面脱离问题,并且造成了 47 例人员死亡事故,BFS 公司仍坚持认为轮胎本身并不存在质量问题。BFS 声明,福特公司在 1999 年初曾经与其讨论过添加防护网的问题,并且在当年 6 月就已经付诸实施。“轮胎上的标签错误只是一种无意的过失,事实上这些轮胎正是福特公司所要求的,各方面指标都符合福特公司的要求。那种不经意的标签错误对轮胎的质量和安全并没有造成任何影响。”

2000 年 5 月,福特公司为委内瑞拉境内的 40 000 辆装备费尔斯通轮胎的汽车更换了轮胎,替换成相同型号的固特异轮胎,而且这次轮胎更换依然被称为“客户满意行动”,由福特公司承担费用,BFS 公司并没有参加。几乎所有被更换的轮胎都产自 BFS 在委内瑞拉的轮胎工厂。

在普利司通公司内部,对于费尔斯通品牌轮胎出现的质量问题,往往是由 BFS 公司自行解决。正如海崎先生所说:“如果是普利司通品牌的轮胎出现了问题,我们的技术人员会立刻从东京出发赶往事故现场。但如果是费尔斯通品牌的轮胎出现了问题,他们总是无动于衷。”在生产制造过程中,对于费尔斯通品牌轮胎的质量控制标准也比普利司通品牌轮胎相对宽松,普利司通公司允许 BFS 在生产制造过程中拥有相当大的自主权。

美国国内召回事件

正当 BFS 疲于应付来自世界各地的有关轮胎质量的投诉时,美国本土也出现了类似的问题。1996 年,亚利桑那休闲钓鱼俱乐部向

BFS投诉,该俱乐部的400多辆汽车中,不少出现了胎面脱离现象。BFS对这些轮胎进行了检测,确认存在胎面脱离问题,但却找不到导致问题的原因。同年,休斯敦的一位新闻记者在驾车时轮胎爆裂,车翻人亡,这位记者的遗孀将BFS告上了法庭。小野把这件事向海崎作了汇报。后来的调查研究证实,事故原因并不在于轮胎质量问题,海崎也就把这件事放在了一边。

1997年开始,有关费尔斯通ATX型轮胎的纠纷和诉讼不断增加,相应的诉讼费用也不断增长,在公司内部的季度财务会议上对此也进行过讨论,但是有关讨论一直局限在财务费用问题范围内。正如克里格所言:"有关争议和诉讼并没有引起大家的足够重视,仅仅被当作一些独立的个案来对待,没有人注意到其可能具有的代表性,因此也没有进行系统化的质量检测。"

通常情况下,SUV轮胎的维修投诉率要高于普通汽车轮胎,因为它们经常是在崎岖不平的道路上行驶,BFS公司对此已经习以为常。尽管从20世纪90年代早期开始,ATX型汽车轮胎发生胎面脱离的比率不断上升,但到1996年这一比率仍控制在0.025%左右。然而,1999年底,轻型汽车轮胎胎面脱离的比率比上年增加了18.6%,这在10月份举行的质量管理例会上引起了工程师们的强烈关注,大家称之为"非常严重的质量问题"。

1998年7月,在BFS公司并不知情的情况下,美国最大的汽车保险公司——国家农业保险公司(State Farm Insurance)的一位研究人员向NHTSA提交了一份研究报告。这份研究报告指出,自1992年以来,涉及福特探险者汽车的交通事故诉讼案件已经达到20起,而这些汽车上都是原装配置的费尔斯通轮胎。这一信息被汇报给NHTSA负责安全事务的有关官员,后来该研究人员也多次试图与有关官员联系,却没有得到什么结果。

2000年2月,休斯敦的一家电视台KHOU对福特探险者的翻车事故进行了公开报道,该报道将翻车的原因归咎于费尔斯通轮胎爆裂，这才引起了社会各界的普遍关注。很多有过类似经历的消费者纷纷打电话给 NHTSA，要求对此进行详细调查。国家农业保险公司的研究员再次向 NHTSA 提供了有关事故的调查报告。5 月上旬，NHTSA 正式成立了一个交通事故调查小组，对涉及福特探险者和费尔斯通轮胎的交通事故进行调查。这时候，海崎收到了来自 BFS 公司的有关事故情况汇报，他后来说这是他接到的第一份比较详细的汇报，其中也包括了发生在沙特阿拉伯的事故情况。BFS 公司的调查报告再次强调交通事故与轮胎质量无关，这让海崎吃了一颗定心丸。2000 年初，关于 SUV 交通事故的调查显示，由于翻车导致的死亡案例占据全部死亡案例的 62%，有人提议对 SUV 的翻转倾向进行测试，但由于汽车制造商的极力反对，这一建议最终被搁浅。

福特公司和 BFS 对 NHTS 的调查都表示愿意积极配合。首先是要检查 BFS 公司的轮胎保修记录——这些信息对于 BFS 而言是高度机密，福特公司以前并不知道。根据行业惯例，汽车轮胎由轮胎制造商负责保修，因而不在一般的汽车保修范围之内。在经过长达一个月的有关数据保密问题的谈判之后，BFS 向福特公司和 NHTSA 提交了有关轮胎保修的数据。分析人员对 2000 年 7 月 28 日到 8 月 14 日期间的有关数据进行了认真的研究分析。福特公司发现，北美生产的胎宽 15 英寸的 ATX 和 ATX II 型轮胎，以及迪凯特生产的 15 英寸越野 AT 型轮胎，其胎面脱离的比率有明显的上升，BFS 公司对此也表示认同。1994—1996 年期间在达卡脱生产的 ATX 和 ATX II 型轮胎，其返修率比其他工厂生产的轮胎高出 6 倍。

到那时为止，BFS 公司已经涉入 1 500 起由于轮胎质量问题导致财产损失和人身伤亡的法律诉讼。其中绝大部分（80%）来自美国的加利福尼亚、得克萨斯、佛罗里达和亚利桑那。在保修期内消费者要求更换轮胎的数量还在不断上升。福特公司还发现，美国国内的汽车轮胎在保修期内的返修比率甚至比委内瑞拉和沙特阿拉伯还要高。不管是法律诉讼还是产品返修，这都将带来一系列非常麻烦的问题，有关保修数据的公开更加令人忧心忡忡。

2000 年 8 月 8 日，BFS 和福特公司联合致信 NHTSA，表明对费尔斯通轮胎实行召回的意向。第二天，在福特公司代表的陪同下，BFS 公司的克里格宣布了召回轮胎的决定。美国的分销商西尔斯（Sears）和罗巴克（Roebuck）也早已把费尔斯通轮胎撤下了货架。BFS 公司宣布将对召回的轮胎实行分期更换，首先从热带国家开始，而且新的轮胎将免费提供给消费者。对于那些希望使用其他品牌轮胎的消费者，BFS 将提供最高达每只 100 美元的补偿，包括轮胎安装平衡费用和税费补贴。公司估计整个更换过程将要持续一年左右的时间。BFS 采取这种分期分批更换的方式，主要是保证自己能够独立供应所有的替换轮胎。公司成立了一个 6 人组成的紧急事态领导小组，并且开通了一个免费的电话咨询服务中心，以解答各种问题和提供咨询服务。

发布召回通告之后的第二天，在位于田纳西州纳什维尔的 BFS 公司总部，首席执行官小野接受采访时说，在这种情况下对轮胎实行召回是非常正常的举措，公司的日常运行并没有受到特别的影响。召回之初，福特公司对 BFS 的行动表示了理解和支持，并且公开反驳了那些批评轮胎制造商反应迟钝的言论：

> 对于出现的问题费尔斯通公司并没有坐视不管，他们迅速的反应和果断的决策是值得称道的。福特公司、BFS 公司和 NHTSA 合作得很好，我们非常支持费尔斯通的自愿召回行动，相信轮胎召回将有利于提高客户满意度。费尔斯通一直是并将继续是福特公司的优秀供应商。

但是，消费者对于 BFS 公司的召回安排却颇有意见，导致 BFS 公司不得不修改其轮胎更换时间表。公司宣布对轮胎实行召回之后，人们就立刻在各家特约轮胎经销点外排起了长队，更换轮胎的需求急剧增长，订货排到了几个月之后，被安排在后期更换轮胎的消费者更是意见纷纷。纽约州首席检察官埃利奥特·斯彼策(Eliot Spitzer)先生评论说:“轮胎召回的条款是不合适的,它没有公平对待每一位受到影响的消费者。”对此,BFS公司发言人说:“我们一直在努力加快进度,但对于已经出现大量交通事故的地区肯定要优先进行更换,纽约市的轮胎质量问题与其他热带地区相比要轻得多。”

8月12日,BFS公司宣布改变分阶段更换轮胎的做法,在全美范围内统一采取行动,先来者先更换。公司在新闻发布中宣布:

> 我们承诺尽快更换所有被召回的轮胎。公司正在加快美国国内替换轮胎的生产速度,并且从世界各地紧急调运备用轮胎。同时,我们也要求各地经销商积极行动起来,为消费者更换召回的轮胎;如果必要的话,也可以更换其他厂商的轮胎。

由于费尔斯通轮胎供不应求,同时也因为对费尔斯通轮胎的质量失去信心,很多消费者要求将被召回的轮胎更换为其他品牌的轮胎。8月15日,BFS公司宣布,从8月16日起,对于更换其他品牌轮胎的客户,将不再提供费用补偿。BFS公司的执行副总裁约翰·兰普解释说:“如果所有的经销商都进行轮胎更换,BFS公司将难以尽快收回并妥善处置那些被召回的轮胎。”他还说:“通过对部分召回轮胎的检测分析,我们发现很多轮胎的质量问题是由于轮胎使用不当和维护不良造成的。”

8月15日下午,肯塔基州首席检察官签署了一个临时命令,宣布禁止BFS公司对更换轮胎设置截止日期。随后,BFS公司宣布将在全美范围内长期更换召回轮胎。但是克里格在接受采访时,却声称取消截止日期的决定与肯塔基禁令无关。

随着替换轮胎订货数量的增长,美国本土的生产已经远远不能满足需要。8月23日,BFS公司宣布,将从日本空运轮胎以支援美国市场。在此之前,海崎一直把这次召回事件视为BFS公司内部的问题,但现在他却在东京的办公室里召集了20多人研究对策。他要求普利司通公司在日本的所有企业加快生产所需轮胎,以缓解美国市场的燃眉之急。与此同时,固特异、米其林等轮胎生产商也开始扩大生产,因为有很多消费者使用的费尔斯通轮胎虽然不在召回之列,但出于安全的考虑人们也都想更换轮胎。一家轮胎经销商的管理人员说:"每天我们都会接到很多电话,消费者不管自己使用的是费尔斯通什么型号的轮胎,他们只是要求换掉费尔斯通轮胎。"

8月下旬,福特公司停止了两家汽车制造厂的生产,从生产线上腾出了7万只轮胎以满足消费者的轮胎更换要求。截至8月底,BFS估计总共更换了大约100万只轮胎。公司希望在2001年春天完成所有的轮胎更换。兰普说:"我们对广大消费者在这场事件中表现出来的耐心和理解表示感谢,我们将尽一切努力加快召回轮胎的更换工作。"

在BFS公司宣布召回轮胎之后一个星期内,福特和费尔斯通之间的君子协定就开始破裂。福特公司开始指责BFS隐瞒有关轮胎返修的情况。8月11日,福特公司的执行董事卡洛斯·马佐林(Carlos Mazzorin)发表讲话要求海崎对这场危机承担"个人责任"。而BFS则坚持认为,消费者根据福特公司的建议对轮胎充气不足,是导致福特探险者翻车的关键因素。

福特公司决定发布一条对照数据来证明自己的观念。在1994—1995年期间,由于BFS公司发生大规模罢工,部分福特探险者汽车采用了固特异轮胎作为原装轮胎,而这些轮胎则没有发生胎面脱离现象。一位福特公司的内部人士打趣说:"我们用固特异来对抗费尔斯通。"福特公司的首席执行官雅克·纳瑟(Jacques Nasser)发表声明说:"配备费尔斯通轮胎的福特探险者汽车发生翻车,问题在于轮胎而不在于汽车。"海崎对此非常愤慨,他觉得自己被背叛了。"我们极力在与福特公司合作,尽量遵守召回轮胎时双方达成的约定。"他说,"但是他们违背了自己的诺言。"作为对纳瑟的回应,海崎在东京发表声明说:“费尔斯通轮胎用在其他汽车上发生事故的概率,要远远低于福特探险者。”

随后的研究分析证明,福特探险者汽车的左后侧轮胎更加容易发生爆炸。对此约翰·兰波(John Lamper)评论说:“轮胎并没有大脑,它不知道自己被安装在汽车的哪个轮子上。那么请给我解释一下,为什么福特探险者汽车80%的轮胎事故发生在后轮上,而且其中绝大部分是在左后侧?”

2000年8月,一些曾参加1994—1995年迪凯特工厂罢工的工人也站出来指责BFS公司生产工艺粗糙,质量把关不严。他们还向美国国会听证委员会提供了一些证明材料。BFS的特约公关公司Fleishman-Hillard也与其解除了合约,该公司的负责人说:“BFS一直拒绝透露有关事件的真实情况,它的影响面到底有多大,后果会有多么严重,我们一无所知。”

召回事件给普利司通公司带来了巨大的财务损失,股价下跌,订货量锐减,投资评级也明显下降。随着9月份美国国会听证日期的临近,福特公司的股价下降了15%,而普利司通公司的股价下跌了50%。普利司通公司的一位执行董事说:“我们完全没有想到,事情竟然会这么糟糕!”虽然召回事件给普利司通公司造成了巨大的损失,海崎仍然表示“将竭尽普利司通集团的全部力量来支持费尔斯通品牌”。

各方面对召回的反应

召回之初,日本国内的行业分析人员普遍支持BFS,而对福特公司的观念提出质疑。摩根士丹利东京分公司的行业分析师枚方则明(Noriaki Hirakata,音)指出:“在汽车与轮胎的磨合方面肯定存在问题。但是福特公司自己选择了这种组合。汽车制造商应该清楚,什么样的汽车适合什么样的轮胎,他们应该对此负责。”来自野村(Nomura)证券公司的分析师入江广政(Hiromasa Irie,音)也支持这种观点:“问题也许并不在轮胎上面。同样的轮胎只有在福特汽车上才出现了问题。这种问题也许是因为汽车和轮胎磨合不好,也许是由于环境因素导致,比如高温天气、高速行驶,等等。”

然而在全球范围内,消费者的看法并不十分乐观。在宣布召回之后,消费者对费尔斯通品牌的支持率直线下降,在亚太地区下降了 39%,南美地区下降了 47%,非洲地区下降了 14%。《新闻周刊》进行的一项民意调查显示,48%的被调查者认为 BFS 公司存在过错,没有及时向公众披露有关轮胎质量问题的信息。2000 年 9 月 4 日,迫于委内瑞拉国内消费者组织的压力,BFS 宣布对委内瑞拉境内的 15 英寸和 16 英寸越野 AT 型轮胎实行召回。

虽然消费者信心不断丧失,在 8 月 9 日宣布召回之后,直到 9 月 12 日美国国会听证结果宣布之前,普利司通公司一直保持沉默,没有发表任何公开声明。有关人员表示:“无意干预公众舆论的发展。”远在日本的普利司通公司高层管理人员担心,在事态发展尚不明朗的情况下,贸然发表公开声明会引起美国消费者的强烈反响。2000 年 9 月 1 日,NHTSA 为了应对即将到来的美国国会听证,在一份消费指南中又将矛头指向费尔斯通的另外一些型号的轮胎,要求 BFS 对其实行召回,但这种要求遭到了 BFS 公司的拒绝。

BFS 公司面临的法律诉讼案件不断增长,甚至将有可能面临犯罪指控。2000 年 8 月 28 日,一家律师事务所对 BFS 和福特公司提出了一级诉讼请求。第二天,佛罗里达州检察官办公室针对 BFS 公司开展了反欺诈调查。此后一星期,康涅狄格州的首席检察官宣布,不少州的检察官都在考虑对 BFS 提起诉讼。除了美国境内的法律诉讼之外,委内瑞拉有关当局也在考虑是否对 BFS 及其高层管理者提起犯罪诉讼。

2000 年 9 月 2 日,福特公司宣布,米其林公司将为其提供 2002 款探险者原装轮胎,从而结束了 BFS 的独家供货商地位。在美国国会举行听证的当天,福特公司宣布,它正在与固特异公司谈判有关新型探险者原装轮胎的供货事宜。

美国国会听证会

BFS 公司宣布召回轮胎之时，正值美国国会夏季休会，而 2000 年度的大选准备工作正在紧张进行。2000 年 8 月 16 日，民主党议员、美国国会商务委员会主席比尔·陶森（Bill Tauzin）宣布，有关轮胎召回事件的听证会将在 9 月份国会复会以后举行。

根据陶森透露，2000 年 9 月 6 日，他所领导的美国商务委员会将与美国国会的调查委员会联合举行听证会。他要求 BFS 的首席执行官小野先生，福特汽车公司的首席执行官雅克·纳瑟先生，以及新上任的 NHTSA 负责人休·贝利（Sue Bailey）博士到场听证。同一天，美国参议院筹款委员会还将对召回事件进行一场独立的听证会，由来自阿拉巴马州的民主党议员理查德·谢尔比（Richard Shelby）主持。在这些听证会召开之前，国会调查员已经分别到 BFS 和福特公司的总部进行调查，了解为什么他们没有尽早向公众披露有关福特探险者和费尔斯通轮胎的危险信息。

陪同小野先生接受听证的是 BFS 的执行副总裁克里格先生和负责质量安全的副总裁约翰·怀安特（John Wyant）先生，另外还有几名翻译。小野先生有 5 分钟时间进行相关事件的陈述和解释。这位 63 岁的首席执行官是第一次出席这样的场合，他还说着非常生硬的英语。

附　录

附 BFS 公司的轮胎召回公告
（2000 年 8 月 9 日）

早上好！我是普利司通/费尔斯通公司的执行副总裁加利·克里格。很抱歉近几天来没有及时向大家提供必要的信息。BFS 公司最近一直在紧张地和福特公司以及 NHTSA 进行磋商，研究解决问题的有效办法。对于最近发生的事件和由此引起的慌乱，我们再次真诚地向广大消费者、传播媒体和社会公众表示道歉。

首先我想说的是，对于 BFS 公司而言，保证消费者的安全是最为重要的事情。正是因为如此，我们对涉及我公司轮胎的汽车安全事故非常关注。

今天，为了确保消费者的安全，恢复消费者的信心，BFS 公司将采取一项非常重要的措施。我们将自动召回在北美（包括墨西哥）生产的所有 P235/75 R15 规格的费尔斯通 ATX 型和 ATX II 型子午线轮胎。

为了彻底消除消费者的疑虑，我们还将自动召回迪凯特工厂生产的所有 P235/75 R15 规格的费尔斯通越野 AT 型轮胎。这些轮胎上标记的交通部许可编码是以 VD 开头的。

也许有的人并不十分了解轮胎的标记符号。P235/75 R15 是指轮胎的大小规格，而 ATX、ATX II 和越野 AT 是指轮胎的品牌名称。

对于这次轮胎召回我们不设任何前提条件。也就是说,不管多旧的轮胎,也不管行驶了多少里程,我们都将免费为消费者进行更换。

最近一段时间,我们一直在和福特汽车公司以及NHTSA紧密合作,努力寻找造成交通事故的原因。迄今为止,我们还不能确定,轮胎的设计和制造过程中存在质量问题。虽然相比于我们生产的数百万轮胎而言,出现交通事故的轮胎比率还非常低,但是我们的调查结果发现以下事实:

1. P235/75 R15规格的ATX、ATX II子午线轮胎比相同型号的其他规格的轮胎发生事故的概率要高。
2. 与其他工厂出产的轮胎相比,迪凯特工厂生产的轮胎返修率更高。
3. 亚利桑那、加利福尼亚、佛罗里达、得克萨斯等南部地区发生交通事故的概率比其他地区要高,说明轮胎质量问题可能与气候条件有关。

此外,广大消费者的普遍关注也促使我们下决心采取召回行动。

迄今为止,我们总共生产了大约1 440万只上述型号的轮胎,据估计大约有650万只轮胎尚在使用。具体包括:

- 大约380万只P235/75R15规格的ATX、ATX II子午线轮胎。
- 大约270万只P235/75R15规格的越野AT型轮胎,主要由迪凯特工厂生产。

由于美国南部四州的交通事故数量明显偏多,而且目前我们的替换轮胎数量有限,因此我们将分阶段对召回轮胎进行替换。第一阶段对亚利桑那、加利福尼亚、佛罗里达、得克萨斯等地的轮胎进行替换;第二阶段对阿拉巴马、佐治亚、路易斯安那、密西西比、内华达、俄克拉荷马和田纳西州的轮胎进行替换;第三阶段对其他地区的轮胎进行更换。

我们现有的替换轮胎将依次运往开始更换的地区。我们将竭尽全力加快生产以保证尽快对召回轮胎进行更换。

希望使用 P235/75 R15 规格的费尔斯通 ATX 型和 ATX II 型子午线轮胎以及越野 AT 型轮胎的消费者注意以下事项:

- 如果你所使用的轮胎在召回之列,你将会收到我们公司的一封来信,通知你有关更换轮胎的具体步骤。和平常一样,如果您需要任何帮助,请拨打我们的免费服务热线:1-800-465-1904;波多黎各岛:1-888-276-2120;加拿大:0-1-800-713-7646。
- 如果你拥有应被召回的轮胎,请给当地的费尔斯通经销商打电话,预约有关更换事宜。被召回的轮胎将用新型的越野轮胎或者其他普利司通/费尔斯通品牌的轮胎进行更换。如果必要的话,公司将从其他途径为您提供替换轮胎。如果您不知道当地的经销商电话号码,请拨打我们的免费服务热线进行咨询。
- 我们强烈建议所有使用 ATX 和越野轮胎的消费者,一定要按照汽车制造商的建议对轮胎进行充气。对于福特探险者和莫丘利登山者汽车,如果装配的是 P235/75 R15 规格的 ATX 或越野 AT 型轮胎,福特公司建议轮胎气压应不低于每平方英寸 26 磅。根据费尔斯通公司的要求,福特公司对有关轮胎性能进行了测试,结果证明气压在每平方英寸 30 磅时轮胎性能依然良好。福特公司建议消费者使轮胎气压维持在 26—30 磅之间。费尔斯通公司则建议您采用 30 磅的气压。

事实上,无论在什么时候,只要装备我公司轮胎的汽车出现交通事故,我们都会非常关注,这也正是我们采取如此重大举措的原因。最近的调查表明,绝大多数出现交通事故的汽车,其轮胎都存在养护不良或破损现象,而充气不足是一个十分重要的原因。

轮胎充气不足会产生过度的热量,最终将导致轮胎出现故障。

我们坚信,我们所推荐的较高轮胎气压会提高轮胎的性能,延长轮胎的寿命。

为了确保行驶安全,我们建议所有的驾驶员要像对待其他汽车部件一样密切关注轮胎的维护状况。如果你希望确认轮胎质量是否安全,您可以到当地的费尔斯通轮胎服务中心,我们将免费为您进行检测。

在此,我代表公司向那些已经发生交通事故的家庭表示深切同情。

需要再次声明的是,根据 NHTSA 的有关建议,我们采取了如此重大的召回行动,此次召回行动也得到了福特公司的理解和支持。确保公众安全和恢复消费者信心始终是我们努力追求的目标。

谢谢大家!

如何召回产品和处理海外市场危机

唐纳·萨尔

麻省理工学院斯隆商学院高级讲师，专攻企业策略变革与企业成功领导。他的学业，从大学、工商管理硕士（Master of Business Administration，以下简称 MBA）到博士，都是在哈佛大学完成的。获得博士学位后，他立刻被著名的伦敦商学院延揽，教授《策略与国际化管理》课程，并获选为伦敦商学院最受欢迎的教授。曾在哈佛大学商学院教授 MBA 的必修课——创业经理。

2003 年 5 月，由哈佛大学商学院出版社（HBSP）成功地推出了唐纳·萨尔的重要著作《成功不坠——最适者生存》（*Revival of the Fittest — Why Good Companies Go Bad and How Great Managers Remake Them*），并且已经被翻译成七国文字。该书被《经济学家》《金融时报》《国际先驱论坛报》和美国期刊出版商协会定为“最佳商界书籍”。另有多家全球领先的商业期刊将该书评选为 2003 年度“十大商界书籍”之一。

萨尔目前着力于研究公司如何在多变的环境中生存和发展，包括中国和巴西两国的企业和两个技术密集产业：企业软件和医疗设备。研究成果以两本书的形式出版：《巴西制造——巴西成功企业如何在动荡市场中生存发展》和《在中国盈利：如何在市场转型中驾驭变化》。

进入学术界前，萨尔是麦肯锡咨询公司的管理顾问。他还供职于一家专营杠杆收购的金融服务公司 Clayton, Dubilier & Rice，并担任爱立信、康柏、乐喜金星（LG）、葛兰素威康（Glaxo Wellcome）等多家跨国知名企业的顾问。他与妻子特里莎和四个孩子现居马萨诸塞州的牛顿城。

思考问题

四大问题：第一，如何处理产品召回。第二，作为一个总部在美国之外的国际公司，如何应付其在美国子公司遭遇的危机。在美国的法律、市场环境、消费者的反应与本国都很不一样时，如何控制子公司的风险。危机发生的时候，在不同文化环境下如何处理。第三，危机发生的时候，当存在与合作伙伴之间利益冲突时，该如何处理。第四，关于产品召回的战略管理。

问：有关轮胎业的历史，轮胎企业为何存在大量产品召回问题？

答：轮胎行业有其特殊性。几千磅重的车就靠轮胎来支撑。而轮胎一直与地面接触，磨损很大。更主要的是，轮胎一旦出事，不像很多别的产品只是带来不便，轮胎的质量直接影响到人的性命，代价非常高昂。结合技术上的难度和挑战以及出事的代价，轮胎业经常性的产品召回就不足为奇了。

费尔斯通公司召回轮胎当然不是轮胎行业第一次出现产品召回事件。由于这个行业经常因为产品质量或设计而进行产品召回，因此轮胎界的管理人员有时对轮胎召回司空见惯，经常对问题的严重性缺乏警觉。

当轮胎产业从原有斜纹轮胎技术过渡到新技术——子午线轮胎时，费尔斯通公司首先维护其旧有的技术和操作，而当那个战略没有奏效时，公司试图迅速跟上新技术，从而引发了一系列的问题。如果当初他们逐渐引进新技术的话，不至于留下那么多后患，但因为公司迟迟不肯采用新技术，从而受制于旧技术，后来被迫几乎一夜之间做出改变，从技术和生产流程来说走了很多捷径，但也带来了后患。最开始，费尔斯通超常发展，迅速抢占了大量市场份额。但随后的质量问题一直困扰着费尔斯通，尤其是与政府机构，主要是 NHTSA 和由奈德领导的美国消费者协会打交道时。

费尔斯通公司在处理这些危机，包括 1978 年和 2000 年的产品召回时，往往会：

1. 采取把马车围起来（Circle the wagon）的被动防御方式。根据心理学的研究，在一个组织经受来自外部的重大威胁时，首先的反应是把信息限制在组织内部，而只与内部人交流。这个说法起源于美国早期的西部探险，人们为了防止印第安人袭击，一旦发现情况，就把几辆甚至几十辆马车围成一个圈，人在圈内可进行全方位防御。

这首先就限制自己进一步获取信息，不利决策。危机出现之后，如果公司领导人的心态还只是把门堵上，以期问题自行消解的话，问题永远不会得到解决。与外界的交流是获取信息的重要渠道。对轮胎行业来说，不仅是费尔斯通公司这么做，很多别的轮胎公司，即费尔斯通公司的竞争者也倾向于在自己内部就把问题解决。这甚至成为一个行业处理危机的主要倾向。他们经常通过行会组织来做到这一点。反过来，轮胎问题在全球慢慢浮现后，费尔斯通不愿意向消费者和政府通报情况。他们认为这会引起美国和其他国家政府的关注，采取更加激进的应对措施。他们觉得，最好的办法就是采取“个案”解决的办法，悄悄地处理。

2. 诉诸法律。从一开始，尤其是在 1978 年，公司高层就把事件定性为法律事件，这样就使公司与消费者之间成了一种敌对关系。

美国是一个高诉讼的国家,法律上对立的两家必是对手关系,则结果就成了你赢则我输,我赢则你输的选择。这样的心态是不会导致双赢结果的。另外,由于律师的介入,公司与消费者,社会及政府的关系日益被律师所影响和控制,律师整天会指导你:什么该说,什么不该说。在第一次费尔斯通公司轮胎召回事件中,直到后来公司高层才认识到:这是一个商业问题,而不是法律问题。在第一次危机中,公司似乎赢得了一场场法律战役的胜利,而失掉了整个公关和品牌的战争。

而这种敌对状态更进一步使公司领导与公司的批评者之间的分歧变得个人化。双方都把对方妖魔化。而一旦把对手——你的批评者看作妖魔,对话就变得几乎不可能了。

在 1977 年以后的两三年,公司眼见着客户关系和品牌遭受损失,市场份额下降。而来自外界的首席执行官(Chief Executive Officer,以下简称 CEO)内温入主后,不把这看作一个法律问题。向消费者让步也并非公司的失败。他把这个问题看作一个商业决定。这就使事情相对明朗化。他迅速地与多起诉讼达成庭外和解,而把公司重点放在重建公司品牌上。

费尔斯通公司轮胎召回事件的经验教训

1. 要从小的失败和损失中学习。大家百思而不得其解的是,为什么这么一个经常出现产品质量问题的行业和这么一个经常有质量危机的企业,没有发展一个行之有效的危机管理的方法。杜克大学的研究人员在研究人如何学习后得出结论,人在遭遇小的挫折和失误时,学习效果最好。人在成功时,往往忙于庆祝而疏于总结;在遭遇大的挫折时,往往因为太痛苦,也不利于学习。只有小的挫败,才是最好的学习机会。用小的危机来学习危机管理,反思哪里做得好,哪里还有不足,下一次应如何从事。这样公司才能逐渐成为一个学习性组织，将危机管理知识系统化。当下一次危机来临时，公司才有一定的原则和程序来解决。

2. 深思从何种角度看待危机。危机固然是危机，但从不同方面看，一个危机呈现很不一样的问题：如这是个商业问题，还是法律问题？是短期问题，还是长期问题？是不是伦理问题？根据以往众多危机管理的事例，情况似乎是，把着眼点放在公司的长期，如泰力诺事件的处理，要比只着眼于短期效果来得好。同时，站在更广泛，如社会的、伦理的角度来把握一个危机，会更有助于危机根本性的解决。

3. 必须引进外部的不同信息和声音。这能够帮助公司从不同的角度看待问题。这种不同声音可以来自公司的合作伙伴、用户、供货商、代理商、政府部门、消费者团体等。

4. 领导层要善于运用小危机去解决长期的问题。如日经证券把小的危机当作机会，给长期需要的变革提供动力。危机打散了原有的秩序和做法。在日本发生金融危机之际，因为其早先的危机而进行的改革使日经比其他证券公司更有活力。所以称职的管理人员，在他们头脑中，一直把危机当作机会。他们为了公司的长远利益，甚至制造危机以推动公司的变革。记得担任白宫经济顾问的哈佛大学教授罗杰·波特告诉同学们：无论在政界还是商界，要站稳脚跟，你首先得讲有一个大危机，然后说明为什么这是最重大的危机，然后解释你能如何解决这个危机。

问：在这个例子中，日本放手美国子公司经营而产生了一系列问题，如何处理海外分公司或子公司自主经营和总公司的风险控制之间的矛盾？

答：比如一个中国公司在美国设立分公司或子公司，由于对当地的情况、文化和制度、游戏规则等并不十分了解，所以要放权。但是，同时要看到总部肩负着巨大的风险，尤其是在品牌和财务方面。这是一个很大的矛盾。因而在实践上，往往由总部派出的富有财务经验和全球品牌管理能力的高层管理人员来充实当地的管理层。这样的话，虽然是分散化放权式经营，但在风险控制上，具有一定的整体协调和集中。而在质量上更是不能放松。在费尔斯通公司，由于对海外公司实行粗放式管理，甚至费尔斯通公司的质量控制标准要明显弱于普利司通本部的标准。公司本部的技术人员对自己普利司通牌的轮胎，是一有问题，马上解决；而对费尔斯通牌轮胎的问题，则是不闻不问。

普利司通的CEO海崎后来承认，费尔斯通与本部的信息交流并不畅通，公司内部缺乏机制来控制海外公司的运营。直到听证会后，普利司通才向费尔斯通派去资深的管生产和质量控制的副总裁富樫勋（Isao Togashi，音）。他同时也是普利司通董事会的成员。

事件同时深远地影响了普利司通这个日本的跨国企业的运营和管理架构。次年CEO海崎与高层一起辞职，而渡边惠夫（Shigeo Watanabe），公司质量控制的最高主管，接任CEO一职。日本公众也欢迎这一举措。他们认为如果不是由于公司忽视管理美国的业务和子公司而没有在2000年5月及时召回产品，普利司通的股价也许不会如此暴跌。

渡边致力于加强对费尔斯通的管理，并使兰普，费尔斯通的新任总经理，一个美国人，进入了普利司通的董事会。这在以前，作为一个日本公司是不可想象的。

如何对待企业在全球化中的公司治理

关键一点是公司治理的透明度问题。我在对巴西企业进行了一年的研究后发现：全球化的企业必须增加透明度。公司要生存发展，需要全球客户、供货商和投资者的信任，尤其是在出现危机时。如果觉得决策过程不够透明的话，他们就会终止合作。我现在开始对中国企业进行研究，观察它们如何在政策重大调整、全球化和市场激烈震荡等诸多不确定因素下，生存并且发展。随着更多中国企业收购海外公司，或在海外设厂、上市，对中国企业公司治理的透明度要求越来越高。根据 J. P. 摩根的一项研究，多数在海外上市的中国公司，即使业绩比海外同行优良，市值也被极大低估，这与公司治理的透明度不无关系。

如何协调与福特公司的关系

福特与费尔斯通是长达几十年的合作伙伴，福特是费尔斯通最大的客户，两个公司的关系就像一场婚姻。由于巨大的历史包袱，甚至包括两个公司创业者家族的相互联姻，两个公司实际处在一个“不正常的婚姻状态”已有很长时间。费尔斯通一直认为他是赔钱卖轮胎给福特。而福特经常抱怨费尔斯通的质量。对于双方来说，结束这场“婚姻”一直是一种可能的选择。

如何有效管理产品召回

存在产品召回情况的公司都不尽相同。大量产品产生召回问题。有的是因为设计问题，有的是因为生产质量问题，也有是因为新的科学数据发现原先安全的产品现在有不安全因素。也有产品是由于被污染或被人破坏而导致对人有害，如泰力诺事件。另外也要考虑到产品也许会被人误用而发生危险的情况。

产品召回发生的次数近年不断增加。在 1988 年有 221 起召回事件，到了 1997 年，有 362 起召回事件，涉及 7 200 万人口。产品召回对公司同时有直接和间接的费用。

产品召回之后，公司应迅速重建公司信誉，推出与召回产品有明显差异的新产品。同时，公司还须认真研究召回过程的有效性。如该召回成功覆盖了总共应召回数的多少，及客户的满意程度。

公司内部关于产品召回的自测表(来自学者巴利伯曼)

宣布召回产品之前

公司是否有产品召回委员会。

有无专门的产品召回协调员。

公司有无详细的产品召回计划。

公司有无从安全角度仔细研究过产品设计和材料选择。

产品在批量生产前是否有充分的试用。

公司是否与最终用户、中间商、维修点等有充分有效的沟通渠道,因而能很快发现产品存在潜在的事关安全的问题。

在产品召回过程中

公司是否采用系统的模式来评估产品的安全性。

召回程序是否有效地传达到了分销商、员工、客户服务中心工作人员、公司的销售队伍和监管机构。

是否对中间商等各个销售渠道有有效的监督,以保证产品确实从货架上撤下。

公司内部是否有正式的产品召回的预算。

产品修理和更换的流程是否有效。

是否可以增加客户服务人员的数量以更有效地执行产品召回。

产品召回流程的设计是否考虑到使客户方便。

在产品召回之后的公司内部规划

公司是否积极力争把未来产品召回的危险降低到最低程度。

公司是否充分使被召回产品与新产品区分开来。

公司是否对召回完成程度有明确的目标?

公司是否有对召回客户满意度的衡量标准。

实施产品召回

甚至英特尔公司也未能良好处理产品召回的局面。在 1994 年奔腾芯片出现浮点计算错误时,英特尔起初不认为这是一个大问题,因为这基本上不会影响绝大多数电脑的使用。而只有当IBM,英特尔的主要客户,开始停止进货时,才意识到问题的严重性。最终,英特尔实行了换货政策。

在总结这次事件时,CEO安迪·格罗夫认为,公司是过分被工程师的思维方式所局限。这种思维方式讲究事实和分析。而客户的思维方式则是习惯于从自己出发做出自己的选择。英特尔错在从公司出发,告诉客户他们应该担心什么、不担心什么,该做什么、不该做什么。这是无助于事情的解决的。

在处理产品召回引发的危机中,有三个方面都很重要。第一,判断是否要召回产品和召回的准备工作;第二,产品设计和开发过程;第三,在产品召回过程中的危机交流。

第一个方面在经常发生产品召回的行业中显得极为重要。必须在公司内部建立产品召回特别小组。建立一整套关于产品召回的应急方案,使公司上下都对可能出现的召回有章可循,充分做好准备。让他们清楚地认识到召回和客户安全、公司声誉、品牌之间的关系。要使这种观念深入人心,即成功地处理产品召回,会增强企业的品牌和与客户之间的关系。众多测试客户忠诚度的研究表明:投诉服务问题的客户,如投诉处理得好的话,其忠诚度要大大高于一般客户。每一个与客户接触的机会,都是一个真正赢得客户的机会。产品召回的危机更是如此。土星(SATURN)汽车(隶属通用汽车公司)甚至把产品召回当成了公司推广形象的机会。迅速有力的召回行动使土星更好地建立了与客户和经销商的关系,并充分表现了土星愿尽一切可能来使客户满意的精神。

这套方案还需要清楚规定组织内部的分工,力争在产品召回发生时各项任务由明确的人来执行。往往危机初期,特别小组要负责研判形势有多严重,特别是在有关客户的生命和健康受到损害或受到很大威胁时。专门的小组能帮助企业高层管理人员迅速决定如何处理初期危机的规模，以及召回是不是一个选择。过早召回或进行不必要的召回有可能使公司信誉受损，而过晚则会使公司失去驾驭形势的能力。

如召回决定做出后，该小组很重要的一个任务是做出如何使产品重新回到市场的方案。泰力诺在这一点上，是个极为成功的例子。

第二个方面指出，在产品研发过程中，公司能够把产品质量和安全放在首要的位置是减少召回的最根本因素。就像在轮胎行业，众多生产厂家缩短研发时间，在子午线轮胎技术开始呈现强势后，匆忙舍弃以前的技术而改用子午线技术。几乎是一夜之间改良过来，从而带来了很多设计和技术上的隐患。

第三个方面是指在危机发生时与媒体、客户和所有利益相关者的沟通。在很多公司内部就有危机发生时的通信计划，作为可能发生的产品召回时的沟通方案，也同样需要置于危机处理方案中。而作为全球性的公司，统一的方案和各部门传递同样的信息对公司的可信度至关重要。

打造崭新的所罗门公司*

我们所追求的目标，正如多年以前J. P.摩根对他的银行所提出的要求，"用一流的方式……开展一流的业务"。我们衡量自己的标准，不仅要看我们做了什么，而且要看我们不做什么。与其他所有大型组织一样，所罗门公司难免会犯些失误甚至遭遇挫折，但是我们将竭尽全力发现错误并尽快改正。

——沃伦·E.巴菲特

1991年10月

引　言

故事发生在1991年8月18日，一个星期日的下午，位于美国纽约世贸中心的所罗门兄弟公司（Salomon Brothers，以下简称所罗门公司）总部办公室。这个周末，一场突如其来的飓风袭击了整个纽约地区，几乎所有的所罗门公司员工都在家中收拾残局。然而，投资银行部门总经理德里克·C.莫罕（Deryck C. Maughan）和公司财务经理约翰·G.麦克法兰（John G. Macfarlane）却坚守在所罗门公司的交易大厅，焦急地等待着星期一上午东京证券市场开盘，并准备实施公司的

---

* 本案例由林恩·夏普·佩因（Lynn Sharp Paine）教授和研究助理迈克尔·A.桑托罗（Michael A. Santoro）编写，仅供课堂讨论之用，无意评价企业管理工作的是非得失。

紧急财务计划。与此同时，公司董事会正在楼上召开会议，研究确定新的领导班子。与平日忙忙碌碌的情形相比，今天的交易大厅显得异常安静。莫罕忧虑地对麦克法兰说："如果政府真的禁止我们参与国债交易，我们的麻烦可就大了！"

披露违规行为

事情还得追溯到10天以前。1991年8月9日，星期五，所罗门公司在新闻发布会上公开披露，发现公司在三次参与美国政府债券拍卖过程中，曾经出现违规操作。在1990年12月和1991年2月举行的美国国债拍卖过程中，所罗门公司由2名业务主管、6名交易员以及12名支持工作人员组成的政府债券交易柜台，在未经授权的情况下以客户的名义进行了交易。在1991年5月的拍卖过程中，由于"明显的疏忽大意"，所罗门公司没有披露其拥有的美国国债"远期长头寸"(即已经承诺一旦国债发行，公司就会购买)。在每一种情形下，所罗门公司的违规行为都在试图规避美国财政部关于每家公司竞标总额不得超过美国国债发行总量35%的限制。所罗门公司宣布，公司已经对政府债券交易柜台的两名业务主管和两名工作人员做出了停职处理。后来经进一步证实，这两名主管分别是保罗·莫泽尔(Paul Mozer)和托马斯·墨菲(Thomas Murphy)，而且公司副总裁约翰·麦瑞威瑟(John Meriwether)对政府债券交易部门负有管理责任。公司还透露，在内部检查过程中还发现了一些尚未披露的违规行为。

8月14日，星期三，在莫罕和执行董事威廉·A.麦金托什(William A. McIntosh)以及其他高级管理人员的坚决要求下，所罗门公司召开了第二次新闻发布会，进一步披露了三次违规操作的细节和其他一些在美国国债竞标过程中的违规行为。在这次新闻发布会上，公司还披露了一条足以对全球金融市场造成冲击波的消息，所罗门公司的高层管理人员早在4月份就已经知道了2月份拍卖过程中的违规操作情况，但是却没有及时向政府管理部门报告。这些高层管理人员包括：董事会主席兼首席执行官约翰·H.古弗兰(John H. Gutfreund)，公司总裁托马斯·W.斯特劳斯(Thomas W. Strauss)，以及分管政府债券交易柜台的公司副总裁约翰·麦瑞威瑟。

星期四上午，就在所罗门公司公开透露高层管理人员知情不报的信息之后，几乎世界上所有的主要报纸的首页都刊载了所罗门公司的有关情况。一向谨小慎微的英国伦敦金融界人士，得知所罗门公司在未经授权的情况下以客户的名义从事交易之后，都不由得大吃一惊。被所罗门公司盗用名义的沃伯格公司(Warburg)是伦敦一家非常著名的金融机构，却也没能逃过违规操作的魔爪。从此以后，所罗门公司的处境开始恶化。债权人开始考虑对所罗门公司的商业票据拒绝展期，并且威胁要切断公司的债务链条。所罗门公司的母公司——所罗门股份有限公司在证券市场上的股票价格不断下跌。来自客户、债权人、员工、股东以及政府官员的问询电话络绎不绝，应接不暇。

消息披露之后，美国纽约联邦储备银行的官员通知古弗兰先生，由于公司管理层没有及时报告有关竞标欺诈情况，所罗门公司作为一级市场交易商的地位将可能丧失。所谓一级市场交易商，是指美国联邦储备委员会指定的初级市场交易对象。作为39个一级市场交易商之一，所罗门公司有权代理客户或以自己的资金参与联邦储备银行举行的债券拍卖，并且享有免交保证金的特权。

8月16日，星期五，迫于所罗门公司高层管理人员和政府官员的压力，公司首席执行官约翰·古弗兰和总裁托马斯·斯特劳斯宣布辞职。其实，在此之前，公司的高层管理人员都已经知道古弗兰和斯特劳斯难以继续执政了。8月15日的《纽约时报》在头版刊载了古弗兰的照片，并且引用他的话说："不要对任何人或任何事道歉，道歉是愚蠢的。"看到这样的报道之后，所有的人都应该知道古弗兰下台的日子不远了。

星期五下午，所罗门公司的股东兼外部董事沃伦·E. 巴菲特（Warren E. Buffett）来到公司总部，准备接替古弗兰的工作。公司决定在星期日召开董事会，宣布巴菲特为过渡期的董事会主席兼首席执行官，并将任命新的领导班子。在决定接替古弗兰的职务之前，巴菲特先生星期六与所罗门公司留守的高层管理人员逐一进行了单独面谈。

关于莫泽尔的直接上司约翰·麦瑞威瑟的去留问题，所罗门公司内部存在两种意见。一部分人认为麦瑞威瑟对公司做出过巨大贡献，他所领导的债券套利部门1990年成功地为公司赚取了4亿美元的利润，另一部分人则坚决要求他离职。拥护麦瑞威瑟的人认为，他本人在莫泽尔违规事件中并没有过错，事情发生后他立即向古弗兰和斯特劳斯以及公司的首席法律顾问唐纳德·M. 费伊斯坦（Donald M. Feuerstein）进行了汇报。而反对者则认为，麦瑞威瑟应该严格约束莫泽尔的行为，对于后者的违规操作负有领导责任。最后，巴菲特并没有要求麦瑞威瑟离职，但他自己提出了辞呈。在星期日的董事会上，公司接受了古弗兰、斯特劳斯和麦瑞威瑟的辞职申请。

星期日的故事

星期日下午，正当公司董事会召开之时，莫罕和麦克法兰不停地和东京分公司通电话，焦急地等待星期一上午东京证券交易市场开盘。他们殷切希望东京市场为其他市场带个好头，到目前为止，东京市场还没有对所罗门公司的国债交易违规操作丑闻做出反应。他们努力向东京分公司的同事解释纽约总部发生的事情，希望东京的同事们尽快了解日本的投资者对于所罗门公司高层变动以及一级市场交易商地位丧失做出的反应。

对于莫罕而言，过去的这一个星期真是非常艰难。外部人士并不知道，他在整个事件中扮演了一个十分重要的角色。正是在莫罕和麦金托什两人的坚决要求下，所罗门公司才进一步公开披露了高层管理人员试图隐瞒真相的事实。麦金托什已经在所罗门公司工作了 30 年,现在是负责固定收益业务的执行董事。对于公司的第一次新闻发布,他评论说:"这简直糟糕透了,听上去像是一份律师文书。它的目的不在于保护所罗门公司,而是保护古弗兰个人。"在莫罕的坚决要求下,古弗兰不得已才召集了董事会。莫罕知道,如果对违规事件不尽快采取有效的措施,将会影响整个公司的决策效率。

正当莫罕在交易大厅忙碌的时候,有人打电话叫他立刻上楼。电梯刚刚停在 43 楼,还没等他迈步出去,就看见了巴菲特先生。巴菲特对他开玩笑说:"你被诱捕了!"随后,他们就一起来到新闻发布大厅,那里已经汇集了超过 500 位新闻记者。巴菲特向大家介绍了莫罕先生,并且宣布任命他为所罗门公司的首席营运官。此时此刻,莫罕还不知道董事会 12 位执行董事中,有 10 位提名由他来接替古弗兰的位置。新闻界评论说,莫罕对自己的任命感到"震惊"。

但是公司的其他人对莫罕的提职并不感到意外,虽然这种速度的确有点快。莫罕刚从日本回来不久,在他的有力领导下,所罗门公司的亚洲业务迅速成长,回到总部后他担任了投资银行部门总经理。他和麦瑞威瑟一起,都被公认为是公司未来接班人的最佳人选。

前途迷茫

8 月 18 日,巴菲特和莫罕一起召开记者招待会的时候,所罗门公司的前途还是一片迷茫。没有人知道违规事件会对公司带来多大的影响。债权人、担保人、客户、员工以及整个资本市场都在拭目以待,看公司新的管理层将如何重整河山。政府监管当局已经开始进行全面的调查,所罗门公司是否会面临犯罪指控成为大家普遍关注的问题。联想到此前发生的 E. F. 赫顿公司(E. F. Hutton)和德克塞尔-伯纳姆公司(Drexel-Burnham)违规事件的后果,很多人估计所罗门公司在劫难逃。巴菲特对在场的新闻记者说:"我的任务就是洗清公司过去的罪责,发扬公司的传统美德,所罗门公司必须恢复它原来的正直和诚信！”

面对记者的各种提问，巴菲特的姿态非常坦诚直率，他对新闻媒体承诺，将用实际的行动来证明自己的能力。巴菲特向政府监管部门敞开了大门，承诺放弃使用代理律师的权利，推翻了公司代理律师所作的关于政府债券交易问题的报告和记录。莫罕评论说：“巴菲特努力让一切从头开始，我们的原则就是还事实的本来面目，而不管会导致什么样的后果。事实上，我们也不知道未来会怎么样。”

在记者招待会之后，巴菲特立刻召开了一次高层管理人员会议，再次宣布莫罕的任命。他所做的一切，都在努力结束公司的过去，为新的开局作铺垫。公司的一位高层管理人员评论说，所罗门公司的历史将划分为两个部分——危机之前(before crisis，BC，公元前)和德莱克之后(after deryck，AD，公元后)。

新的领导层

虽然巴菲特在伦敦和欧洲被人们戏称为“来自奥马哈的神秘人物”，他在美国金融界的声誉却非常好。一位证券分析师评论说：“他品行端正，信誉卓著，由他执掌所罗门公司肯定会带来很好的结果。”当然也有人对他不屑一顾，认为他太过老实巴交，过分迎合政府，缺乏必要的胆识和魄力。巴菲特高达 40 亿美元的个人身价也经常是新闻媒体讨论的热点，有的说他是“奥马哈的智者”，有的说他是“友善的中西部人士”，有的说他“不经意间成了亿万富翁”，也有的说他“总是穿着发皱的毛呢西服”。

在公司内部，巴菲特的上任得到了多数人的赞同。政府债券交易部经理丹尼斯·坎贝(Denise Cumbey)说：“我们非常高兴能和他一起共事，他的到来使我们充满了信心。”另外一名高层管理人员也评论说：“让这样一位有威望的人来接管公司，我们感到如释重负。”当然，也有一些人对巴菲特的到来反应冷淡，只是默默地随波逐流。

其实，在巴菲特接管所罗门公司之前，他的正直品格和良好声誉就为公司带来了帮助。星期日下午,公司董事会正在进行的时候,美国国家财政部宣布停止所罗门公司参与国债交易的资格。听到这一消息,巴菲特立刻离开会场,给财政部秘书长尼古拉斯·布拉迪(Nicholas Brady)拨了电话,极力争取财政部保留所罗门公司以自有资金参与国债拍卖的资格。最后,布拉迪先生同意了巴菲特的请求,并且希望公司"在新的董事长带领下能够组建一个建设性的领导班子"。

莫罕的上任也让公司内外部人士感到放心。他本科毕业于英国伦敦大学,后来在美国斯坦福大学商学院获得硕士学位。莫罕曾经在英国财政部工作了10年,随后又在伦敦为高盛公司服务了4年,由于他的坦率诚信,新闻界都戏称他为"正直先生"。在后来的美国国会听证会上,所罗门公司对莫罕先生进行了高度评价,说他能够"正确处理金融机构和监管部门之间的关系"。

莫罕今年44岁,出生于一个英国矿工家庭。所罗门公司的同事评价说:"他有文化,有涵养,非常理性,从来不大嗓门说话,他比顽固傲慢的古弗兰更能代表传统的所罗门风格。"大家都认为莫罕是一位精明能干、非常自信而又易于沟通的领导人。莫罕就职时承诺,将"按照法律的要求履行诚信义务",但并不是要否定所罗门公司的一切,"良好的传统和正确的做法仍然应该坚持"。

人事变动

巴菲特就职之后,立刻解聘了违规操作的莫泽尔和墨菲,并且与这两人终止了一切关系,公司拒绝为他们承担法律诉讼费用。莫罕提名原固定收益套利部门的经理埃里克·R.罗森菲尔德(Eric R. Rosenfeld)担任政府债券交易部门的临时负责人。罗森菲尔德曾经担任过美国哈佛大学商学院的副教授,他在国债交易领域并没有从业经历。

没过几天,公司的首席法律顾问唐纳德·M.费伊斯坦也提出了辞呈。与此同时,7月份曾经为所罗门公司进行过内部调查的律师事务所也和所罗门公司解除了合约。该律师事务所的合伙人马丁·利普顿(Martin Lipton)是古弗兰的老朋友,他亲自起草了所罗门公司8月9日和14日的新闻公告。随后,巴菲特任命他的长期合作伙伴罗伯特·E.德内姆(Robert E. Denham)为公司的首席法律顾问。德内姆是洛杉矶一家律师事务所的合伙人,该公司长期以来与巴菲特保持着密切的合作关系。

两个星期之后,所罗门公司董事会再次开会,会议宣布公司不会向古弗兰、斯特劳斯、麦瑞威瑟以及费伊斯坦支付任何补偿金,也不会负担他们将来的诉讼费用,原先与公司有过约定的除外。

初步评价

披露违规操作之后的一个星期,公司内部产生了很多猜测和传言。有意思的是,当有关违规操作的消息传到所罗门公司伦敦分公司总经理史蒂芬·J. D. 波斯福特(Stephen J. D. Posford)耳边时,他正在去往戏院的路上,陪同他一起去看戏的是英格兰银行的一位官员,这位官员恰好负责管理英国政府债券交易。波斯福特开始还怀疑消息的真实性,当他确认一切都是事实后表现得非常愤怒。对他来讲,在未经授权的情况下利用客户名义进行交易,“是一种非常可怕的行为,完全违背了我们应对客户承担的诚信义务”。

其他一些高层管理人员也认为古弗兰的行为“违背了基本的行业准则,也与他自己所宣扬的道德标准相抵触”。一位高层管理人员把古弗兰的行为和交易员隐瞒交易事实的行为相提并论:“这就像做了一笔亏损交易之后,把交易凭据藏在抽屉里一样。”还有人评论说:“古弗兰对别人的要求总是非常苛刻,没想到自己却在道德问题上犯了错误。”

总而言之,最近一段时间以来,所罗门公司的管理人员目睹了政府债券交易丑闻爆发后的巨大变革,也听说了一些高层管理人员知情不报的幕后真相。对于所罗门公司这样一向信誉卓著的金融机构而言,目前发生的一切都非常让人难以置信。正如一本畅销书《说谎者的游戏》所说的那样,它让新闻媒体和外部公众看到了一个组织内部的瑕疵,看到了一个不负责任的形象。公司的一位管理人员回忆说:“所有的人都被这样的事件震惊了……人们很难理解,在所罗门公司居然会发生这样的事情。”

公司背景

所罗门公司创建于1910年,创始人所罗门兄弟的父亲是移民。公司最初主要从事债券交易,通过买入和卖出大规模的资金头寸获得丰厚的利润。公司在20世纪60年代进入股票交易领域,20世纪70年代进入投资银行领域。直到1981年,所罗门公司仍然是一家合伙制的公司。1981年,在古弗兰的策划下,所罗门公司被一家公开上市的贸易公司收购。这家公司名叫菲利普兄弟股份有限公司(Phibro),主要从事石油和金属贸易。三年之后,古弗兰成为合并之后新公司的董事长,并将公司更名为所罗门股份有限公司(Salomon Inc.)。

20世纪80年代是所罗门公司快速扩张的时代。从1981年到1987年,公司的员工从2 300人猛增至6 800人。1985年,公司利润创下了5.57亿美元的纪录,这些利润主要是从债券交易市场和抵押债券市场获取的。当时公司债券和政府债券市场正处于高速成长时期,盈利空间较大;而且所罗门公司还开创性地拓展了抵押债券市场,从中获利颇丰。所罗门公司在法兰克福、伦敦、东京等地投资了数百万美元,主要从事行业研究、股票投资和投资银行业务。凭借其在政府债券、公司债券、公司股票以及抵押债券的发行、承销、交易领域的丰富经验和成功运作,所罗门公司发展为世界上最为优秀的金融机构之一。在1985—1987年期间,所罗门公司一直占据了美国公司债券市场的龙头地位。但是在1987年,种种原因导致公司的成本费用几乎超过了经营收益。由于受到二季度债券市场疲软的影响,以及10月份股票市场狂跌的冲击,所罗门公司1987年的利润仅为1.42亿美元,产权收益率为3.7%。

所罗门公司1987年低迷的财务状况引来了外部的恶意收购。罗纳德·O.皮尔曼公司(Ronald O. Perelman)在DBL公司(Drexel, Burnham, Lambert Inc.)的财务支持下,试图对所罗门公司进行收购。正在危急之时,BH公司(Berkshire Hathaway Inc.)挽救了所罗门公司。BH公司是美国奥马哈的一家公开上市公司,总市值达100亿美元,沃伦·巴菲特是该公司的董事长兼首席执行官。该公司向所罗门公司投资了7亿美元,所罗门公司运用这笔现金流量购回了皮尔曼公司试图收购的股份,保住了古弗兰在所罗门公司的领导地位。BH公司在所罗门公司的投资作为固定年收益的可转换优先股,年收益率为9%,可以在1995年后分5次赎回。这些投资如果转换为股份,按照所罗门公司当时市价每股38美元计算,占公司总股权的14%。由于BH公司在所罗门公司的投资,巴菲特在所罗门公司的董事会获得了一个席位。

截至1991年,所罗门公司的客户数量达到2 200家,员工总数达到6 600人,其中1/4为外国员工,中高层管理人员158名。所罗门公司的业务领域不断变化,它的产品服务和业务流程随着市场的变化而不断调整,因此公司的组织结构也是动态变化的,在市场需要时会组成一些工作团队,任务完成之后就自动解散。从1989年开始,公司管理层开始实施一项改革计划,打算用5年左右的时间为公司建立起适应20世纪90年代市场竞争情况的组织结构和业务流程。董事会要求公司的22个部门定期上报自己的业务计划、业绩报告和经营预算,以便加强从上到下的管理控制。公司还开始建立完善内部业绩评价体系,以便对各部门和个人的业绩贡献进行更加准确的评价。但是,也有人认为,这些管理控制手段虽然有利于加强计划控制和资源调配，却也在一定程度上抑制了公司内部的创新氛围。直到债券交易违规操作危机爆发之时，有的改革措施正在执行过程之中，有些还没有付诸实施。

危机管理

巴菲特和莫罕接管所罗门公司领导权之后，立刻就面临着三大难题：由谁来负责公司的主要业务领域？需要与哪些重要客户进行沟通？怎样渡过公司面临的财务危机？这些问题都非常重要而且紧迫。政府机构、监管部门、新闻媒体都需要谨慎对待，来自内部员工的压力也很大。“我们不能坐以待毙。”莫罕回忆说，“逆水行舟，不进则退。”起初，公司的执行委员会实际上是一个危机管理委员会和日常协调委员会，需要讨论和处理各种各样的管理问题。随着时间的推移，各项权责不断明确，执行委员会的会议次数开始减少，研究的问题也更加集中。

就任之后，巴菲特立刻给公司的所有高层管理人员发了一封信，希望每个人都要进行回顾反思：“如果发现公司任何部门或任何个人存在违反法律法规或有悖行业道德的行为，可以立刻向我本人直接报告。”当然，对于一些细微的过失，如果没有严重违反法律或者没有对第三方构成侵害，可以不在此列，如个人停车罚款或报销凭据不实等。巴菲特还公布了他在奥马哈家中的私人电话，以便任何人都能随时和他联系。

在随后召开的投资银行、销售以及交易部门工作会议上，巴菲特向公司员工表示：“如果你的行为使公司赔了钱，我是可以理解和原谅的；但是如果你的行为使公司失去了信誉，我就会对你毫不客气！”在谈到公司的未来时，他用一个比喻来勉励公司的员工：“要在舞台的中央发挥你的才干，不要试图在舞台的边缘上耍杂技冒险。”

财务危机

从1991年8月19日开始,所罗门公司面临的最紧迫的问题就是如何应对财务危机。和其他大型交易公司一样,所罗门公司的负债比例相当高,其中包括大约184亿美元的短期无担保借款。在首次披露违规信息之后,所罗门公司的筹资困难便开始出现,第二次信息披露更加加剧了公司的财务危机。在公司到期未付的84亿美元商业票据中,能够展期的不足10%;银行威胁着要停止继续贷款,债权人也要求公司购回无担保的债券。穆迪和标准普尔对所罗门公司下调了资信评级,进一步降低了公司在资本市场的筹资能力。

“公司拥有110亿美元核心资本,资产的流动性也很强,这一切都说明我们仍然具有很强的财务能力。”所罗门公司财务经理麦克法兰解释说,“但是债权人和客户对于公司的领导人和管理层缺乏信心,所以他们拒绝和我们开展交易。我们现在受到了市场的惩罚,需要给公众一个明确的解释。”

此时此刻,保持必要的流动性以应付财务危机的责任就落在了麦克法兰肩上,他必须和公司首席营运官莫罕以及首席财务官唐纳德·S.霍华德(Donald S. Howard)通力合作,共渡难关。麦克法兰出生在弗吉尼亚,1979年毕业于达登学院,获得MBA学位。他身材修长,语音柔和,毕业后就开始在所罗门公司做交易员,目前他的大部分时间仍然在交易大厅。作为公司的财务经理,他还担负着流动性管理的职责,必须对资产负债进行合理配比。

麦克法兰说:“8月14日以后我们的财务压力非常大,很显然必须启动紧急筹资计划。”紧急筹资计划始于1987年股市危机之后,目的在于应对无担保负债展期困难的市场环境,保持公司的筹资能力。在经济萧条时期,公司需要有足够的资金储备来解开债务链条,应对资金短缺。所罗门公司花费了很大的成本对公司的负债种类和期限结构进行了调整,并且储备了大量流动性较强的未抵押债券,以便在需要时可以迅速变现或者用来充当回购抵押。实施这一计划的前提假设是,维持有担保的负债状况不变,但必要时可以按次序削减资产总量。

1991 年 8 月份违规信息披露之后,无担保负债的债权人开始讨债,所罗门公司利用其储备的高等级的政府债券作为抵押与其签署债券回购协议,并且利用筹措到的短期借款来兑付公司的商业票据。

在这种情形下,公司内部没有人想到启动紧急筹资计划,但事实证明这样做是必需的也是可行的。麦克法兰说:“在财务状况非常紧张,讨债电话响个不停的情况下,这是我能够用来应对危机的唯一办法……我已经连续五个星期没有回家了。”整个危机过程中,麦克法兰都在十分小心地处理各种债权债务关系,努力向各方面人士进行解释,通过电话和传真进行沟通,尽量避免形成恐慌。

到了 8 月 23 日,形势变得更加严峻,通过签署回购协议已经难以解决公司的资金短缺问题。所罗门公司的资产流动性出现了问题,筹资成本不断上升,一些可能的借款人甚至不愿意与所罗门公司签署回购协议。公司决定出售部分资产以压缩资产负债规模。麦克法兰解释说:“目前关键的问题,是根据紧急筹资计划按次序出售部分资产头寸。”

为了保证这项计划的顺利实施,麦克法兰决定提高所罗门公司内部成员占用资金的内部资金价格,这是促使公司出售资产头寸的最简单而又最有效的办法。麦克法兰所领导的资产负债管理委员会用一个半页纸的通知向公司在世界各地的 15 个交易部的负责人宣布了这一决定。由于内部资金价格提高,而且从三季度末开始还将额外征收 4%的附加费用,公司的很多交易头寸变得无利可图或者利润空间很小。股票交易部门由于资金占用较多,受这项改革的影响最为明显。在股票交易过程中,需要以相当于股票头寸价值 50%的资金做准备,远远高于政府债券头寸的资金占用比例。

尽管如此,很多交易部门仍然不愿意出售那些可能盈利的资产头寸。为了鼓励各交易部门进一步出售资产，莫罕每星期都要召集各交易部门的负责人开会，看一看公司还持有哪些资产头寸。在这样的会议上，各交易部门免不了相互攀比，每个人都在盯着其他人手里持有的资产头寸。

1991 年 9 月 30 日，经过各方面不懈的努力，所罗门公司的资产总额从 1 500 亿美元下降到了 970 亿美元。在出售资产的过程中，丰富的交易经验和技巧帮助所罗门公司把损失降到最低，尽量保留了那些回报率较高的资产。正如一个交易部门的负责人所说："我们的特长是代理证券交易。这一次反过来了，我们把自己给出售了。"

良好的资产变现能力和多样化的筹资渠道挽救了所罗门公司的命运，使其免予重蹈 E. F. 赫顿公司和德克塞尔-伯纳姆公司的覆辙。1990 年 2 月，德克塞尔-伯纳姆公司同样因为涉嫌债券交易欺诈而遭到起诉，并且很快就关门破产。两者的差别在于，德克塞尔-伯纳姆公司的资产主要是流动性很差的垃圾债券，而所罗门公司的资产流动性很好，主要是政府债券。

9 月份，穆迪和标准普尔对所罗门公司的资信评级进一步降低。为了防止银行贷款出现问题，巴菲特于 9 月 13 日邀请主要的银行家们进行座谈，向他们介绍了公司资产流动性的状况，并回答了有关人士的提问。

客户关系

债券交易违规操作事件被披露之后，除了政府债券交易部之外，所罗门公司所有的管理人员都在打电话安抚客户。然而，在一些新闻媒体言过其实的报道之下，形势变得越来越糟糕。在美国、英国以及其他部分欧洲地区，一些客户认为必须中断与所罗门公司的合作以示惩罚，他们认为这是非常严重的诚信问题，同时也对整个政府资金市场的正常秩序构成了威胁。即使有些人对所罗门公司怀有同情，但是为了维护自身的信誉也不得不在这非常时期与所罗门公司保持距离。很多国家的法律法规禁止政府机构或准政府机构客户与存在违规行为的金融机构开展业务,更加剧了所罗门公司面临的客户危机。

莫罕的首席助理威廉·J.詹宁斯(William J. Jennings)反映说,在这种情况下,所罗门公司过去一些员工傲慢、无礼、粗暴的行为也暴露出来了。一些客户抓住这样的时机表露出对所罗门公司的不满,甚至把一些过去的事情重新提起:“一个交易员居然跟我摔电话!”

违规操作信息披露之后不久,所罗门公司就失去了一些非常重要的客户。美国加利福尼亚州公务员退休基金(CALPERS)——全球最大的私人退休基金公司,资产总量达630亿美元——宣布停止委托所罗门公司进行政府债券交易。美国太平洋投资管理公司(一家固定收益资产投资商,资产总量320亿美元,所罗门公司的一名员工曾经在未经许可的情况下利用该公司的名义参与竞标)以及美国莫丘利资产管理公司(所罗门公司也曾经利用它的名义进行欺诈性竞标)都宣布和所罗门公司断绝交往。在得知失去莫丘利这样的优质客户时,所罗门公司发表声明说:“我们对于侵害这样一个优质客户感到非常遗憾。”

所罗门公司失去的另外一个重要客户是世界银行。在宣布与世界银行终止业务关系的消息时,所罗门公司向世界银行及其成员国政府表示深切道歉,并表示了公司坚决改正错误的决心,希望能够尽快和世界银行恢复业务合作。

政府业务部门的管理人员和交易员在过了好几个星期之后才鼓起勇气与客户联系。该部门的一位经理说,他们决定加强业务研究,努力为客户提供其他竞争对手所没有的服务,并且在交易价格上给客户更多的优惠。

对于所罗门公司的管理人员来说,在这种情况下维护客户关系是一场非常严峻的挑战。负责政府债券业务的经理丹尼斯·坎贝说:“客户常常把别人的违规操作行为转嫁到你个人身上。你必须极力维护公司的形象,但客户心中总是存在怀疑。”伦敦分公司总经理波斯福特花费了好几个小时与客户通电话,努力向客户解释公司所发生的一切。波斯福特说:“客户感到非常诧异,他们也不希望听到这种事件发生。我和他们私下里非常熟悉,我在伦敦工作了22年,大家对我的信誉都非常了解,我从来不会做出这种事情。”

理查德·J.巴拉特(Richard J. Barrett)在所罗门公司主管着由超过1 000人组成的纽约金融机构业务部。在得知莫泽尔在8月8日的违规操作的消息之后,他就开始给那些银行客户的总经理们打电话。这对他来说是一件非常痛苦的事情,“你知道你将要接受客户的盘问,你必须仔细想好各种必要的解释。当时我们的投资银行业务刚刚取得了令人高兴的进展,正要签署一些合作备忘录,然而违规操作丑闻却把我们拖入了无底的深渊……第一次新闻发布使我们所有的人的大脑一片空白”。

第二次新闻发布更加糟糕。“就在一个星期之内,我们需要两次打电话给客户,承认我们犯下了严重的错误。”巴拉特说,“这简直太糟糕了……最为可气的是,在交易大厅发生的这些违规操作,原本与投资银行业务毫不沾边,却对投资银行业务产生了非常直接的恶劣影响。我们试图向客户说明情况,但我们的可信度遭到了怀疑。”

正如巴拉特所说,事发之后客户开始有意地疏远所罗门公司的员工。他说:“这对所罗门公司的员工个人来讲是一件非常尴尬的事情。你穿着公司的制服,试图维护公司的业务,但是对方公司的总经理非常客气地跟你说:‘我相信你个人是诚实可信的,但是我不能向董事会推荐所罗门公司,你应该理解我的意思。’你嘴里说能够理解,但你心中无论如何也难以理解,通过多年来非常辛苦的工作才建立起的客户关系,就这样被无情地摧毁了。”

1991年9月,英国财政部宣布取消所罗门公司代理英国电信公司发行85亿美元股票的资格。“这简直是职业生涯中的耻辱。”巴拉特说,“已经和客户签订了合同,但你却失去了这笔业务。但是又有什么办法呢?难道要诉诸法律吗?在这种情况下,你只能自认倒霉。"

巴拉特深切感到,在投资银行领域维护和拓展客户关系要比其他业务领域困难很多。"在证券交易方面存在很多机会,无论多难你总可以说服客户分一点业务给你做。而投资银行业务则不同,这方面的业务数量很少,但是规模却非常大。在这种形势下选择所罗门公司的风险很大,因此我们的机会就很少。"

虽然存在种种困难,在开始的几个星期里,巴菲特和其他公司领导还是不断与公司的重要客户进行接触,希望能够保持业务关系。"一旦我们失去这些客户,也许他们永远就不再回来……你简直快发疯了,你刚开口说上两句你就知道没有希望了,没有比失去客户更令人沮丧的事情了。"巴菲特坦率的回忆再次说明客户关系对于所罗门公司是多么重要。巴拉特也回忆说:"我们尽量向客户解释,这是一个意外事件,以前从未发生过。你可以看看我们的历史记录,我们和德克塞尔-伯纳姆公司不同!"最后,他打了一个比喻:"你要靠你手中的牌来赌博,但你的手气却很差,这时候,巴菲特给了我们一张王牌。"

9 月 4 日,巴菲特向公司的所有重要客户发去了一封致歉信,承诺公司今后将恪守法规,诚信经商。

员工沟通

违规操作事件披露之后,公司的很多员工都在考虑离职。丹尼斯·坎贝回忆说:"我们的生活一下子改变了。大家都在担心公司是否还能继续生存下去。我为员工的工作担心,为他们的家庭担心。所有的人都在考虑离职的问题。猎头公司在给每个人打电话。"坎贝自己坚决拒绝了猎头公司邀请:"那么多人都要依靠我,公司以前对我也不薄,我不能在这样困难的时候离开。"

运营部主管托马斯·W.布罗克(Thomas W. Brock)评价说,在危机爆发之前,所罗门公司并不是"世界上内部沟通最好的公司",危机爆发之后,最为关键的问题就是协调好内部员工的沟通,防止产生恐慌。人们都在担心会不会失去工作。

为了加强内部沟通,从巴菲特开始,公司的每一个管理人员都找自己的下属谈心。所罗门公司的公关部门也开始在公司内部发布公告,每天都通报有关违规事件和政府调查的进展情况。"公司内部的信息传递非常通畅。"一位员工评价说,"每个星期三下午,莫罕都要和大家见面,回答员工提出的问题。高层管理人员在外部压力非常大的情况下,还是竭尽全力安抚内部员工,使大家都可以安心工作。"

公司还鼓励员工就自己关心的问题匿名提问,然后在内部的新闻发布会上集中解答。即使这样,也难以全面解答每个员工心中的疑问。公司每个部门的主管都要花费很长的时间与下属谈话,帮助他们恢复对公司的信心,劝说他们不要离开公司。一位政府业务部门的经理说:"为了保持部门的凝聚力,我们付出了艰苦的努力。"交易部门的员工在资料收集方面花费了很大的精力,以应付各种调查的需要。

在巨大的危机压力下,要想继续保持业务操作的零差错是非常困难的。一旦交易过程中出现了任何差错,就会在客户中间引起怀疑和恐慌,后果不堪设想。而且,危机爆发之时,公司正在努力将各类业务处理转移到位于佛罗里达的业务处理中心,整个工作千头万绪,错综复杂。十分庆幸的是,在这种情况下,即使那些打算离职或者将要被辞退的员工,在业务操作中都表现出了很好的业绩,没有出现任何差错。

政府部门和监管机构的调查

正当所罗门公司的市场份额直线下跌的时候,美国政府部门的调查人员也开始了对违规事件的全面调查。美国证券交易委员会、财政部、司法部、联邦储备委员会、FBI 以及曼哈顿地区检察官都加入了对所罗门公司违规事件的调查。美国司法部下属的反托拉斯委员会调查的主要问题是,所罗门公司是否串通其他公司操纵政府债券的竞标过程,并进一步垄断债券交易的二手市场。美国国会相关委员会也开始召开各类听证会,一些新的司法程序正在酝酿之中。

纽约证券交易所也参与了对所罗门公司的调查,它认为在未经客户授权的情况下擅自交易并且隐瞒违规操作的行为是对证券交易规则的严重侵犯,并且妨碍了证券交易所对交易行为的监督管理。

根据调查结果的不同,所罗门公司将有可能面临各种各样的制裁措施,包括犯罪指控、行政罚款、通报批评、终止交易、取消政府债券交易商/经纪商资格以及高层管理人员准入限制,等等。詹宁斯回忆说,在危机爆发后大约有80%的人估计所罗门公司将面临犯罪指控。

妥善应对政府官员和新闻媒体的责任落在了巴菲特、莫罕以及新任法律顾问罗伯特·德内姆的肩上。尽管调查结果难以预测,但是公司始终与监管部门积极配合。"我们尽了一切应尽的义务。"德内姆说,"我们承认公司已经犯了错误,已经失去了政府的信任,我们有责任向政府部门解释清楚所发生的一切。这就意味着我们必须与他们通力合作,而不是故意拖延或者遮遮掩掩。"

德内姆知道自己的责任是尽快让这一切顺利结束。而要做到这一点,就必须如实承认公司的另外两宗违规事件——这是根据巴菲特的要求通过公司内部检查揭发出来的——其一是公司曾经在代理某政府投资机构从事债券交易过程中放大了客户的交易指令,其二是公司曾经以客户的名义为自己购买了部分中长期公司债券。实际上,这两种违规行为在华尔街非常普遍。

与德克塞尔-伯纳姆公司不同的是,在接受监管部门调查的过程中,所罗门公司没有聘请公共关系公司来编制动人的故事以影响调查的结果。莫罕说:"我们犯了错误就要敢于承认。我们没有必要开展公关战役,事实情况是怎样的,就让它如实展现出来。"正如德内姆所说，如果想要尽快得出结论，就要尽量配合调查，确保提供的信息客观准确，不能有任何有意或无意的错误，否则还不如什么都不说。所罗门公司停止了在华盛顿的办公室的一切活动，因为他们坚信在丑闻暴露之后，试图对美国政府部门和监管机构施加任何影响都是不明智的。

莫罕再次强调了债券交易违规操作问题的全球性影响："我们要清醒地认识到，这将影响到 14 个国家的政府业务，而不仅仅是在美国……在德国、英国、日本等国家我们都是一级市场交易商……我亲自拜访了这些国家的政府官员，与他们进行会谈，我诚恳地告诉他们所罗门公司所面临的财务困境，希望得到他们的谅解。"

私人诉讼问题

所罗门公司在法律上遇到的麻烦还不仅仅在于政府部门的调查。公司还面临着来自客户、股东以及其他私人团体提起的法律诉讼。一部分人指控所罗门公司违反美国的联邦证券法规并且蓄意隐瞒违规行为，他们要求所罗门公司赔偿他们由于丑闻暴露导致债券价格下跌的损失。也有一些国债购买者则指控公司违反联邦证券法、反托拉斯法以及反欺诈舞弊法案，蓄意操纵国债交易一级市场和二级市场。另外一些诉讼案件则是所罗门公司受股东委托，向公司的前高层管理人员包括古弗兰和斯特劳斯提起的诉讼，要求他们赔偿因违规操作给公司造成的损失，并要求返回他们所获得的薪酬。

巴菲特的美国国会陈辞

1991 年 9 月 4 日，巴菲特在美国国会调查委员会接受了有关国债交易违规操作问题的听证。巴菲特称莫泽尔的违规操作行为"完全是一种自取灭亡的行为……不像一个正常理性人的所作所为"。巴菲特还称公司前管理层知情不报的行为是整个事件中最为错误的地方，并由此引出了这样一个问题："所罗门公司内部是否存在一种容忍甚至纵容违规行为的环境?”

巴菲特的父亲曾经是内布拉斯加州的议员,父亲的言传身教使他的讲话十分具有感染力,也使他知道如何应对美国国会的质询。一位前国会议员回忆说:“大部分华尔街商人都对国会不屑一顾,认为他们没有发言权。但是巴菲特不同,他对国会非常尊重,这从他在国会听证的过程就能看出来。”

在听证会上,巴菲特向美国国会讲述了所罗门公司在建设依法合规体系(compliance system)方面的改革措施,并声称要使所罗门公司在金融服务行业成为“依法合规行为的典范”。在传统的管理体系下,莫泽尔之所以能够冒用客户名义进行违规操作,很大程度上是因为交易凭证上可以加盖“不予发送或确认”(do not bill or confirm,亦即撤销交易)的戳记。在正常情况下,交易员在下达交易指令之前要向客户的账户管理员发送一份交易凭证的副本进行确认。但是,有时客户会因为种种原因在最后关头取消交易,因此交易员就在交易凭证上加盖“不予发送或确认”的戳记。公司的合规部门每天都要对前一日“不予发送或确认”交易进行审查确认。1989 年,所罗门公司取消了合规部门的这项审查程序。

巴菲特倡导的新依法合规体系在三个环节上对美国国债交易进行控制:首先,要在国债投标申报表上注明现有的国债长头寸余额;其次,对于客户的任何交易指令都要进行书面记载;再次,对客户的确认指令要进行书面记载。在新的合规体系下,必须事先获得客户的书面授权,并且经公司合规部门进行确认之后,才能在交易凭证上加盖“不予发送或确认”戳记。此外,公司还设计了一份“债券竞标交易错误纠正表”,以详细记录各种交易失误。所有与美国财政部和联邦储备委员会的业务联系,都必须经过公司法律部门审核。

为了贯彻执行新的依法合规体系,所罗门公司向所有人员都发放了书面指导材料,并配有各种新文件和表格的示范样本。公司合规部门和内审部门对全体员工进行了培训,并且在政府债券交易柜台现场进行合规监督，解答操作过程中遇到的各种问题。与华尔街其他金融机构不同，所罗门公司将合规部门人员的办公场所搬到了交易大厅，对交易过程进行现场监督。在伦敦，波斯福特也对法律部门和合规部门的工作规范和操作流程进行了整合。虽然公司的合规检查人员数量明显增加，巴菲特还是强调，每个员工都要成为“自己的合规检查员”。

在听证会上，巴菲特还向美国国会介绍了所罗门公司新组建的董事会专门委员会——依法合规委员会。该委员会主席由洛德·扬(Lord Young)先生担任，他是来自英国的执行董事，曾经在撒切尔夫人内阁任职。“依法合规委员会的职责是确保公司所有的业务程序都符合法律法规的要求——不管是在美国还是在世界上其他任何地方，只要我们在那里开展业务，就必须接受依法合规检查。公司的合规检查人员可以直接向董事会依法合规委员会报告，并且有责任对公司任何人、任何部门的违规行为进行纠正。”

组建依法合规委员会后不久，巴菲特就在全公司范围内召开了一场依法合规工作动员会，明确提出了在遵守行业规范和法律法规方面的具体要求。所罗门公司还聘请著名的会计师事务所永道(Coopers & Lybrand)对公司的内部控制情况和证券交易流程的合规性进行审计。在英国的伦敦分公司也开展了一系列合规性检查。

企业文化

在改进公司内部合规检查流程的同时，公司新的领导层还把目光投向了所罗门公司的企业文化。虽然莫罕坚信公司并没有像某些批评者所说的那样“风气不正、集体舞弊”，但是他感觉到所罗门公司“需要在文化层面上进行改良”。莫罕说：“虽然莫泽尔的违规行为并不具有代表性，但是我们确实需要对公司的传统价值观进行深刻反思。在某些方面、在某种程度上，我们已经迷失了方向。一些不良的风气开始在公司内部滋长，一切以赚钱为目标，不顾风险、不讲原则的事情屡有发生。结果导致我们的公司和员工出现漠视股东和公众利益的情况，以客户为导向的原则也开始动摇，这些都是我们所不愿看到的。”

莫罕指出，公司的内部控制和合规检查职能需要不断强化。“我并不是特指某个部门某些人的问题。”他说，“而是指我们的企业文化和制度体系。”相应地，他开始采取措施强化法律顾问和财务总监的职能，并确保其工作的独立性。

在莫罕看来，企业文化的改良不仅需要领导示范，而且需要健全制度。“我自己当然必须以身作则。但是当出现问题时决不能坐视不管，领导层有些时候必须通过惩罚措施来强化我们的价值导向。如果犯了错误不加以纠正，人们会以为这样做并没有什么不妥。不采取一定的强制措施，良好的价值导向不会自动建立。当然，我所说的不仅局限于遵守法律法规的问题，公司内部的很多事情，比如维护女性权利、维护客户利益等，都需要进行正确的引导。我们要通过管理人员的言传身教、通过管理制度的监督执行，把这些正确的价值理念灌输给我们的员工。我相信绝大多数人会支持这样的做法，因为大家都希望把我们的工作做得更好。”

当然，莫罕并不否认物质激励的作用。“我们所处的外部环境是一个追求利益的社会，有些人来公司的目的就是为了挣钱。为公司挣得 1 000 万美元的人肯定比挣 100 万美元的人有价值，如果你能为公司挣 1 亿美元，人们就把你奉若神明。”他说，“如果我们三年内分期给某人支付 1 000 万美元，那么对他个人的激励作用该有多大？单纯的道德说教是很难奏效的。”

麦金托什则更加强调个人的道德修养。他说：“管理制度固然有用，但是个人的道德修养也很重要。有钱能使鬼推磨，如果没有很好的道德修养，在这样充满诱惑的社会里很容易误入歧途。”

三季度业绩

1991年9月25日，三季度即将结束的时候，巴菲特、莫罕以及其他公司高层领导在纽约会见了超过300名客户代表，这场聚会还通过卫星向世界各地进行了转播。巴菲特向公司的客户宣布，所罗门公司最困难的时刻已经过去。他还透露，与德克塞尔-伯纳姆公司和E. F.赫顿公司的结局不同，政府将不会对所罗门公司提起犯罪诉讼，因为所罗门公司没有“隐瞒事实或者阻碍调查”。在聚会演讲中，巴菲特作了一个形象的比喻，他说公司过去的管理层就好像喝醉酒开车的司机，把公司引入了一个泥潭，但新的公司管理层是清醒的司机，已经带领公司走出困境。巴菲特告诉大家，虽然因为法律诉讼等各种原因需要付出一笔为数不小的开支，但是公司三季度的经营结果将依然能够维持盈利。

第二天巴菲特再次参加了一场美国国会听证会，他继续向国会通报了所罗门公司的各项改革进展情况，包括强化董事会的作用，促进内部信息沟通，等等。9月底，永道会计师事务所发布了一个简要的正式声明，称所罗门公司新启动的交易程序完全符合财政部关于国债交易各项要求。随后，所罗门公司对外界宣布，它已经完成了对政府债券交易柜台自1990年1月至1991年8月期间68场国债交易的内部审计。审计结果共计披露了7项未经授权的违规操作，但是在1990年7月财政部设置35%的竞标上限之前，没有发现任何违规操作。

公司内部彻底的合规性检查对于恢复客户的信心是至关重要的，这让客户相信发生的问题是偶然的而不是普遍的。波斯福特评价说：“到10月份我们就可以理直气壮地对客户说：‘你看，所罗门公司并没有想象的那么糟糕，经过严格的检查之后，并没有发现其他更多的问题。’这确实可以让客户更加放心。”

截至三季度末，所罗门公司的总资产规模已经从丑闻爆发前的 1 500 亿美元压缩到 970 亿美元，这足以向金融界说明公司资产的弹性和流动性非常好。“金融界对于我们居然能做到这样的地步一定会感到震惊。”公司财务经理麦克法兰说，“从流动性角度来看，到 10 月底三季度公司财务报告披露的时候，所罗门公司已经完全走出财务困境。”虽然公司因为违规事件要付出大约 2 亿美元的罚款和诉讼费用，1991 年三季度公司的净收入仍将达到 8 500 万美元。而 1990 年同期公司的净收入仅仅 7 900 万美元。

到 10 月份，所罗门公司已经开始赢回一些政府机构类客户，国际业务也有了很大起色。10 月 24 日，公司宣布所有违规交易获得的利润大约在 330 万—460 万美元之间，而不像人们传说的上千万美元那么多。这份报告是 20 多名财务人员 1 个多月的研究成果，它使人们对所罗门公司的违规交易有了一个更加量化的认识。当然，正如德内姆所说，违规行为所暴露出来的不仅仅是利润问题。

面对股东

1991 年 10 月底，巴菲特花费 60 万美元印制了他在三季度给公司股东的一封信。10 月 31 日，这封信用两版的篇幅刊登在各大新闻媒体上，包括《华尔街日报》《纽约时报》《华盛顿邮报》《财经时报》等。在这封信中，巴菲特详细介绍了公司在加强合规性管理方面的改革措施，并说明了他对所罗门公司超过 9 000 名员工的要求：“对所做的每一笔业务进行反思，想象一下，如果这件事被一位知名的批评记者在当地报纸的头版进行报道，而你的妻子、孩子和朋友都将读到这篇文章，那会有什么样的反应？所罗门公司不希望出现虽然通过了法律的检查，但在普通老百姓看来是有违道德准则的事情。”

巴菲特表示，他坚信违规事件仅仅是少数人的错误行为。他在信中说：“我承认公司出现了非常严峻的问题，但是我相信这些问题仅仅是个别现象，而不具有普遍性。”巴菲特承诺将对那些由于公司的违规行为受到损失的人进行补偿，但同时声明说所罗门公司不会做“冤大头”。

巴菲特还在信中高度评价了公司压缩资产总量的做法:“一般情况下,我本人并不热衷于凭借过度举债来扩大资产规模。就所罗门公司而言,我相信它过去资产规模的膨胀是过于追求边际利润的结果。但是近几年来在商业银行和投资银行领域的经验教训告诉我们,过大的资产规模往往导致较少的利润回报,过于充足资金的来源往往导致决策草率。”在信的末尾,巴菲特再次表示,所罗门公司不通过“在舞台边缘耍杂技”也能获得丰厚的利润,而且“过高的利润率往往与依法合规相抵触”。

第二次转折

美国国债交易违规事件爆发之后,巴菲特和莫罕都将这次危机视为推进公司内部改革的机会,要借此时机纠正危机之前公司管理体制中存在的问题。出乎公司其他管理人员意外的是,莫罕不等违规事件完全解决就立刻开始了大刀阔斧的改革行动。对于所罗门公司而言,如果在一些细节问题上“认罪伏法”,政府的司法调查也许很快就能结束,但是公司的高层管理人员对此并没有寄予希望。在司法程序结束之前,莫罕就已经开始推动公司的“第二次转折”,把精力集中到薪酬体系、管理结构、绩效改进等方面的改革措施上来。莫罕说:“我们努力争取的目标,是要建立一个完整的管理体系,包括内部管理、业务发展、薪酬管理等一系列内容,他们应该是相互协调、相互促进的有机整体。”

为了纠正巴菲特所指出的薪酬体系中的不合理现象,公司整体的薪酬水平都进行了压缩,各部门的奖励分配也更加紧密地与部门业绩联系起来。1990 年所罗门公司的产权收益率大约为 10%,这远远低于美国企业的平均盈利水平,但是在这种情况下,公司内部 106 个人的年收入超过了 100 万美元。债券套利部门当年为公司创造了4亿美元的利润，根据一项特殊的规定，该部门31岁的总经理劳伦斯·E.希利布兰德（Lawrence E. Hilibrand）个人就获得了2 300万美元的报酬。与1989年相比，公司1990年的经营利润并没有多少增长，然而工资总额却增长了1.2亿美元。为了纠正这些分配上的“不合理现象”，巴菲特决定大幅削减奖金水平，公司三季度的工资费用总额压缩了1.1亿美元。

巴菲特强烈抨击了“有福同享、有难共当”的平均主义分配办法，认为这种分配形式只适用于合伙制的私人企业，而对于依靠股东资本运营的股份公司并不适用。他在一份建议中写道：“对于那些为公司赢得高额回报的员工，如果他们的行为依法合规而且没有造成较高的风险，应该给予高出一般水平的薪酬；而对于那些业绩平平的员工，他们的收入也应该与贡献相当。”巴菲特认为，公司最近在股权融资领域业绩不佳，应该在收入分配上有所体现。

对于前任管理层计划在1991年着力推出的员工持股计划，巴菲特表示坚决支持。根据该计划，1991年将适当增加员工股票收入的比重，员工持有的公司特种股票在5年内不得出售。巴菲特认为，这种薪酬分配方式将员工利益和股东利益联系在一起，有利于强化对员工的长期激励，避免短期行为。巴菲特说：“我们希望看到……管理人员通过股票增值而变得富有起来，而不是为了获得短期高额回报随意挥霍股东的权益。”

在所罗门公司内部，有些人认为巴菲特的薪酬改革是为了迎合监管部门的想法，政府官员认为华尔街的从业人员收入水平过高。有些人担心这样改革会导致部分优秀人才流失。也有人认为薪酬改革是将违规事件对公司股东造成的损失转嫁到员工身上。

巴菲特在他给董事会的一封信中也谈到了改革可能会导致部分员工辞职的问题。但是他认为，这种改革措施也将为公司留住最好的人才。“即使改革之后会有很多人离开公司，但这不一定就是坏事。这些人离开之后，其他那些与我们有着共同信念和价值观的人们将获得更多的机会，承担起更加重要的责任。公司需要的是一大批与我们具有共同价值观的员工，而不是那些唯利是图的人。”

组织变革

1991年11月上旬，所罗门公司成立了新的执行委员会以代替过去的总裁办公室和内部董事会议。执行委员会由莫罕领导，成员有9名，这些成员基本上覆盖了公司所有的主要业务领域。而在古弗兰时代，公司权力主要集中在一些交易员的手中。原总裁办公室的两名成员没有进入新的执行委员会，他们分别是杰伊·F. 希金斯（Jay F. Higgins）和斯坦利·B. 肖普科恩（Stanley B. Shopkom）。

改革的初步影响

新的改革措施出台之后不久，大家就知道原股权融资部门总经理肖普科恩将会在年底领取他的300万美元奖金之后离开所罗门公司。1991年12月，公司宣布原投资银行部门总经理、并购重组部门创始人希金斯也将离开公司。同时，一些跟随希金斯和肖普科恩的员工也将辞职。

最让人意想不到的是，在1991年11月股权融资部门有35人集体辞职，其中包括研究人员和交易员。股权融资部门的一位管理人员说，薪酬改革导致从事股权研究的员工收入水平急剧下降，研究人员普遍对此感到不满，“这简直是不想让人继续干下去了”。员工集体辞职的原因主要有两个方面，一是对新的薪酬体系不满；二是担心公司在今后的业务发展中，只重视债券承销和债券交易这两个盈利性较强的业务而忽视其他的业务领域。违规事件爆发之后，诸如银行投资等重要的业务渠道基本丧失，股本融资业务的发展前景暗淡。

大量股权交易员和研究人员的流失，进一步削弱了公司投资银行部门为客户提供全方位服务的能力。投资银行部门总经理查德·巴拉特说：“正当股权融资市场面临前所未有的发展机遇之时，股权融资部门的负责人肖普科恩和近1/3的研究人员却辞职不干了……我们没有人员也没有能力来开展市场营销。很多股票发行业务一个接一个地被竞争对手抢走。这就像在保龄球比赛中刚刚打了一个大满贯,却因为脚踝扭伤而不能继续比赛。”10月份,所罗门公司在美国国内股票发行市场的市场份额下降到了2.6%,其中不包括抵押证券发行。

莫罕称四季度是“股票发行市场十年一遇的大好时机——总共将有185亿美元的股票发行容量,是上一年度同期市场的两倍”。1991年底,所罗门公司在股票发行市场的市场占有率仅为5.7%,远远低于上半年9.9%的市场份额。正当华尔街其他证券公司在四季度创下盈利记录之时,所罗门公司的投资银行业务却出现了亏损。

违规事件爆发之后的业务发展情况进一步说明,在股权融资和投资银行这两个领域之间存在着高度相关性,在所罗门公司它们是两个相对独立的部门。莫罕重新调整了这两个部门的负责人,并要求他们加强相互合作,并将两个部门的研究人员进行了整合。

改组股权融资业务

为了扭转股权融资业务的低迷状况,莫罕着手对公司股权融资部门进行了改组,将欧洲和亚洲市场的股权融资业务授权给当地分公司经营,而公司股权融资部门则集中精力经营美国本土的业务。莫罕任命哈克特为新的股权融资部门总经理,并要求他根据20世纪90年代的市场发展前景制订详细的业务发展计划。哈克特已经在所罗门公司的股权融资部门工作了25年,对这个部门的业务相当熟悉。哈克特认为,在违规事件爆发之前,所罗门公司的股权融资业务就面临着很多问题,缺乏必要的管理制度、经营思路和专业技能。公司业务与个人业务相互不协调,缺乏健全的风险管理体系,整个业务领域充满了矛盾和斗争。他说:“股票交易员从来没有意识到自己要对公司的盈利负责，没有清晰的工作职责。”

股权融资部门大量的员工流失虽然导致部门人手紧缺，却也为哈克特理顺业务流程、重塑管理文化提供了机会。所罗门公司决定退出特许股票交易领域（proprietary trading in equities），这是一个变幻莫测的业务领域，1991 年公司在这方面的亏损达到 1.7 亿美元。退出特许股票交易领域后，公司将集中经营公司业务和个人业务，包括代理公司发行股票和代理客户买卖头寸。

巴菲特强调，所罗门公司决定退出特许股票交易领域，并不意味着所罗门公司将彻底退出类似证券套利等高风险业务领域。巴菲特声明，所罗门公司将继续积极参与高风险的股票套利市场，“如果短期内能够顺利出手，所罗门公司将继续在股票、债券和按揭证券等套利市场大显身手”。莫罕说：“如果所罗门公司放弃证券自营业务，那是不可想象的。这个领域是我们的优势所在，我们所要做的是进行更加细致的分析研究，并努力提高公司的经营业绩。”

风险管理体系

根据永道会计师事务所的建议，所罗门公司从 1991 年底开始在公司内部推行一套更加正规的风险管理流程。过去，公司的风险管理职能是非正式的，主要由公司的高层领导个人承担，包括古弗兰以及股权融资和债券交易部门的负责人等。在新的风险管理体系下，风险管理职能更加正规，也更加全面。它不仅覆盖了传统的市场风险管理，还包括管制风险、信用风险、操作风险以及环境风险等领域。这将为公司高层管理人员提供更加全面、更加广泛的风险管理监控。

所罗门公司在建立完善内部沟通和信息传递系统方面投入巨资。1992 年初，巴菲特发现：“公司内部没有健全的信息管理系统，难以科学有效地对各个部门实行以产权收益率为导向的绩效管理。”巴菲特说：“我感到很奇怪……公司经营着高达 40 亿美元的股东资本,却不知道应该由谁来评价公司的经营业绩,也不知道用什么方法来评价。我们缺乏一套完整的信息管理系统,我们要努力建立这样的信息管理系统……员工的薪酬水平必须根据其绩效来决定。”

针对一些人批评所罗门公司在新的风险管理体系下趋于保守的说法,莫罕评价说:“我们并不想抑制那些促使所罗门公司发展壮大的事物。我只是要正确地引导、评价、控制他们。我不希望在公司内部,奖金总是发给那些只会写漂亮的报告、整天参加各种会议的人,公司鼓励适当的冒险和创新。”丹尼斯·坎贝对此深表赞同:“我并不认为新的管理制度是要禁止一切可能存在风险的行为。在新的管理体系下,管理层可以更加准确地衡量和评价风险。”

公司治理与财务改革

在 1991 年的公司年报中,巴菲特宣布将改变公司的治理结构,调整母公司(所罗门股份有限公司)和其下属的证券公司(所罗门公司)之间的关系。在过去,母公司基本上是一个空壳,它的存在主要服务于所罗门公司。机构调整后,将组建独立的菲利普兄弟能源公司(Phibro Energy),和所罗门公司一样,作为所罗门股份有限公司的子公司。同时,母公司将更多地参与两个子公司的重大经营决策。

年报还宣布了母公司在筹资渠道方面的重大调整。在原来的管理体制下,母公司对所罗门公司的股权投资主要是通过大量发行债券的方式筹集。这种“双重债务杠杆”的做法在其他金融机构中也非常普遍,但是巴菲特却对此深感不安。巴菲特的财务改革目标,是要增加母公司的权益资本,使母公司自身的权益资本超过两个子公司的权益资本之和,以此增加母公司整体融资结构的安全性。为了达到这一目标,所罗门公司向母公司支付了 10 亿美元的资本利得,其中 75%来自所罗门公司的海外子公司。

年终业绩

1991 年年底，所罗门公司和它在美国本土的一些主要客户逐渐恢复了业务往来，其中包括世界银行。1992 年初，加州政府也开始恢复与所罗门公司的债券交易。虽然公司四季度亏损 2 900 万美元，但是 1991 年公司仍然获得了 9.19 亿美元的税前利润，而公司在 1990 年税前利润是 5.06 亿美元。莫罕在公司年报中评价说："这些看似不匹配的数据说明，我们的盈利状况是不停波动的。我们每天都在受市场变化的影响，所罗门公司没有试图通过业务调整或者会计手段来平抑这种波动。"

据麦克法兰分析，截至 1991 年底，所罗门公司 90% 的财务危机已经消除。公司的短期筹资中有 86% 签署了债券回购协议，而上一年度的债券回购协议比例是 67%。1992 年 1 月底，所罗门公司有开始发行无担保的商业票据，以及少量的中长期债券。在政府债券交易部，管理人员也在为重新恢复业务作全面准备。

尽管如此，由于政府调查尚未结束，所罗门公司的未来还面临着一些不确定因素。11 月底，美国证券交易委员会主席理查德·布里登（Richard Breeden）公开宣布，古弗兰和所罗门公司的前管理层应该对隐瞒违规事件承担责任，并且怀疑公司管理层"企图容忍甚至纵容类似违规行为"。他还说："我们深入调查这件事情，不仅仅是为了对它做一个对或错的评价。希望对当事人不进行严肃处理就能蒙混过关，是无论如何不符合法律准则的。"美国联邦储备委员会主席格林斯潘也指出，所罗门公司的违规事件是对现行法规的"严重侵犯"，这种行为有可能提高了政府的筹资成本。

更多员工离职

1992 年初，刚刚发完 1991 年的年度奖金，所罗门公司又面临着第二次员工离职浪潮。其中辞职人数最多的部门主要包括：股权融资部门、投资银行部门以及国际业务部门，其中国际业务部门是公司 1/3 的收益来源。史蒂芬·波斯福特报告说，伦敦分公司也流失了 75%的股权融资业务人员，大部分市场营销人员，以及固定收益投资部门的不少优秀员工——他们的收入水平“低得可笑”。波斯福特每天从上午 6: 30 工作到晚上 10: 30，极力劝说人们不要离开公司。他的办公桌上放着两堆简历，一堆属于所罗门公司，另一堆则可能属于伦敦的其他金融机构。巴黎分公司的负责人也在此时离开了所罗门公司。据不完全统计，全公司离职人数超过 200 人，是正常年份的三倍。

股权融资部门员工连续不断地自愿或非自愿离职，更加坚定了哈克特对股权融资部门的人员进行大规模调整的决心，但是也为招聘高素质的新员工增加了难度。所罗门公司员工大规模流失引起了金融同业的高度关注，有谣言说所罗门公司整个股权融资部门将不复存在，大家对股权融资和投资银行业务的发展前景忧心忡忡。竞争对手也抓住这一时机频频出手，不断争夺公司的优秀员工和优质客户。哈克特也竭尽全力四处网罗人才，总共招聘了超过 30 人加盟股权融资部门。

投资银行部门也受到了很大的冲击，员工的信心不断丧失，普遍怀疑所罗门公司能否全力支持投资银行业务发展。理查德·巴拉特说：“一旦员工流失，你的客户关系也随之流失。即使你从外部招聘很好的员工，也很难恢复这种关系。”巴拉特每天在办公室里花费很多时间劝说员工不要离职，但是很多人认为在这里继续干下去风险很大。他说：“我就像心理医生一样，员工一个一个地走进我的办公室，坐下来对我说，个人事业发展和公司发展前途紧密相关，他们必须为自己的家庭和前途考虑。”

为了表明所罗门公司对投资银行业务的关注，防止员工进一步流失，公司调整了 1991 年 10 月份刚刚出台的薪酬政策，决定为投资银行部门和股权融资部门的研究人员设置一个奖励基金。虽然并没有直接提高员工个人的收入水平，但这种奖励基金表明了公司对投资银行业务的重视。由于投资银行部门成功地完成了当年的业务计划，员工的实际收入有了大幅度提高，因此并没有动用该奖励基金。尽管如此，巴拉特说："奖励基金虽然在某种程度上提高了员工的士气，但是也付出了一定的代价，使我们在公司内部的关系更加难以处理。其他部门都没有设置专门的奖励基金，为什么投资银行部门需要设置呢？"

虽然所罗门公司的投资银行收益比上一年增长了9%，达到1.08亿美元，但相对高速发展的其他投资银行而言，这种增长速度明显较慢。巴菲特评价说："我们的投资银行业务并没有获得我们所预期的快速发展……这对整个公司的业务都造成了影响。"莫罕则评价说："在政府调查尚未结束的情况下，董事会没有在投资银行领域投入更多的精力。这确实使我们承担了巨大的机会成本。"

财务状况

到1992年2月，虽然所罗门公司的筹资成本比危机之前要高一点，但总体来看公司的财务状况更加趋于平稳。莫罕评价说："公司尚未动用的银行授信额度基本保持平稳。在危机时期失去的银行授信也逐渐得到恢复。我们已经储备了大量的回购协议额和流动债券。公司也重新开始发行商业票据和中长期债券。同时，我们依然在密切关注资产负债的流动性情况。"尽管如此，由于政府调查尚未结束，公司的前景还具有一定的不确定性，资本市场上的贷款人依然开出了相对较高的借款利息。

管理层变动

1992年2月份莫罕还对国际业务部门的管理人员进行了调整。任命詹姆斯·L. 马西（James L. Massey）担任国际业务部门总经理，并负责协助管理欧洲分公司和亚洲分公司。任命明神茂（Shigeru

Myojin,音)和小岛东原(Toshihara Kojima,音)为亚洲分公司的共同负责人。所罗门公司还组建了新的欧洲业务管理委员会,由史蒂芬·波斯福特和丹尼斯·J. 基根(Dermis J. Keegan)共同负责,他们都曾经是经验丰富的特许股票交易员。波斯福特和明神还被吸收进入公司执行委员会。莫罕解释说,这些人员变动的主要目的是加强公司高层对伦敦和东京地区业务的管理支持。

内部检查结果

1992 年 3 月,永道会计师事务所向董事会依法合规委员会汇报了对所罗门公司在美国地区证券交易活动的审计结果。这项审计工作由 66 位工作人员用了 20 000 个工作小时才得以完成,审计费用总共为 400 万美元。审计报告向公司提出了 270 条建议,内容覆盖了内部控制以及各项交易程序。

关于改进交易程序的建议主要包括五个方面:加强交易过程中的授权管理;分离关键职责,以防止个人违规操作后继续隐瞒;对交易活动进行监控和记录;采取更加安全的防范措施;推行独立检查制度等。永道还建议公司采取信息技术手段以强化管理控制和合规性检查。

根据永道的建议,莫罕组建了一支专门负责内部控制和合规检查的队伍,由前国际业务部门总经理马西以及一位执行委员会的成员共同负责领导。此外,莫罕还启动了另外一项内部检查计划,对于永道的审计中没有覆盖的领域进行全面的合规性检查,如资产管理、投资银行、行业分析以及海外业务等。

所罗门公司期待结案

1992 年春天,所罗门公司再也不能无限制地等待下去了,公司希望政府早日对违规操作事件结案。莫罕对于公司员工不断流失深感担忧,同时也意识到,调查继续拖延下去将会给公司造成巨大的损失。截至2月底，证券交易委员会的调查已经基本结束，但是司法部反托拉斯委员会还没有做出最后结论，检察官也在犹豫是否对所罗门公司的违规操作事件提起犯罪诉讼。所罗门公司的律师们开始四处活动，极力劝说政府官员早点结束调查。鉴于公司在调查过程中非常配合，而长期拖延会给公司造成巨大损失，这种做法对所罗门公司来讲也不够公平。

调查结案

1992年5月20日，美国司法部宣布将不会对所罗门公司的违规事件提起犯罪诉讼。根据财政部、司法部、联邦储备委员会以及证券交易所的联合决定，所罗门公司同意支付总额为2.9亿美元的罚款，其中1亿美元用于建立对私人投资者的赔偿基金。虽然美国联邦储备委员会同意保留所罗门公司的一级市场交易商资格，但它仍然决定从1992年6月起所罗门公司与联邦储备银行交易资格暂时停用两个月。所罗门公司表示愿意接受处罚，并承诺采取切实措施防止类似违规事件再次发生，并且在随后的三年内继续配合美国政府有关国债市场问题的调查。根据反托拉斯法和证券法等相关法律做出的这一处罚决定，是美国历史上对于金融机构违规操作进行处罚的第二大案例，仅次于对德克塞尔-伯纳姆公司6亿美元的处罚决定。

虽然所罗门公司被处以高额罚金，但这种结局对于所罗门公司而言是一个重大利好，被视为巴菲特先生的伟大胜利。政府公布的调查结果基本上与巴菲特在1991年秋天对外界公开宣布的情况一致，当时他刚刚上任不久，公司开展的内部检查还没有完全结束。与E. F.赫顿公司和德克塞尔-伯纳姆公司不同，所罗门公司没有被提起犯罪诉讼。

在宣布调查结果和处罚决定时，证券交易委员会主席理查德·布里登先生说，虽然所罗门公司发生了非常严重的违规事件，但是调查表明“这种违规现象仅仅局限在公司内部很小的范围之内”。当被问到为什么对所罗门公司与对德克塞尔-伯纳姆公司的处罚截然不同时，布里登解释说：“这是两种完全不同的情况，不管是在违规行为涉及的范围还是在事件发生之后公司的反应，两家公司都存在很大的差别。因此，我们认为，这是两种非常非常不同的情况……”纽约南部地区检察官评价说，所罗门公司在整个调查过程中所表现出来的配合态度是“前所未有的”。纽约联邦储备银行的负责人也高度评价了所罗门公司在加强内部管理方面所采取的措施，认为这有利于防止类似事件再次发生。对于这一调查处罚结果，巴菲特评价说：“这件事情终于结束了，我感到很满意。”莫罕的评价也相当简洁：“没有巴菲特，就没有所罗门公司。”

对于所罗门公司内部的很多人而言，这次调查结案是一个重要的转折点。詹宁斯说：“直到最后宣布对公司免予提起犯罪诉讼，我们才真正走出了危机。”在调查处罚结果公布的当天，巴菲特宣布，公司将在此前提取的2亿美元的准备金基础上，再次在税前提取1.85亿美元用于支付相关处罚。同一天，所罗门公司在纽约证券交易所上市的股票价格上涨了2.875美元，达到每股33.50美元，而且成交量极大。调查结案后一星期，标准普尔从它的信用关注企业名单上抹去了所罗门公司。标准普尔评价说：“调查结案扫去了徘徊在所罗门公司头顶的乌云。”但是，标准普尔并没有提高对于所罗门公司在1991年9月做出的资信评级。

巴菲特功成身退

调查结案之后不久，巴菲特就辞去了他在所罗门公司的一切管理职务，仅保留了在所罗门股份有限公司的执行委员会主席职务。莫罕被选举为所罗门公司的董事长兼首席执行官。在一次新闻发布会上，巴菲特高度赞扬了莫罕的工作能力和优秀品格，认为他非常适合担任所罗门公司的领导职务。德内姆被提名为所罗门股份有限公司的总裁兼首席执行官，他的当选使所罗门股份有限公司成为华尔街第一家首席执行官不从事主营业务的金融控股公司。选择一位律师担任首席执行官的做法显得非常特别，德内姆解释说他主要负责公司的经营战略、公司治理、资本配比、风险控制以及合规性管理。

虽然根据处罚决定所罗门公司支付了1.85亿美元的罚金，公司1992年上半年的税后利润仍然达到了4.01亿美元，税前利润高达10.2亿美元，这在美国证券公司中是前所未有的。德内姆评价说："公司取得了如此高额的利润，说明所罗门公司的核心业务并没有受到太大的影响。"虽然所罗门公司的经营绩效远远超出了行业分析人士的预期，但也有一些外部观察家指出，就此判断所罗门公司已经走出困境还为时尚早。

业务复兴

1992年8月3日，所罗门公司恢复了美国国债交易资格，并且开始全面参与纽约联邦储备银行的国债交易。随着政府调查结束，公司在纽约和伦敦都恢复了股权融资业务。投资银行部门开始大量招聘新人，政府债券交易部的各项业务也开始全面恢复。

9月份，所罗门公司聘请罗伯特·芒德海姆(Robert Mundheim)担任新的首席法律顾问。芒德海姆曾经在美国证券交易委员会和财政部工作过，并曾担任宾夕法尼亚大学法学院院长。在加入所罗门公司之前，他是纽约一家大型律师事务所的合伙人。芒德海姆认为，首席法律顾问的职责就是要为合规检查人员提供强有力的支持，使他们避免在日常工作中屈从于业务部门的压力。芒德海姆组建了一个由10—15名律师和35名合规检查人员组成的依法合规管理队伍，其中包括公司最近聘任的固定收益业务合规检查负责人。和其他合规管理人员不同的是，他的办公地点就设在交易大厅。

挑战依旧

1992年秋天，所罗门公司为振兴投资银行和股权融资业务做出了坚持不懈的努力。1992年上半年，公司在美国国内所有证券发行市场的市场占有率为8.9%，排名第六。在股票发行市场，1992年上半年所罗门公司的市场占有率为1.8%，排名第十；而在1991年同期，所罗门公司的市场占有率为8.6%，排名第五。实际上，所罗门公司下半年的投资银行业务前景并不很好。巴菲特说："如果从现在开始的五年之内，投资银行业务还不能扭亏为盈的话，公司就应该考虑是否要保留这块业务。"

投资银行部门总经理理查德·巴拉特对本部门的打分是"B+"。虽然经营业绩差强人意，但是毕竟还能维持现有状况，还有一些业务可做，他对投资银行业务发展抱有信心。10月份，所罗门公司的股票发行业务开始有了新的进展。员工流失势头已经得到遏止，巴拉特热切盼望着新的队伍能够很快成长起来。

股权融资市场也面临着相同的挑战。但是布鲁斯·哈克特(Bruce Hackett)对他一年来新招聘的员工寄予厚望，对股权融资部门新组建的管理委员会也很有信心。1991年8月以来，股权融资部门的250名员工中有150人离开了公司，其中有30—40人是非自愿离职。但是到目前为止，哈克特已经新招了180名员工。1992年夏天，曾经在摩根士丹利供职的罗德尼·贝伦斯(Rodney Berens)也加入了所罗门公司的股权融资部门。他在股权融资市场有着丰富的从业经历，加盟以后，他和哈克特共同负责股权融资部门的管理。虽然股权融资业务的利润还很薄，但是业务量已经开始增长。

1992年底，政府债券交易市场再度繁荣，所罗门公司的市场份额已经恢复到违规事件之前的水平。

政府后续举措

1992年秋天，美国司法部对违规事件的调查仍在继续。调查的内容主要是，在1991年4—5月间的两年期国债交易中，所罗门公司是否与其他机构合谋操纵市场。在对所罗门公司违规操作事件进行总结反思之后，美国财政部决定从1992年9月开始在两年期和五年期国债交易中试行“荷兰式拍卖”制度（由高向低竞价），以鼓励更加积极的竞标。此外，财政部还编制了有关竞标程序的文件汇编，用以指导和规范国债交易。

关于是否继续保留一级市场交易商制度的问题引起了广泛讨论。美国联邦储备委员会前任主席保罗·沃克解释说，最初引入一级市场交易商制度的目的，是为了保证参与美国国债交易的金融机构具有足够的财务实力和良好的合规记录。但是所罗门公司违规事件爆发之后，一级市场交易商的合规性受到了质疑。美国国会也正在讨论，准备在大型政府债券市场上引入新的管制办法。

私人诉讼问题

12月初，美国证券交易委员会对于所罗门公司违规事件中的4位高级管理人员做出了处理决定。证券交易委员会认为，他们在莫泽尔违规操作事件中没有履行必要的监管责任，属于严重失职。约翰·H.古弗兰被判终身禁止担任证券公司董事长或首席执行官，并被处以10万美元的罚款。托马斯·斯特劳斯被判中止从事证券业务6个月，并被处以7.5万美元的罚款。约翰·W.麦瑞威瑟被判中止从事证券业务3个月，并被处以5万美元的罚款。

虽然证券交易委员会没有对所罗门公司前首席法律顾问唐纳德·M.费伊斯坦进行处罚，但是对他在莫泽尔违规操作事件中疏于监管，并使其有机可乘提出了严厉的批评。此外，政府有关部门将对莫泽尔和墨菲的个人行为是否构成犯罪继续进行调查。

证券交易委员会对所罗门公司前管理人员处罚结案之后不久，所罗门公司也分别与斯特劳斯、麦瑞威瑟以及费伊斯坦就薪酬结算问题达成了协议，但是没有与古弗兰达成一致。根据三位管理人员与董事会签订的合约，公司向他们支付了截至离职前的应得薪酬。公司另外还向麦瑞威瑟支付了800万美元的奖金。据德内姆介绍，如果没有违规操作事件，他应得到的奖金要远远高于这个数额。

截至1992年底，所罗门公司还面临着50多起法律诉讼，主要追诉人包括所罗门公司的客户和股东，以及其他声称因违规事件而遭受损失的私人群体。公司已经根据政府调查结案的要求建立了1亿美元的赔偿基金，但是尚未从中支付任何赔偿。

业务重组

随着年终临近，所罗门公司的高层管理人员开始考虑对公司的各项业务进行重新组合。过去，公司的业务主要是按照独立的产品和职能进行划分；现在，他们考虑将公司的所有业务划分为两大类：一类是客户服务业务(client-driven businesses)，另一类是特许交易业务(proprietary trading)。一般而言，特许交易业务风险较高、起伏较大，但是利润较高，尤其是债券交易业务，是公司利润的重要组成部分。以1992年为例，公司在客户服务业务方面的利润总额大约是2.76亿美元，而特许交易业务的利润总额则高达14亿美元。

莫罕评价说："我认为所罗门公司既要打猎又要耕种。所谓打猎，是指特许交易业务；所谓耕种，是指客户服务业务。"为了对这两类业务进行适当区分，并协调解决两类业务之间的矛盾，莫罕开始着手对客户服务业务和特许交易业务的人员、管理和账务进行分别管理。然而，有时候很难区分到底是在打猎还是在耕种，尤其是在政府债券业务领域，公司由特许交易员代理客户进行交易，既有自营业务又有代理业务。莫罕评价说：

> 在为股东进行投资和为客户代理交易之间存在内在的矛盾。我们到底应该代表哪一方面的利益？是买方的还是卖方的？所罗门公司自己持有并交易着大量债券，而客户知道我们有能力、有经验，于是委托我们从事交易，他们需要保持资产的流动性。那么在两者之间该如何权衡呢？唯一合规而且可行的办法是向客户充分披露有关信息。我们需要大量高素质的交易人员，需要加强对交易过程的管理控制。我们必须有长远的眼光。客户代表着收入来源。如果我们不好好对他们，我们就会失去收入来源。

为了正确引导交易员在代理客户交易过程中的行为，政府债券交易部对交易员的薪酬考核体系进行了改革，将代理客户交易的金额作为决定交易员收入水平的一个关键因素；而此前在考核交易员业绩时，主要是考核交易的盈亏状况。

尽管三季度绩效不佳，所罗门公司1992年度的税前利润仍然创下了历史新高。公司在年底的时候又对管理体系和组织架构进行了调整，成立了风险管理委员会和业务拓展委员会，以引导和规范各项业务的健康发展。公司最近组建了一个专门从事利率互换掉期及其他金融衍生产品交易的部门，一些新的业务计划也开始付诸实施。

回顾过去发生的一切，莫罕评价说，违规事件确实给所罗门公司造成了巨大的损失，但公司经受住了这场危机考验，同时也产生了新一代领导班子和管理人员。在国债交易违规操作事件披露之后的一年之中，所罗门公司总共流失了800—900名员工，其中包括40—45名高层管理人员。新的领导班子正带领公司向着共同的目标奋进。一位管理人员评价说："1993年我们面临的问题在于，是重复过去的发展模式，还是开创一条新的道路。"

教授访谈

信用和客户信任

——专业服务公司危机发生时的真正资产

林恩·夏普·佩因

佩因教授是哈佛大学商学院总经理管理单元的成员和前主席，领导着关于伦理、法律与领导能力的教员工作组。她被任命担任关于2004年新开MBA必修课“领导能力、价值观和公司责任”课程设计的共同主任。1996—2002年期间，她担任MBA必修的伦理模块（领导能力、价值观和决策）的负责人。她负责讲授MBA的总经理管理课程、MBA和高级经理班的伦理课及MBA二年级的关于跨文化管理的选修课。

佩因教授的研究方向是打造和领导能够将优良的道德标准和出色的财务表现结合起来的公司。这正是她的近作《价值转移——为什么公司必须结合社会的和财务的要求来赢得非凡表现》的主题。

佩因是斐陶斐荣誉学会（PHI beta kappa）的成员，并是史密斯学院的优等毕业生。佩因在牛津大学获得伦理学博士学位，并在哈佛大学法学院取得法学博士学位。她是马萨诸塞州律师协会的会员，在法学院毕业后在波士顿的希尔 & 巴洛(hill & barlow)律师事务所工作。她还参与了为诸多公司及行业协会进行的咨询、教育和组织发展等业务。她与她的丈夫汤姆·佩因和他们的三个孩子,住在马萨诸塞州的韦斯利。

案例核心:作为专业服务公司,真正的财产是其信誉,以及客户和所有利益相关者对公司的信任。

案例显示,一旦你失去主要利益相关者的信任,情况会像滚雪球一样恶化:债权人开始来催账,并不让所罗门公司续用短期信用纸;客户开始离去;员工开始投奔竞争对手。有一个小插曲,一个在猎头公司工作的人告诉我说,当时他手头有两堆简历,一堆是所罗门公司的员工想转走的,另一堆是所有别的金融公司想跳槽的。这次事件对所罗门公司几乎是个濒死的体验。

问:为什么8月的披露导致了危机?

答:问题的核心是人们失去了对公司领导者的信任。信任的丧失严重影响了所罗门公司与所有利益相关者之间的合作关系,这给公司管理层带来了极大的麻烦。

很多因素造成了这个局面。当然,最直接的原因是在美国政府债券拍卖中所罗门公司舞弊,假冒客户的名义竞标。但我们应该看到,公司领导层未能及时正当地处理这个事件同样起了重大的作用。管理层处置不及时和缺乏远见造成了公司内部和外部对局面的判断和反应大不相同。

同样值得注意的是,所罗门公司作为一家顶尖金融服务公司拥有美国联邦储备银行的"主要交易商"的地位。这些因素使公众和同行对其有更高的期望值。同时,一旦所罗门公司没有履行责任,公众的反应也要比对一般公司大得多。迈克尔·刘易斯在其1989年出版的畅销书《骗子的扑克牌游戏》(*Liar's Poker*)中就对所罗门公司的企业文化作了很传神的描述。整个 20 世纪 80 年代,所罗门公司是华尔街过度奢华的挣钱花钱方式的代表。他书中有一个细节,一天,古弗兰走到麦瑞威瑟跟前,要跟他赌当天的股市,赌注 100 万美元。麦瑞威瑟说要赌就赌一手 1 000 万美元。古弗兰笑了笑走了。后来,麦瑞威瑟网罗两位诺贝尔经济学奖得主,创立长期资本管理公司,1999 年引发了美国资本市场危机,这是后话。

正是所罗门公司本身傲慢、蛮横的作风和名声进一步恶化了 1991 年披露情况之后引发的危机。

实际上,在公司内部,并非没有不同的声音。公司的压力首先来自公司内部。公司高层,如莫罕和麦金托什,由于古弗兰处理美国政府债券拍卖丑闻失当而感到自己被古弗兰出卖了。是他们迫使公司进行第二次新闻发布,并使董事会介入。在这里,莫罕几乎是个"吹口哨的人"(WITHSLE BLOWER),如同导致安然公司和世界通讯丑闻曝光的谢伦·沃特金和辛西娅·库珀。直到今天还有人说,如果不是莫罕,危机本不会发生。

问:在与政府交易中违规是多大的事?

答:这有很多不同的看法。在所罗门公司违规事件中,最严重的是未被授权而假冒客户的名义竞标,并且未按拍卖要求披露自己的头寸。所罗门公司绕开这些规则而得以超限额投标和中标,从而提高了公司的市场地位,并增强了其满足客户购买政府债券的要求的能力。

认为所罗门公司严重违规的人认为:

所罗门公司的投标不诚实,而且是非法的。这是对政府的欺诈行为,将会潜在威胁投资者对美国政府债券市场的信任,而美国政府债券市场是全球最大和最富效率的证券市场。所罗门公司冒用客户名义投标还侵害了客户的权利,破坏了对客户基本的尊重。所罗门公司凭借其市场影响力成为享有某些特权的美国政府的"主要交易商”。作为一个强大的有特权的机构，它理应遵循业界的最高标准。所罗门公司的行为滥用了特权，完全与“主要交易商”的作用和责任不符。

证券业是以信任为基础运作的——往往只通过电话，巨额的资金就开始运作。未经授权而投标是对这种信任的严重破坏，对整个行业都有影响。美国政府也极为严肃地对待这个事件。美国联邦储备委员会主席认为这极其严重，可能会提高政府集资的成本。

但我们也应该看到：从金额而言，所罗门公司的行为并没有给其带来很多好处，对市场的影响也相当有限，其中还不乏媒体和竞争对手的炒作。况且以华尔街行事的方式作风来论，这场违规也不算非常过分。

问：所罗门公司的高层在得知事件后，在哪些方面未能正当处理这场违规？

答：他们等待了足有 4 个月才将违规通报美国政府并且没有及时处理当事人。在知道违规后，也没有采取防范措施，以避免再次发生违规。他们拖延对该事件的调查。对公司众多高层管理人员也不据实以告。

问：为什么所罗门公司主席古弗兰和斯特劳斯会失去领导能力？

答：从根本上说，他们失掉了重要利益相关者的信任和信心，从而失去了领导的能力。他们处理这次违规的做法，特别是在 8 月份那次广受诟病的信息披露，严重削弱了公众对他们的信任，而且引发了关于他们究竟向谁负责和其根本价值观的争议。人们开始怀疑这是否只是冰山一角。1991 年 8 月 9 日的新闻发布则更像是自我洗脱，根本就是于事无补。

更主要的是，古弗兰在平时没有建立良好的个人信誉，以致在困难时候没有缓冲的余地。他的管理风格严厉、傲慢、蛮横，显然未能帮他建立一个广泛的支持网。上行下效，在这样一种环境里，权力和在交易中获得巨额利润才能赢得尊重。但这种被尊重很快变成当事人的傲慢，一旦有人表现出一丝软弱或错误，便会被他们攻击。在这场关于违规及掩盖违规的危机中，即便从某种角度来讲并非后果极其严重，但实际情况是，古弗兰和斯特劳斯有很多敌人对他们落井下石，却没什么朋友来支持他们。

问：如果管理层换一种方式处理违规事件，这场危机可不可能避免？

答：即使管理层迅速公开地处理了违规事件，也很难完全避免这场危机。这次事件仍然会被竞争对手和公司内部的其他势力用来降低古弗兰和斯特劳斯的地位。事实上，正是因为存在这些担心，所罗门公司的高层才没有迅速通报这次违规。考虑到各界慢慢积聚的对公司的敌意，可能的情况是：只要公司走错一小步，就会招致大量批评。

但是同时，如公司高层迅速得当地调查违规，通报公众和政府，处理当事人，并改革政府债券交易部的营运流程，至少可以遏制危机发生的规模，减少公司客户群对公司极为负面的反应。也许，古弗兰和斯特劳斯还能保住他们的职位。更重要的是，如果公司高层处置及时，迅速与政府沟通，政府对这次事件的质询和态度会有很大的变化。美国联邦储备委员会在取消所罗门公司“主要交易商”资格时，强调其主要原因之一就是公司管理层延误通报政府的时间。

问：从危机的起源来看，这是个人的失误还是一个公司的失误？

答：在所罗门公司看来，这事件只是政府债券交易部的行为，领导层未及时处理只是一时的疏忽。而外界则认为，这是一个有问题的组织表现出来的病症，这更体现了一种不负责任的企业文化。而如果我们仔细研究案例，我们会发现有很多证据表明公司自身有众多缺陷。

即使摩萨在事件中是主角，但一个交易部有20个人，没有人质疑这些有问题的投标，这至少说明要么这种行为大家认为并不过分，要么就是组织内部没有合适的渠道来传达疑问。整个公司关于规划、责任归属和控制都没有充分地发展和执行。公司内部的通常感觉是怎么做都行。拿莫罕的话说，公司已经忘记了其传统的价值观，迷失了方向，变得没有原则，忽略了股东和外部的利益关联者。莫罕认为拯救公司的要义在于重塑所罗门公司的传统价值观。的确，公司外部的文化同样深远地影响着所罗门公司。在华尔街，金钱文化制造着极度膨胀的个人意识和无视规则的心态。

问：如何评价所罗门公司这次的危机管理？这场危机最终多大程度上被有效地控制了？我们用哪些标准来衡量？

答：有好几个方面的标准我们可以用来衡量。

1. 是否迅速恢复。短短4个月内，一些客户开始回来，资金危机基本结束。9个月之后，公司与政府达成协议。

不像德克塞尔-伯纳姆公司（Drexel Burnham），所罗门公司控制了其犯错误的后果，避免了刑事指控，而刑事指控是会使公司垮台的，因为公司高度依赖于一个规模相对较小的客户（大约只有2 200个）。这些客户包括众多大型公共或准公共的机构，如州退休基金等。他们自己也要保护自己的声誉。

2. 将危机转化为机遇。所罗门公司利用这一危机进行了旨在长期的对组织和商业运作方式的改革。

3. 最现实的问题，新的领导层迅速化解了流动资金匮乏的危机。所罗门公司迅速通过大规模出售资产向金融界展示了其流动性和灵活性。

4. 极好地控制了该危机对公司盈利的影响。虽然危机处理花费了公司很多资金。“这是一个几十亿美元的判断失误。”但所罗门公司在1991和1992年都有坚实的表现，尽管1991和1992年公司核销了2亿美元和1.85亿美元的费用，分别占到当年净收入的30%和40%。

问：是什么原因使公司后来成功地处理了危机？

答：以下原因都是关键性的因素：

1. 巴菲特和新的领导层。

“没有巴菲特，就没有公司的新生。”巴菲特良好的正直和诚实的声誉使他有很高的威望。他做出的道歉公众认为是当真的，他说的话也为公众所信任。

巴菲特非凡的业绩更加强了他的可信度。他的业绩使人们相信他对如何解决公司危机所作的判断。

巴菲特的广泛关系网和他的交往能力使他成为与主要利益关联者（如客户、政府等）沟通的桥梁。正是他打电话给美国财政部秘书长尼古拉斯·布拉迪并说服了他部分抽回了停止所罗门公司参与美国政府债券拍卖的决定。作为一个美国国会议员的儿子，巴菲特与国会很有关系，而且更重要的是他能通过在国会作证，进一步发展与国会的关系。

巴菲特不受制于任何人，如果他看到有该做的事，他就会做决定。

巴菲特在三个主要领域都表现卓越：目标、原则和人员管理。他达到了他所要的目标。他被认为是一个有原则的人。他与同事建立起了紧密的关系。具体而言，他迅速地引入了新的领导层——莫罕。他被广泛认为是一个正直的、有优良业绩与优秀的沟通和管理能力的人选。

2. 财务管理。所罗门公司能够通过重组债务和减少资产而迅速化解资金危机对于公司的生存是关键性的。所罗门公司的资产是流通性很强的美国政府债券，是公司免于像德克塞尔-伯纳姆公司因垃圾债券流通性不好而破产的重要原因。

另外,所罗门公司早就有应付紧急情况的资金安排,使公司能在债权人对其短期未担保债务失去信心时,能够另有资金渠道。这个安排是在 1987 年股票市场崩盘后做出的,目的正是应对紧急恶化的市场情况。根据计划,所罗门公司重组了其债务,储备了大量能被迅速出售或用作回购协议担保的证券。当情况很清楚,单靠把短期商业票据转成回购协议不足以化解资金危机时,公司迅速着手减少资产。由于公司交易员的技能,公司在出售资产时,把损失降低到了最低。最终,所罗门公司使债权人相信其有能力偿还债务,同时也向金融界表现了其灵活处理局面的能力和专业水准。

3. 坦诚和沟通。

危机处理模型。

所罗门公司的危机处理成功地运用了三 P 原则:

(1) Purpose(目标)。指明核心的商业目标,并委任高素质的经理人去执行。在所罗门公司案例里,它主要包括:

① 迅速化解流动资金危机。

② 使公司从法律解脱出来,使额外损失最小化。

③ 保住主要交易商的地位。

④ 吸引回失去的客户和重建业务。

(2) Principle(原则)。巴菲特的战略集中在公司核心的价值,这包括诚信和坦诚,以及真正地道歉和弥补过失。

(3) People(人员)。巴菲特知道如果公司不集中弥补和发展与主要利益相关者的关系的话,上述的目标和原则都不可能实现。这些利益相关者主要是:

① 债权人:所罗门公司必须向债权人清楚地表现出它有能力还款。

② 政府监管部门:所罗门公司必须让他们相信,公司和新的领导层有能力发现和预防今后犯错误。

③ 客户:同样需要重建他们对所罗门公司的信心。

④ 员工：所罗门公司必须使他们相信公司还有未来。

所罗门公司的做法也建立了新的标准。危机之前，很少有人会建议公司像巴菲特那样做：

（1）承认犯了错误。

（2）承诺补偿受害方。

（3）不援引律师客户之间的保密特权，而完全开放公司以接受政府调查。

问：事后总结，管理人员学到了哪些经验和教训？

答：在危机过去后，我们采访了很多所罗门公司的管理人员。多数人认为，在危机期间做出的改革使公司的管理水平提高了。他们提到的主要是：

1. 公司内部开始了更好的沟通和合作，共同掌权，有强烈的责任感，对公司伦理有清楚的认识。改革之后，公司对公司营运的基本原则有了更高意义上的尊重，尤其是在必需的公司内部关于运作程序的执行上。以前只要是重要的业务，怎么做都行。现在大家则着眼于更好的风险控制，想法很不一样了。

危机使在正常情况下不可能或需要很长时间才能完成的所罗门公司改造得以很快实现。从某种程度上说，危机促成了领导层和公司的更新。

2. 危机还全面提高了所罗门公司的危机管理的能力。

管理层总结的经验有：

（1）在任何危机中，沟通是根本性的。必须使你和所有利益关联者之间的交流和沟通渠道畅通，让他们知道到底发生了什么。而且需要尽早告诉客户，而不要让他们先从报纸上了解发生了什么。

（2）媒体会从很多方面讲述一件事情，会潜在地扭曲事情。一件事发生，他们会说出三件事情，必须使媒体站在你一边。

（3）最富挑战性的事是处理有关人员的事务。

所有员工都需要关注。把事情的处理个人化非常重要,即便你总是忙于其他事情,领导者也必须找出时间,必须使员工随时知道情况。他们越认为你在试图做正确的事,他们就越会忠心。不然的话,他们就会离开。

就个人层面,多数管理层深刻地理解到声誉的重要性。很多人认识到:生活中你唯一拥有的是你的声誉。最终你得到你应得的名声。

同时,大家认识到:一个用金融杠杆进行运作的公司,特别是金融服务公司,是多么脆弱,而且公司是多么依赖于客户。公司是通过客户的信任和选择而生存和发展的。所罗门公司管理层认识到客户拥有多大的控制权,他们学会了谦逊。

在新兴市场,如在中国,对于专业服务公司,理解这一点非常重要。尤其是在各个行业的洗牌和整合过程中。

专家对话

美国联邦紧急事务管理局
简介及负责人专访

“灾难，它随时可能袭击我们，无论何时何地。它可能是多种形式——飓风、地震、龙卷风、洪水、火灾或者是危险物的泄漏，它可能是自然灾害或者是恐怖主义行为。它可能是在几天、几星期内逐渐形成，或者是突然袭击，不宣而战。每年，数以百万计美国人面对灾难，和它带来的令人恐怖的后果。”

这是 FEMA（美国联邦紧急事务管理局）网站（http://www.fema.com）首页的文字。

FEMA 创建于 1979 年，曾是美国一个独立的联邦机构，2003 年 3 月变成美国国土安全部的一部分。它的宗旨是：

通过综合的风险管理计划，致力于减轻灾害，加强灾害支持系统，帮助公众及其社区防灾抗灾。

FEMA 的工作可以用灾难的生命周期图来分类，那就是，灾难前——准备与预防；灾难中——应对；灾难后——恢复和重建。

FEMA 的工作范围很广：建议人们建立危机管理的规范，教授人们在灾难中如何处理，帮助完善美国州和地方性的紧急状况准备，协调联邦政府对灾难的回应，协助美国各州、社区、企业和个人处理灾难，训练紧急状况管理人员，支援美国国家消防服务，管理美国的洪水和犯罪保险计划，等等。

FEMA 有超过 2 600 名全职员工。他们分布在华盛顿特区 FEMA 总部和美国各地方的区域办公室。FEMA 还有近 4 000 名常备的灾难支援人员，他们可以保证在灾祸发生之后随时支援。FEMA 经常与其他组织组成伙伴关系，它们也是美国国家紧急状况管理系统的一部分。这些合作伙伴包括美国州和地方性的紧急状况管理机构，27 个联邦机构和美国红十字会。

FEMA 的历史虽然只有 40 多年，但是它的起源可以追溯到 1803 年的法案。这个法案，通常被认为是第一次为灾难立法，是在新罕布什尔城镇大火后颁布的。在后来的 100 多年中，飓风、地震、洪水等 100 多次天灾人祸适用了这个法案。

20 世纪 60 年代末期和 20 世纪 70 年代早期发生的很多次大的灾难向美国联邦政府提出了应对灾难和灾后重建的要求，像 1962 年、1965 年、1969 年和 1972 年发生的四次飓风。1964 年阿拉斯加地震，1971 年南加州地震。这些事件增加了人们对自然灾害的注意，并由此带来了更多的立法。

但是，在灾难发生时，许多应付紧急情况和灾难事件的努力和工作是彼此孤立的，互相之间是没有联系的。当灾害包含的内容越来越多，特别是当灾难与核电站和运送危险物资有关的时候，美国有 100 多个联邦部门牵涉其中。许多相同的项目和政策在同一地区同时进行，增加了美国联邦政府减灾努力的复杂性。为了减少与之工作的州和地方政府代理机构，美国全国政府协会（National Governor's Association）要求当时的美国总统卡特加强和集中联邦紧急救援工作。

卡特总统于 1979 年的总统行政命令合并了许多独立的灾难职责机构，将原有的与灾害管理有关的五个部门即美国国家消防管理局、美国联邦洪水保险管理局、美国民防管理局、美国联邦灾害救济管理局和美国联邦防备局合而为一，以期消除各灾害管理部门管理职能重叠，资源浪费，备灾、防灾、应急和灾后救济等各环节不甚协调的弊病。

约翰·米西是FEMA的第一位主任。他强调自然灾害的准备和国民自卫的相似性。FEMA开始建立一个整合的全方位的危机管理系统,它包括指导、控制和预警系统,处理几乎所有的灾难,从小的、单独性的灾难事件到最大的灾难——战争。

这个新机构在开始的几年中面临许多挑战,特别是不知道危机局面到底会有多复杂时。早期的灾难和危机包括拉夫运河污染、古巴人质危机和三里岛核电站危机,以及后来的1989年卢马地震和1992年安德鲁飓风。

1993年克林顿任命杰姆·李威特作为新的FEMA主任。他是所有15位FEMA主任中任期最长的一位,也是第一个有危机管理经验的主任。他发动了全面的改革,使灾难重建和减灾更加系统化,并将工作重点放在灾难预防和缓解上,并向FEMA员工强调"客户服务"。冷战结束后,他将FEMA有限的资源从国民自卫转向对灾难的预防、减轻和重建工作,重新塑造了FEMA的形象和功能。

2001年,美国总统布什任命乔·M.奥尔鲍作为FEMA的新主任。几个月之后,"9·11"事件的发生对FEMA国民防卫和国土安全的能力提出了前所未有的挑战。FEMA被调整为美国国土安全部的一部分,工作重心变为同时兼顾美国国内灾难预防和对恐怖主义的国民防卫。

"9·11"事件后,数以十亿计的美元资助流向FEMA,帮助美国社会面对恐怖主义的袭击。2003年3月,FEMA加入美国国土安全部。这个新部门由参议员汤姆·里奇统领,工作重心调整为应对各种灾难——自然灾难和人为灾难。抵御灾难,这在美国历史上没有任何时期比"9·11"事件后更重要了。

FEMA的援助功能

一经美国总统宣布为"灾难",FEMA便和27个美国联邦机构和美国红十字会一起提供援助和援救。这些机构联合起来向美国州和地方政府提供专业人员和专业知识以及设备和其他资源的援助，在应对灾难时担任着一个非常积极的角色。

- 为了配合美国联邦政府的努力，在 FEMA 的建议下，美国政府在每个发生灾难的州任命一位联邦协调官（FCO）。当灾难发生时，联邦协调官和迅速反应“领导小组”在灾难附近设立“现场办公室”，州和地方工作人员一起工作，解决灾难应对和灾后重建问题。这些“危机支持工作”被分成 12 大类，每一类由一个机构领导，这个机构又是在其他机构的支持下工作。它们是：

1. 交通，提供民用和军用交通。领导机构：美国交通部。

2. 通信，提供通信支持。领导机构：美国国土安全部。

3. 公共劳动和工程，重建重要的公共服务设施。领导机构：美国国防部和陆军工程兵团。

4. 灭火，探测和扑灭山林，郊区和城市火灾。领导机构：美国农业部和林业部门。

5. 信息和计划，收集、分析和发布总体应对灾难和重建工作的重要信息。领导机构：FEMA。

6. 公众关怀，管理和协调食物、居住地、伤者急救，提供大宗减灾援助，协助家人团聚等。领导机构：美国红十字会。

7. 资源支持，为美国联邦部门提供设备材料、物资和人员支持。领导机构：美国总务管理局。

8. 健康和医药服务，向公众提供健康和医疗帮助。领导机构：美国卫生与公共服务部。

9. 城市调查和援救、定位、解救，向被困在建筑物里的人提供最初的医疗诊治。领导机构：FEMA。

10. 处理危险物质，对实际的或潜在的石油泄漏或其他危险物质泄漏进行处理。领导机构：美国环境保护局。

11. 食物，测定食物需求，保证食物到达受灾难影响的区域。领导机构：美国农业部和食物及营养服务部门。

12. 能源，重建能源系统和燃料供应。领导机构：美国能源部。

FEMA 的教育功能

FEMA 有两个重要功能，灾难（危机）管理和全民教育。由于 FEMA 的目标是"一个准备好的国家"，对全民进行免费的灾难教育成为提高整个美国灾难防范能力的重要手段。

FEMA 的教育功能由以下几部分组成：危机管理学院和全球危机管理系统。

危机管理学院

危机管理学院（Emergency Management Institute，以下简称 EMI）是美国全国性的危机管理发展和培训中心，增强美国联邦、州和地方的政府工作人员、社会义务工作者和私人企业成员应对危机的能力。EMI 的课程设计重点是满足参加者的要求，使来自社会不同领域的人们学会协同工作。

EMI 的课程有美国全国性的室内、室外训练和远程教育培训。每年有八千多人参加室内培训课程，数以千计的学员参加由 EMI 资助的由美国各州紧急事务管理委员会执行的户外培训。数十万人通过 EMI 的卫星电视和远程教育学习。

EMI 的课程集中于危机管理的四个阶段：缓解、准备、反应、恢复。课程包括的领域有自然灾害类（地震、飓风、洪水），人为灾害类（恐怖主义、危险物质、放射性元素外泄等）。另外还包括专业发展、领导能力、指导性方法、训练设计和公众沟通。所有的课程都是与美国州和地方政府的联邦紧急管理委员会合作的。

危机管理学院的一个重要组成部分是危机教育网络（Emergency Education NetWork），这是 FEMA 的卫星远程教学系统。可以进行全美国范围的互动教学，任何人都可以参与。学院开设的各种课程有五六十门之多。

危机管理学院的课程举要

公共信息官员基本课程：

专业知识发展系列：

危机管理概论　紧急计划课程　决策与问题处理有效沟通

领导能力与影响力开发　志愿者资源训练设计课程

社区紧急状态团队训练：

灾后管理

灾难应对和重建运作课程

对老年人和残疾人的灾难应对计划

捐款管理工作室

学校地震安全课程

训练评估课程

户外训练课程和工作室

洪水减灾、重建练习和防洪练习

放射监测基础课程

放射反应团队基础课程

危险物质（面向公共官员的基础课）：

警告与通知

社区通告与知情权

危机指导演讲技巧

整体减灾团队训练

危机管理中的责任问题

突发事件指挥系统概要

风险分析

联合信息中心/联合信息系统课程等

如果登录FEMA网站，就可以访问到相当数量的FEMA出版物。例如《毁灭性灾害发生时健康和医疗服务》《怎样申请洪水保险赔偿》，等等。FEMA还向公众提供过去几年中发生灾害的有关资料文档，并向公众开放一个与灾害有关的图片库。

另外，FEMA还建立了一个全球紧急事务管理系统(Global Emergency Management System)，提供灾害管理方面的资料及全球灾害管理方面的信息网络及机构的链接。这是一个网上查询数据库，它与几乎所有与危机管理有关的网站相链接，也包括一些商业网站。并且对每个网站的内容会有一个简单的说明。这并不表示FEMA在为他们作推广，而只是因为其中包括了重要的与危机管理有关的知识和信息。

这样一来，FEMA不仅依靠自身的资源最大可能地在美国对全民进行危机管理的培训，也将几乎所有有价值的专业网站囊括在自己的知识管理之下。从这个角度，说FEMA还是一个危机管理的资料库和智囊，也不过分。

美国FEMA前主任杰姆·李威特专访

问：FEMA作为一个组织它对一个国家的重要价值在哪里？

答：FEMA作为一个组织存在的重要性在于它的灾难预防能力和整体协调能力。有些灾难的发生是不可避免的，特别是一些自然灾难，但是我们可以最大限度地减轻它的损失。我们通过培训和训练，增加官员处理灾难性事件的能力和机构间的协调能力。在灾难发生后，我们是他们最有效的合作伙伴。

问：我仔细地看过FEMA的网站，它组织庞大、机构完善、兼顾危机处理与培训，常备员工数千人，请问FEMA的经费来源是什么？

答：FEMA 的开支来自美国国会和总统预算。我在 FEMA 的时候，那时一年的开支大约是 32 亿美元。

问：你知道其他国家有类似 FEMA 这样的机构吗？你认为这样的机构是否对所有的国家都是必要的？

答：是的，我认为任何一个国家都需要 FEMA 这样的机构。很多国家的政府将这种灾难应对的功能放在其他部门。有的放在国家国防部门。但是在当今时代，公共安全问题绝不仅仅是国防问题。人们面对日常危机的可能性远比战争要大得多。像印度就没有一个可以与国际社会进行沟通的运作中心，在灾难发生的时候显得很被动。我在日本工作过 6 年，日本神户大地震的时候，也没有一个统一的运作中心可以协调各方面的减灾工作。越南政府正在建立一个全国性的统一的灾难处理运作中心。

从具体运作的角度来看，一个独立的运作中心可以更好地协调与合作。FEMA 平常与 27 个美国联邦政府部门密切合作，支持各地方政府预防灾害和将损失减到最少。

问：如果一个国家要建立这样一个独立的紧急事务管理中心，你认为最大的困难是什么？

答：是政府是否对灾难的预防和管理有足够的重视。危机管理不仅仅是拯救生命。现在很多政府是把一个国家的经济发展放在第一位的，但是灾难为经济带来的损失是惊人的。1985—1999 年间，全世界仅自然灾害就造成 50 018 000 人死亡，造成的直接经济损失 9 000 亿美元。政府应该认识到，为灾难预防和管理的每一块钱的投资都会带来相当大的回报，不管是从人的生命财产，还是从一个国家的经济来说。

问：FEMA 的培训工作是怎样开展的？

答：我们对所有的美国地方官员进行培训，市长和地方政府官员、消防人员，每年一万人，由美国联邦政府出钱集中培训。

问：你在 FEMA 工作了 7 年，是任期最长的主任，你的体会是什么？

答：总的来说，危机反应系统越好，面对危机的时候反应越快，越可能将损失降到最低。

专家对话

危机公关在美国

——访美国危机公关专家阿尔·托特瑞拉

阿尔·托特瑞拉(Al Tortorella)

奥美公关全球公司业务总监，曾主持多项国际知名品牌的工作：泰力诺、美国电话电报公司(AT&T)、美洲银行、通用电气、麦道等。是奥美最具权威的危机管理和媒体专家。

泰力诺是企业危机管理的起源

我可以说是这个世界上出差最多的人了。在这个行业里不出差，不跟客户见面是不行的。我就像个“灭火队员”一样。

说起危机管理在美国的历史，在1982年以前，危机管理这个词并没出现。今天我们讲危机管理的时候，很明确地是指政府、机构、商业企业在遇到危机的时候如何处理。而在1982年之前没有这个说法。1982年之前，人们用的是“问题解决”“风险控制”和“灾难控制”。1982年发生了什么事？泰力诺事件。

我当时亲自经历了这次事件，当时我的一些想法和做法被强生公司采用了。当时你无法把这当作一个主题来谈论，学术界也没有人研究，没有大学有这种课程。在政府里人们谈论的是明显的自然灾害,像大火、水灾、地震等。1982 年之前,整个美国企业界没有发生过公司危机牵涉到公众安全的问题。当时就只有华尔街的分析家们知道一个公司的领导层如何,一般的公众并不太关心。

三里岛事件

泰力诺事件之前发生的几件事实际上是为泰力诺作了铺垫,尤其是 1979 年发生的三里岛事件。三里岛事件是在宾州的一个核反应堆出了问题。当时整个美国东部的人特别恐慌,害怕核反应堆会爆炸。就像几年以后的切尔诺贝利核电站事故一样。

三里岛事件是个很典型的事件,处理得非常糟糕。造成事故的人处理得很糟糕,科学家处理得糟糕,政府也处理得很糟糕。美国政府机构原子能辐射委员会直到最后才出面。在最初的一个星期里,媒体每天都在狂轰滥炸,预测有多少人要死,农场的牛是否会长两个头。大家都害怕最坏的情况会发生。在随后新闻报道里,数以千计的批评文章批评政府没有处理好这件事。这是第一次,人们可以清楚地看到哪些美国政府机构在危机压力下不能正常运行。人们相信像后来的印度博帕尔事件这样的灾难(1984 年印度联合炭化物公司毒气泄漏事件,造成 3 000 人死亡)就要在三里岛发生了。直到现在人们也不知道切尔诺贝利事件真正的损失有多大,有多少人后来会患癌症。不像印度当时知道事件的损害程度。如果 1979 年三里岛事件真的成为灾难的话,我不知道今天的纽约是否还会是这样。也许,宾夕法尼亚州从此就没法居住了。

也许我今天的描述并不确切,因为没有人知道到底会是什么样子。直至今天,美国人也不知道自己当时离灾难有多近。那是 40 年之前的事了,但是据我所知,美国政府在那之后再也没有在美国国内卖过任何核反应堆。可以说三里岛的危机管理的失败为后来泰力诺的成功处理打下了基础。三年以后,泰力诺事件爆发,7 人死亡,产品全部收回。我不记得在此之前，有这样以害人为目的向产品投毒的事情发生，更不要说向用来治病的药品投毒了。这件事的恐怖在于它让人看到美国食品药品配送体系在防范破坏时的脆弱性。如果有人向主要的食品品牌投毒，从可口可乐到薯片，会使美国人的生活全面地陷入灾难。

泰力诺事件中的危机公关

1982年，当泰力诺事件发生后，9天之内有7人死亡，而且在一个家庭里有3人死亡。如果不是这样，人们可能还不会怀疑是药品出了问题。泰力诺事件，在公司史上是头一次，简直是公司版的三里岛事件。三里岛被判断处理得极差。由此判断，泰力诺事件后，也许不会有人再去买这个产品了。但是作为一个公司竟然可以完全从这次事件中恢复，永远地改变了类似产品的包装，并使产品重新回到市场上去。以前从来没有过的事。我给你一个例子，我昨天看了医生之后，走到街上买一瓶19美元的药水。这个药有三层包装。我得打开三层包装才能拿到药。经过调查研究后，强生公司知道不可能再按照原来的包装卖泰力诺了。在广告学里这叫作“可展示的产品差异”。如果一个公司的产品不行了，要重新回到市场上去，必须展示与原来产品的不同，这样消费者才会重新购买。

在这之前，首先他们把所有货架上的货都回收了。这是史无前例的。以前美国从来没有过全国性的产品回收。当时的产品回收是这样的：如果产品有问题，你自己把产品送回店里，像汽车，你自己得把车开回到经销商那里去，如果路上出事那是你自己的风险。这就是当时可接受的服务标准。即使这样，也是20世纪70年代后期才有的事。泰力诺是止痛药里销量最好的药，也是在这个领域广告投入量极大的一个产品。消费者不假思索地认为它比阿司匹林要好得多。但这些多年建立起来的东西在一个星期内崩溃了。销量直线下降,当时人们认为泰力诺即使最终回到市场,也需要一个很长的时间。关键是消费者要相信,以后不会出现类似的事情。

如果这次事件出现在今天,情况可能会有所不同。因为消费者可能会买竞争者的产品。而在当时,竞争者比较弱。当泰力诺以新形象、新包装出现的时候,反而比竞争者更有竞争力,因为竞争者还在用老的包装。

新闻媒体

即使以今天第三世界国家的标准,他们也有比美国当时更多的新闻媒体。如果你问我,1982 年美国新闻界到底是一个什么样子,我可以告诉你,有影响力的报纸就这么几家:报纸中的《纽约时报》《华盛顿邮报》《华尔街日报》《芝加哥论坛报》和另外两三家;电视是三大电视网的天下:ABC 新闻,NBC 新闻,CBS 新闻。杂志中有《时代》《新闻周刊》《美国新闻与世界报道》。CNN 刚刚成立一年,并被预测是要失败的。《今日美国》(*USA TODAY*),一家在全美国发行的报纸,也刚刚创立,并且到处免费派送报纸。而且美国不像世界其他地方,如西欧,有许多全国性的报纸。美国除了几家大报外,大部分的报纸是地方性的,有 1 400—1 500 家地方性媒体。这就是当时的媒体现实。美国几家全国性媒体,大约 60 个记者,吸引着全美国超过 2 亿人口的注意力。不像现在,有 120 多家有线电视频道 24 小时的新闻节目。

当时的市场调查显示,大多数人认为,这个产品已经下了货架,再也不会回到市场了。很多学界人士也这样认为。但我觉得这个产品还有 50%的机会,因为公司决心一定要让这个产品重返市场。

当时的市场调查显示了三个重要的信息:

第一个是必须让公众相信这不是公司自己投的毒,不是公司内部流水线上发生的问题。不管怎么样,他们让公众认可了这个事实:

这是由于外界的原因。

第二个,连续三个星期每天对公众的调查还表明,美国公众唯一再购买泰力诺的前提是,公司保证这样的事不会再发生。这是一个很高的要求。

第三个发现也是麻烦最大的是,即使公司要使泰力诺重返市场,用电视广告的办法也是不合适的。用商业广告的形式会使美国人认为是对死者的不尊重。这是一个难题。这个产品是通过广告营销做出来的,是市场领导品牌。现在不用广告的形式,有什么更好的办法呢?

当时危机发生后,我看公司的领导层整天一起研究,他们最终使泰力诺回到市场的公关解决办法成为一个历史性事件。你还记得当时美国新闻界的情况吧,还有一点,就是当时可视会议根本不存在。整个世界只有一个通信卫星。某个地区能接受卫星传送信息的时候只有一个半小时的时间。新闻是由非常少的几个媒体控制,而美国其他广大的地区有数以千计的城镇和地方媒体。我们的挑战是如何使我们要发布的关于泰力诺重新上市的信息突破少数几个媒体的垄断,送到最多的媒体的手中。否则的话,他们再过 100 年也不会来报道这条新闻。而当时泰力诺是通过美国全国各地的小镇、小店、小百货店销售,而这些小店正处于当地媒体覆盖的区域。当我们要把产品重新投放市场的时候,我们如何能让记者们报道这件事?如何让那么多小城镇遍布的地区知道这件事?因为那些地区性报纸的主编不可能派记者坐飞机去芝加哥。当时那些媒体能做的就是,从几大通讯社的来稿中摘抄一段,然后加上一点地方性的采访。当时航空业还没有开放竞争,从加利福尼亚州到芝加哥要 2 000 多美元。

我的建议是,在纽约召开一个新闻发布会,这个发布会不是用大家发问我们回答的方式,我们要以我们自己的方式告诉大家关于泰力诺的一个完整的故事。我们会把新闻发布会上传到卫星上,你还记得 80/20 法则吗?在美国 20% 的城市和周边地区覆盖了美国 80%

的人口。我们选择了30个城市，这样就可以覆盖超过80%的人口。我们找当地有卫星天线的酒店，邀请当地的记者来到酒店的会议厅，设好电视接收装置，并设好提问电话。虽然会议在纽约，各地分会场也可以同时提问。卫星覆盖整个美国本土只有一个半小时，所以新闻发布会的时间也只能设为一个半小时。CEO讲45分钟，接下来45分钟是提问时间，前十几个问题过去之后，有些问题已经在重复了。这样给每个地区记者都有提问的机会，有参与新闻发布会的现场感。我们以此来制造新闻的兴奋点。我当时是负责公关公司的媒体部。

有了这个想法后，就去问卫星公司如何操作这件事，他们说不可能，最多只能用电话线。否则的话，我们要动用30台卫星转播车。几乎所有的转播公司都这么说，没有人做过这样的事。以前人们只是在两个城市之间用电话线传送图像，当时电话被AT&T垄断，非常昂贵。当时我把这个大胆设想向强生领导层说了，几经周折，他们终于最后决定要做这件事了。

当时对新闻记者来说这本身也是个大新闻，因为没有人这么做过。当地媒体都在报道，泰力诺以一种非常戏剧性的方式重新投放市场了。这一下子有了两个大新闻。我们在一个半小时内有600多个记者参加了我们的新闻发布会。集中的报道持续了几个星期。大小报纸用头版的位置，各地区电视台播放了新闻发布会的现场，使关于泰力诺的新闻得到了最大程度的报道。因此，如何传递这条新闻成为此次公关活动的重点所在。

在新闻发布会之后两个月内公司没有做任何广告。当广告重新出现之后，最终定下的主题是："你可以相信泰力诺。"在泰力诺事件发生之前，泰力诺的市场占有率是37%，事件之后三个星期降为6%，新闻发布会结束的一个星期之后市场占有率上升到24%。在制药行业市场竞争非常激烈，往往要花一两年时间，精心策划才有可能从竞争对手那里抢到1%的市场份额。就像在可乐大战中，份额是以0.5个百分点来计算的。多一个点的市场份额，一天可能多卖3 000万听的可乐。后来,泰力诺的市场份额上升到31%—32%,这就是泰力诺的成功故事。

CEO有勇气在事件刚开始时就全面回收产品。利用产品不在货柜上的机会重新设计包装,并将新的包装用一种新颖的新闻发布会的形式推向公众。这是成功的关键点。

现在消费者到商店里一看,你的产品有三层包装,而你的竞争者的产品只有一层包装,竞争者的东西成了不安全的产品,这反而多给了你一层竞争力。詹姆斯·伯克被《财富》杂志评选为美国历史上最伟大的10个CEO之一。在三里岛事件之后三年,美国公司能够成功地处理了这个危机,成为一个里程碑。几十年之后,学校里仍在教这个案例。

你刚才问到费用问题,重新上市花费数百万美元。新闻发布和公关费用的花费大致是45万美元。即使在1982年,也不过是当年美国超级橄榄球赛一天的广告费。公共关系活动为企业产品重新投放市场做出了巨大贡献,使市场占有率从6%上升到24%。短期内一个广告不可能将市场占有率提高得这样快,这也是公共关系对企业的真正贡献。

从那天开始,我开始正式从事危机公关的工作了,至今已是37年了。自此以后,泰力诺事件的成功处理成为一个标准,其他企业在处理危机公关的时候总是拿泰力诺来作比较。

1984年印度博帕尔危机、新可口可乐危机、ODWALLA果汁食品中毒、童子军饼干被人投毒……这些都是我工作过的上百个例子中的一些。

经过泰力诺事件之后,公司普遍开始重视危机管理。刚开始,一旦公司出现危机,他们通常会与强生公司联系,以了解危机管理的运作。我曾向很多公司和机构演示危机管理的原则和操作,两三年后,有越来越多的人参与到这项工作中来,尤其是在广告和公关行业。

慢慢地,学校开始教授一些有关危机管理的课程,在学术圈,伊